新编21世纪高等职业教育精品教材·智慧健康养老服务与管理系列

老年社会工作

第二版

主　编◎井世洁
副主编◎陈奇春　杨雪晶

中国人民大学出版社
·北京·

图书在版编目（CIP）数据

老年社会工作 / 井世洁主编. -- 2 版 . -- 北京：中国人民大学出版社，2025. 1. --（新编 21 世纪高等职业教育精品教材）. -- ISBN 978-7-300-33537-7

Ⅰ. C913. 6

中国国家版本馆 CIP 数据核字第 20259UJ262 号

新编 21 世纪高等职业教育精品教材 · 智慧健康养老服务与管理系列

老年社会工作（第二版）

主　编　井世洁

副主编　陈奇春　杨雪晶

Laonian Shehui Gongzuo

出版发行	中国人民大学出版社		
社　　址	北京中关村大街 31 号	**邮政编码**	100080
电　　话	010－62511242（总编室）		010－62511770（质管部）
	010－82501766（邮购部）		010－62514148（门市部）
	010－62515195（发行公司）		010－62515275（盗版举报）
网　　址	http://www. crup. com. cn		
经　　销	新华书店		
印　　刷	天津中印联印务有限公司	**版　　次**	2020 年 1 月第 1 版
开　　本	787 mm×1092 mm　1/16		2025 年 1 月第 2 版
印　　张	13. 75	**印　　次**	2025 年 1 月第 1 次印刷
字　　数	310 000	**定　　价**	43. 00 元

第二版前言

党的二十大报告提出，要推进健康中国建设，实施积极应对人口老龄化国家战略，发展养老事业和养老产业，优化孤寡老人服务，推动实现全体老年人享有基本养老服务。

在积极应对人口老龄化，加快老龄事业和产业协同发展、推动养老服务体系高质量发展的进程中，老年社会工作发挥着越来越重要的作用，并得到了党和政府的高度重视。国务院于 2022 年印发的《“十四五”国家老龄事业发展和养老服务体系规划》中，将每千名老年人配备社会工作者人数保持 1 人以上作为“十四五”国家老龄事业发展和养老服务体系主要指标。2023 年 12 月，民政部等多部门联合发布《关于加强养老服务人才队伍建设的意见》，明确将社会工作者纳入养老服务领域的专业技术人才范畴。这标志着社会工作者在养老服务体系中的地位得到了确认和强化。借此东风，老年社会工作专业服务与专业教育工作取得了突飞猛进的发展，对适应当前老年社会工作专业人才培养需要的专业性教材的需求尤为迫切。

《老年社会工作》自 2020 年出版以来，承蒙学界与实务界同行厚爱，已经被许多院校用作老年社会工作、养老服务、老年学及相关专业的教材，并得到了诸多积极肯定。本教材编者结合在高校及实务机构开设老年社会工作课程并使用本教材的教学经验，决定根据我国老年社会工作发展新形势及老年社会工作课堂教学新特点对教材作出与时俱进的修订。

在中国人民大学出版社的大力支持下，本教材的第二版以全新面貌与读者见面。第二版教材的最大变化是对相关章节中的内容进行了更新与扩充。如第一章增加了健康老龄化概念，第二章增加了社会情绪选择理论，第四章增加了评估老年人心理状况的若干测量工具和长期照护的概念框架，第十章对老年政策与法规进行了更新与替换，等等。第二个变化是补充更新了各章的实务案例，传承了第一版教材以实际操作能力培养为核心的编写主旨，以专业案例的组织方式编写，有助于提高读者的专业能力并启发读者主动学习的兴趣。在各章的最后，还增加了拓展阅读资料，以便读者能够按图索骥，找到相应的资料进行更加深入的研读，以拓展学识与视野。第二版教材可作为本科、高职高专老年服务与管理专业、社会工作专业及老年学专业的教材，也可作为国家养老护理员职业资格考试培训教材和其他相关社会培训班、老年社会服务事业工作者的参考书。

第二版教材由井世洁（华东政法大学社会工作系教授）担任主编，陈奇春（上海市社会福利中心社会服务科科长）和杨雪晶（华东政法大学社会工作系主任）担任副主编。其中，第一章、第四章、第五章、第六章、第八章、第九章由井世洁编写，第二章由张希羽（华东政法大学社会学专业 2022 级硕士研究生）编写，第三章由周健明（上海中医药大学中医学院讲师）编写，第七章由沈昶邑（上海市精神卫生中心社工部社会工作师）编写，第十章由李志豪（华东政法大学社会工作专业 2023 级硕士研究生）编写。主编负责全书总体框架和编写提纲的设计。主编和副主编共同负责统稿及对部分参编人员稿件进行适当调整和修改。另外，华东政法大学社会学专业 2022 级硕士研究生张希羽及社会工作专业 2023 级硕士研究生王艳云、何林秀、罗倩苗和李志豪在资料收集方面做了大量工作。

感谢中国人民大学出版社编辑们对本教材的专业而严谨的编辑工作，因为他们的帮助才使这本教材得以修订再版并面世。

限于时间与编者的水平，本书不可避免会存在诸多不足之处。欢迎各位专家和读者批评指正。

井世洁

2024 年 10 月

第一版前言

我国是世界上老年人口最多的国家，也是人口老龄化发展速度最快的国家之一。随着人口老龄化进程的加剧，老年人的养护成为一个极为严峻的社会问题。为了提高老年人的生活质量，实现健康老龄化，积极主动地为老年人提供专业服务尤为必要。

近年来，作为社会工作的重要分支领域，老年社会工作获得了长足发展。一方面，相关配套法律法规逐渐发展完善，特别是《老年社会工作服务指南》（MZ/T 064－2016）（民政部第 396 号公告）的发布，为科学、规范地开展老年社会工作服务提供了参考指南，使老年社会工作服务越来越规范和专业；另一方面，各地开展的针对老年人的深入而扎实的专业实践工作，在规范中求创新，在创新中求发展，有力地推动了老年人服务系统的形成与发展，在维持和改善老年人社会功能、提高老年人生活和生命质量方面发挥了巨大作用，显示出老年社会工作在我国养老服务领域中的重要地位。

本教材立足于老年人服务与管理领域，以社会工作专业价值观为基础，以有效推进老年服务与管理领域的社会工作专业化服务为目标，系统全面地对老年社会工作的理论、伦理、方法与技巧进行阐述。本教材的特点主要体现在：

第一，本教材将国内外有关老年人的基本理论和社会工作的方法与技巧有机融合，并结合我国老年社会服务的发展现状，做到理论与现实的统一、国际经验与本土实践的结合。

第二，本教材的框架完整，内容丰富，每个章节的知识点明确，富有内在逻辑联系，既能满足养老服务与管理专业学生的学习需求，又适合一般读者自学。教材中所举例子大多来自实践，有较好的示范作用。

第三，本教材以培养实际操作能力为核心，设计了情境与案例，将知识学习与能力培养相结合，通过具体案例来加深读者对专业工作方法的掌握，有针对性地提高养老服务与管理专业人员的职业技能。

本教材由井世洁（华东政法大学社会发展学院教授）担任主编，陈奇春（上海市社会福利中心社会服务科科长）和杨雪晶（华东政法大学社会发展学院讲师）担任副主编。其中，第一章、第四章、第五章、第六章、第八章、第九章由井世洁编写，第二章由李琛（华东政法大学社会管理专业 2018 级硕士研究生）编写，第三章由周健明（华东政法大学社会工作专业2018级硕士研究生）编写，第七章由沈昶邑（华东政法大学社会工作专业2018级硕士研究生）编写，第十章由倪昊珺（华东政法大学社会工作专业2018级硕士研究生）编写。主编负责全书总体框架和编写提纲的设计。主编和副主编共同负责统稿及对部分参编人员稿件进行适当调整和修改。

本教材可作为高职高专老年服务与管理专业、社会工作专业的教材，也可作为国家养老护理员职业资格考试培训教材和其他相关社会培训班、老年社会服务事业工作者的参考书。

本教材在撰写过程中，借鉴和参考了大量国内外文献资料和前沿研究成果，在此对这些作者致以深深的谢意。

最后，因编者水平有限，加之时间仓促，本教材难免会有诸多不足之处，在此，恳请各位专家和读者批评指正，以期在今后的修订过程中能使它更加完善。

井世洁

目　录

第一章

老年社会工作概述

导入案例

孤独的沙婆婆

沙婆婆，离异，一个人独自居住。她有两个孩子，都已成家。儿子会偶尔过来看望，女儿与她的关系紧张。沙婆婆患有高血压，得过脑梗，腿脚不便，走路需要辅助器具，出行骑电动三轮车。她的安全意识薄弱，习惯把电动三轮车放在客厅里充电。沙婆婆不经常外出，偶尔会骑车采购食品。她时常感到身体麻木难忍，也很孤独。身体上的疼痛和内心的孤独，使她觉得生活没有意思，丧失了对生活的信心。

资料来源："社工观察"公众号，2023-08-08.

导入案例中的沙婆婆因得过脑梗而腿脚不便，这严重影响了她的自我生活照料。随着病情的恶化，她逐渐失去了对生活的控制，心理压力日益增大。随着我国人口老龄化趋势的加剧，老年人的养护问题已经上升为一个备受关注的社会问题。解决这一问题需要从多个维度进行考量。一方面，提高老年人的生命质量是一个核心目标，这不仅涉及对身体健康的关注，更延伸至对心理健康和社会参与的重视；另一方面，深入了解个体衰老和人口老龄化的相关知识与理论，有助于我们认识这一社会现象的根源和发展趋势，从而更好地应对老龄化带来的挑战。老年社会工作者需要借助这些知识和技能更有针对性地为老年人提供服务，满足他们的实际需求，并促进全社会形成关爱老人的良好氛围。

第一节　人的老化与人口老龄化

一、人的老化

（一）老化的概念和特征

老化（Aging），常被称为衰老，它有广义与狭义之分。广义的老化是指年龄的增长，是生物个体生命发展的必然过程。而狭义的老化则是指个体在成熟期后，生命过程中所表现出来的一系列结构、功能和心理的慢性、退行性变化，是一切生物个体生命发展的必经阶段和必然结果。①

美国老年医学家斯泰勒（Strehler）曾归纳了老化的六个特征：(1) 普遍性。每一种生物都不可避免要经历老化的进程，虽然速度存在差异，但是老化是必然会经历的过程。(2) 内在性。老化是个体内在固有的，是按照本来的遗传结构规定运行的过程。(3) 进行性。相对于突发性变化来说，老化现象通常被理解为一种缓慢的过程，且有着不可逆性，一旦出现就不能再复原。(4) 有害性。老化过程最明显的特征是个体生理功能的下降，导致个体无法应对环境的变化，直至最终死亡。(5) 个体差异性。对同一物种的不同个体而言，其老化的进程和速度不同，尤其在接近生命的后期时，这种个体间的差异更加明显。(6) 可受干扰性。有许多因素或手段可以推迟衰老进程，延长人的寿命。②

（二）老化的影响

老化是生命过程的自然规律，具体表现为身体机能的渐进式下降。人类会随着时间流逝而受到衰老的影响，这种影响主要体现在生理、心理和社会关系三个方面，而衰老最终会导致死亡。在全球范围内，每天约有 15 万人死亡，其中三分之二的死因是机体衰老。

1. 老年人生理变化特征

人类的老化首先从生理方面开始，老年人的生理变化主要包括生理结构以及生理功能两个层面的变化。

生理结构老化主要表现在：

(1) 细胞的变化是人体衰老的基础。随着年龄的增长，再生细胞数越来越少，死亡细胞数却越来越多。

(2) 内脏器官和组织的细胞数减少，脏器发生萎缩，重量减轻。

(3) 毛发变白变脆，并且还会出现脱发甚至秃顶等情况。

(4) 皮下脂肪减少，皮肤变得粗糙，弹性减弱，出现老年疣、老年性色素斑及角膜老年环等。

(5) 骨质不再致密，容易骨折，脊柱发生弯曲，身高逐渐变矮，会出现弯腰驼背等体征。

(6) 肌肉松弛，韧带组织萎缩，逐渐失去弹性，牙齿松动脱落，语言迟缓，耳聋眼花，手指哆嗦，出现运动障碍等。

生理功能老化主要表现在：

(1) 组织器官与生理功能退化导致机体储备能力下降。

(2) 由于多种生理功能的减退，机体内环境稳定性失调，出现各种功能障碍，老年人适应能力减弱。

(3) 免疫功能的衰退与紊乱，造成老年人抵抗力下降。

---

① 张伟新，王港，刘颂．老年心理学概论．南京：南京大学出版社，2015.

② 井世洁．老年人心理护理实用技能．北京：中国劳动社会保障出版社，2018.

（4）随着机体衰老，老年人的生活自理能力逐渐降低。

2. 老年人心理变化特征

老年人生理机能上的老化亦会引起心理上的特殊变化。老年人的心理变化特征主要表现在：

（1）记忆力减退。随着年龄的增长，老年人会出现短期记忆衰退，但长时记忆却保持良好的现象。一般来说，老年人的记忆力在四五十岁开始轻度减退，七十岁以后出现明显衰退。

（2）学习能力有所下降。由于短期记忆能力下降，老年人学习新事物时会出现一些困难。再加上老年人身体机能衰退，会对自己有诸如“老了，没有学习能力和精力”等消极自我暗示，这进一步加剧了老年人对学习的害怕和自卑心理。

（3）消极情绪、情感增加。老年人由于体弱多病，难以适应日新月异的社会，容易产生消极的情绪和情感，若无法及时缓解可能导致老人产生抑郁感，严重者会演变为老年抑郁症。

（4）注意力发生变化。由于体力下降，老年人的注意力转向对自己健康的关注，身体上的细微变化都可能引起老年人注意，使老年人容易产生疑病倾向。

（5）意志力减弱。随着年龄的增长，老年人的自我效能感逐渐降低，意志活动下降，常常会产生“自己老了，什么都不行了”的想法，从而丧失信心，出现人为“老化”。

（6）智力和思维方式改变。随着年龄的增长，老年人智力和思维活动的灵活性和敏捷性都大不如前，但是老年人智力和思维活动的深度和广度则可能保持良好，因而在生活中，老年人虽然常常表现得比较古板、顽固，但经验丰富，这可以有效减少失误。

3. 老年人社会关系变化特征

作为人口结构中的重要组成部分，老年人同样具有社会性，个体在进入老年期后，其社会关系会发生一系列变化，老年人的社会关系变化特征主要体现在：

（1）社会角色转变。在步入老年期之前，个体通常在社会中担任至少一种社会角色。退休后的老年人会经历从职业角色到家庭角色的转变，或是从领导者到被照顾者的转变，重新适应新的社会角色可能会使他们感到失落或无助。

（2）社会地位降低。步入老年期，退休、经济收入减少、社会刻板印象、生理与心理的变化等因素都会造成个体社会地位的变化，通常老年人的社会地位会呈现下降趋势。

（3）主体性下降，依赖性增强。当老年群体从职场角色中逐渐退出，完成社会角色的转换后，生理、心理都会发生渐进性退化，老年人不可避免地需要他人来照顾自己的生活起居，主体性也慢慢转化为依赖性。

（4）社交网络萎缩。随着年龄的增长，老年人可能会失去一些朋友和亲人，这会导致他们的社交圈缩小。身体状况的限制也使得社交活动频率降低，社交网络逐渐缩小。社会参与是延缓衰老的重要保护性因素，而社交网络萎缩会影响心理健康和生活质量。

知识链接

兰格的胶囊实验

哈佛大学的心理学家埃伦·兰格（Ellen Langer）曾经做过一项颇具争议性的实验。1979年兰格将一个老式英格兰别墅重新进行整修，别墅内的一切布置都回到了20年前，包括海报、收音机、电视里的新闻、日历等，并且让一群年近80岁的老年人入住其中，老人们被要求在实验过程中不要回忆过去，而是真的相信自己生活在20年前。

兰格做这个胶囊实验的目的是探究人们对于自身年龄的心态变化是否会导致其健康方面发生实际的改变。实验结果让所有人都感到震惊：实验进行仅仅一周后，老人们的关节就变得更灵活，手更灵巧，而且关节炎的发病率也降低了。他们的思维明显更敏锐，身姿也更矫健。看到他们照片的人都觉得他们比实验前明显年轻。换言之，衰老过程在一定程度上被扭转了。虽然这听起来有点不可思议，但兰格和她的同事们进行此类创意性实验已经几十年了，并且积累的实验数据很有说服力。她在自己的著作《逆龄生长》中说："我们都对衰老和健康有一些固化的印象和看法，并深受其害。我们不知不觉地接受着关于疾病和衰老的消极文化暗示，而这些暗示又影响了我们的自我意识和行为。如果我们能从主导我们对健康观念的负面且陈腐思想中解脱出来，那么即便已步入老年，我们也能有意识地敞开心扉去迎接更富有成就的生活。"

（三）老年期的界定

老化是人类的自然进程与必然趋势，古今中外，关于人类步入老年期的起点众说纷纭，由于各个国家的历史背景与发展情况不同，不同国家、不同时期对于老年期阶段的界定也各不相同。中国东汉时期许慎撰写的《说文解字》就曾经对老年期下过界定："老，考也。七十曰老。从人毛匕。言须发变白也……"许慎认为当人的年龄达到70岁且出现了胡须、头发斑白的外貌变化时便步入了老年期。瑞典学者G.桑德巴格（Grstav Sundbarg）曾在自己的著作《人口年龄分类和死亡率研究》中以女性生育机能的退化作为划分标准，把50岁界定为进入老年的起点。在这之后，受联合国委托，法国学者皮撤（B. Pichat）等人于1956年出版了《人口老龄化及其社会经济后果》，书中将65岁看作步入老年期的起点。1982年的联合国老龄问题世界大会，重新考虑了全球人口老龄化问题以及发展中国家的具体情况，将老年人口的划分标准修订为60岁。

在我国，《中华人民共和国老年人权益保障法》第二条规定："本法所称老年人是指六十周岁以上的公民。"凡是年满60周岁的中国公民都属于老年人。我国之所以将老年人的界定标准设为60周岁，主要有以下两点原因：第一，依照我国公民的生理状况。尽管我国的人口预期寿命缓慢增长，但60周岁后身体机能在各方面都已经发生退化，难以继续承担重体力劳动与复杂繁重的工作。第二，参照国际标准。从联合国《人口老龄化及其社会经济后果》与老龄问题世界大会所划定的关于老年期的标准来看，世界上大部分发达国家以 65 周岁作为步入老年期的标准，大部分发展中国家的界定标准为 60 周岁，我国目前仍然是发展中国家，故采用 60 周岁作为我国老年人的起点年龄较为合适。

根据国家统计局公布的数字显示，截至 2023 年底，全国 60 周岁及以上老年人口 29 697 万人，占总人口的 21.1%。近年来我国老年人口比重逐年递增，人口预期寿命不断增长，人口结构也在悄然发生变化，老年人口数量越来越庞大，因此，有学者对 60 周岁以上老年人进行了更为细致的划分，主要划分为三种类型：(1) 低龄老年人，60 周岁至 69 周岁；(2) 中龄老年人，70 周岁至 79 周岁；(3) 高龄老年人，80 周岁以上。随着人口结构的变化，将老年人群体划分得更为细致有利于更好地掌握其生理、心理及社会关系的特点，并为老年人提供更优质的服务。

(四) 健康老龄化的概念

20 世纪 70 年代以来，以全球人口预期寿命的普遍增加和疾病结构的转变为特征的人口老龄化对养老服务产生深远影响。为应对人口老龄化对老年健康服务的挑战，成功老龄化、积极老龄化、健康老龄化等战略相继被提出，成为理论层面积极应对人口老龄化的纲领。随着深度老龄化时代的到来，新的问题接踵而至。系统性的虚弱、睡眠障碍、步态异常等老年综合征深刻地影响着老年人的生活质量。而以疾病为中心的医疗卫生体系对失能和老年综合征的关注十分有限。全世界亟须一套理论拓展老年健康的内涵、更新健康的定义、实现健康服务的整合以及对生命历程各个阶段老年人需求的满足，健康老龄化由此应运而生。

1990 年，在哥本哈根世界老龄大会上，世界卫生组织提出了“健康老龄化（Healthy Aging)”的发展战略。健康老龄化主要聚焦三个方面的内容：一是让老年人自身维持良好的生理、心理和社会适应功能，拥有较高的生活质量；二是让老年群体中健康、幸福、长寿的老年人口占大多数，且比例不断增加；三是进入老龄化社会后有能力克服老龄化所带来的不利影响，保持社会持续、健康和稳定发展，为生活于其中的所有人的健康、富足、幸福的生活提供物质基础和保证。① 世界卫生组织于 2016 年发表了《关于老龄化与健康的全球报告》（简称《全球报告》），将健康老龄化定义为“为发展和维护老年健康生活所需的功能发挥的过程”，同时强调：“健康的老龄化并不仅仅是指没有疾病。对大多数老年人来说，维持功能发挥是最为重要的。”显而易见，以上对“健康老龄化”的阐述，超越了泛泛而谈且操作不易的 1990 年版的健康老龄化的内涵，而且把以前提出的两个理念——健康老龄化和积极老龄化中的积极有效的部分有机地整合到一起，并最终把关注的目光重点对准了更具可行性和可操作性的老年人的“功能发挥”。这个以“功能发挥”为核心的新理念具有革命性、创新性的意义。

2019 年，在世界卫生组织执行委员会上通过的《2020—2030 年健康老龄化行动十年》（简称《行动十年》），提出了一个非常诱人的目标：身体健康可以延长寿命，

① 宋全成，崔瑞宁．人口高速老龄化的理论应对：从健康老龄化到积极老龄化．山东社会科学，2013 (4).

而延长寿命所带来的机会在很大程度上取决于健康老龄化。按照这个思路，《行动十年》中将“健康老龄化”定义为：“发展和维持使老年人保持健康的身体功能。”在2020年召开的世界卫生组织执行委员会上，总干事报告中对健康老龄化的三个子概念——功能能力、固有能力和环境做出了更详细的解读：（1）功能能力（即“功能发挥”或“身体功能”）的定义是“所有能使人成为有价值的人和从事有价值事业的健康相关属性”。为此他提出了五个分领域：满足基本需求，学习和做出决定，出行能力，建立和维持关系，为家庭、社区或社会做贡献。（2）任何时间点上的固有能力（亦即前文中的“内在能力”）取决于许多因素，包括作为基础的生理和心理变化、健康相关行为以及是否患病。对此，他也提出了五个分领域：神经肌肉骨骼、感官、代谢、认知和心理。（3）个人的居住环境（即“环境”或“生活环境”）及其与环境的相互作用也是重要的决定因素，决定了具有特定水平固有能力的老年人所能开展的活动。这些环境提供了各种资源或障碍，将最终决定老年人是否能够从事或参与他们重视的活动。为此他还是提出五个分领域：产品和技术、自然和建筑环境、扶持和关系、态度和服务、制度和政策。

健康老龄化是一个贯穿整个生命历程的过程，它与每个人息息相关，而不仅仅是那些目前没有疾病的人。任何时点的内在能力由许多因素决定，包括潜在的生理和心理变化、与健康有关的行为以及疾病的存在与否。这些因素反过来又受到人们一生所处的环境的强烈影响。考虑到性别、种族等个人因素在人与环境关系中的重要作用，这些个人特征在任何时候都与能力水平紧密相关。

二、人口老龄化与老龄化社会

（一）人口老龄化的概念与衡量指标

人口老龄化是指由于生育率降低和人均寿命增长，总人口中年轻人口数量减少，年长人口数量增加，进而使老年人口比例相应增长的动态过程。简单来说，人口老龄化就是老龄人口比重逐步增长的过程。随着当代社会经济的快速发展，医疗水平愈加发达，人民生活水平不断提升，各国人口的预期寿命逐渐增长，人口老龄化问题日益显现。伴随着越来越多的国家进入老龄化社会，全球对人口老龄化问题的关注度在不断提高。看待老龄化问题，不能简单地将其视作老年人口数量的增加和老年人口比重的上升，更应当重视人口老龄化对社会结构所造成的深远影响，这不仅关乎我国的民生保障，还涉及社会整体环境能否实现可持续发展。因此，认识人口老龄化要从国家稳步发展、社会稳定和谐的角度出发，切实关注老年群体的生活质量和利益保障。

衡量人口老龄化的标准体系通常可以划分为三类：反映人口老龄化的程度指标体系、速度指标体系和抚养比指标体系。本章简要介绍两种较为重要的衡量人口老龄化的指标，即老年人口比重和老年抚养比。

老年人口比重是直接反映人口老龄化程度的指标，也是被广泛采用的指标。老年人口比重又称老年系数，指60周岁或65周岁以上人口占总人口的比重，通常用百分比表示。如图1-1所示，截至2023年末，全国60周岁及以上老年人口29 697万人，占总人口的21.1%，近10年来老年人口占全国总人口比重逐年递增。

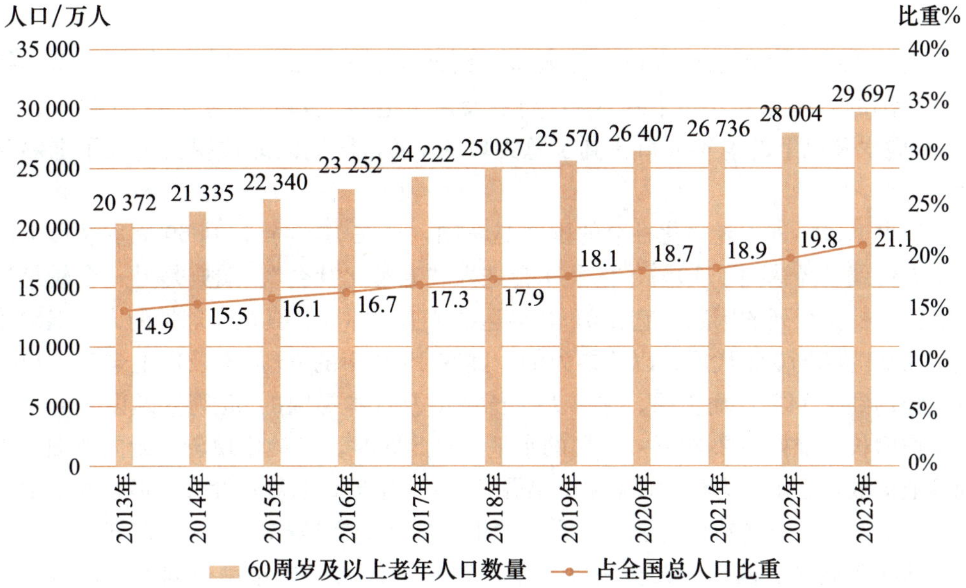

图 1－1　2013—2023 年全国 60 周岁及以上老年人口数量及占全国总人口比重

老年人口抚养比又称为老年人口抚养系数，是指老年人口占劳动年龄人口的比例，反映每 100 名劳动年龄人口所负担的老年人口数。研究人口老龄化时，老年人口抚养比是一个常用和重要的分析指标。如图 1－2 所示，2023 年我国每 100 名劳动年龄人口所负担的老年人口数为 22.5 人，近 10 年来老年人口抚养比呈现出缓慢递增趋势，这也与我国不断攀升的 65 周岁及以上老年人口比相契合。

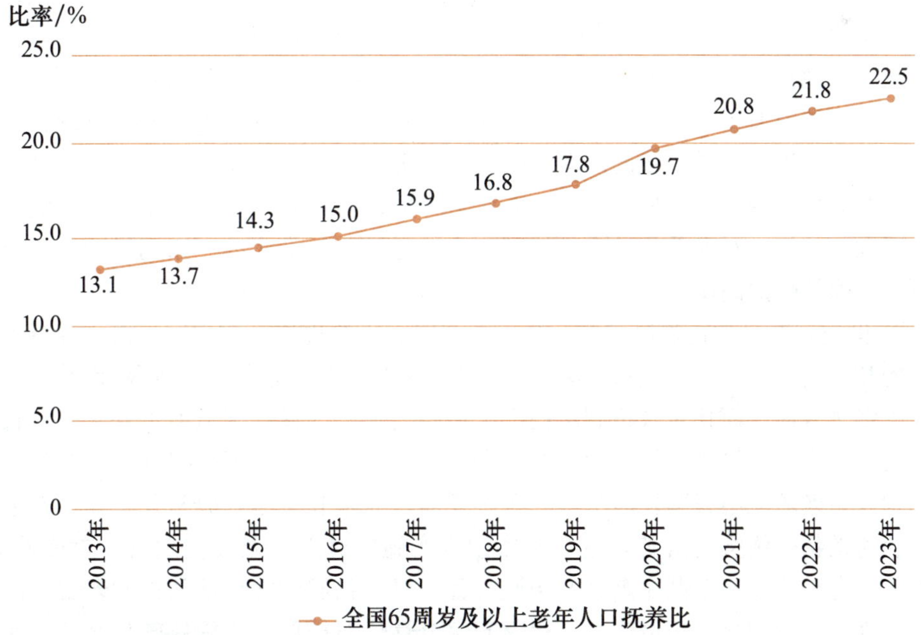

图 1－2　2013—2023 年全国 65 周岁及以上老年人口抚养比

(二) 老龄化社会的概念及评价标准

老龄化社会是指老年人口占总人口达到或超过一定比例的人口结构模型。按照联合国的传统标准，一个地区 60 周岁及以上老年人口达到总人口的 10%，或者 65 周岁及以上的老年人口占到了总人口的 7%，该地区即被视为进入了老龄化社会。

世界上最早进入老龄化社会的国家是法国，早在 1850 年，其 60 周岁及以上的老年人口就已经达到了 10%，整个社会进入“老龄化社会”。瑞典是另一个较早进入老龄化社会行列的国家，它在 1882 年达到了上述标准。真正全球性的人口老龄化发生在 20 世纪 70 年代后。以法国为例，其在 1980 年的 65 周岁及以上老年人口比例已经达到了 14%，而美国、加拿大、德国以及日本等国的 65 周岁及以上老年人口年均增长率维持在 2.2%～2.8%的水平。与此同时，老龄化现象开始向亚洲、美洲等地扩散，逐步成为全球性趋势。我国于 1999 年进入老龄化社会，但是由于地区发展不平衡，人口老龄化发展具有明显的由东向西的区域梯次特征，东部沿海经济发达地区明显快于西部经济欠发达地区。最早进入人口老年型行列的上海（1979 年）和最迟进入人口老年型行列的宁夏（2012 年）相比较，时间跨度长达 33 年。

当一个社会的人口结构转型为老龄化社会时，必将面临诸多挑战：(1) 社会结构全面转型。社会发展的主体结构由年轻人转向老年人，老年人的社会参与、主观能动性、权利意识不断增强。(2) 家庭结构转型。随着少子化、家庭小型化的趋势愈发明显，老年人家庭户比重不断攀升，空巢家庭、独居老人将成为家庭形态变化的重要特征。家庭养老功能逐渐减弱，需要依靠社会养老服务体系的支持。(3) 代际结构转变。随着老龄化社会的到来，老年人的利益诉求逐渐上升，这将打破原有的年轻人强、老年人弱的代际结构，形成新的格局。(4) 影响劳动力供给。预计到 2050 年，我国 15～59 岁的劳动年龄人口数量将下降到 6.89 亿人，届时，如若不能有效地转变现行的产业发展模式，中国的劳动力供给将面临短缺的困境。除此之外，老龄化社会还引发了一系列社会问题，包括老年保障的压力、老年服务的缺失、对经济增长的负担、金融系统的波动、劳动力结构的转型等。21 世纪，老龄化社会是全人类共同面临的一大挑战，中国的人口老龄化具有特殊性，面临的挑战问题复杂、压力巨大，如何应对老龄化社会、处理好人口老龄化所带来的一系列风险，已经上升到了国家战略的高度。

21 世纪，老龄化现象已上升至全人类共同面临的挑战。在中国，由于独特的人口结构和社会经济背景，人口老龄化问题更加突出。这一挑战不仅涉及社会、经济、文化等多个方面，而且对政策制定提出了更高要求。尽管我国目前仍处于并将长期处于社会主义初级阶段，但是面对人口老龄化，我们不是只能坐以待毙，而是要科学识别人口老龄化给我国发展带来的各种矛盾、风险和机遇，分析我国在面对老龄化社会时的特殊优势与劣势，这是国家制定实施应对人口老龄化战略的重要前提。应对人口老龄化是一个循序渐进的缓慢过程，只要我们能够提前认识到老龄化问题的严重性，未雨绸缪，积极应对，建立起综合性应对措施，就能够转危为机，实现让老年人“老有所养、老有所医、老有所为、老有所学、老有所乐”的目标，为迎接积极老龄化社会打下坚实的基础。

（三）全球人口老龄化的特点

1. 老龄化成为世界各国均需面对的普遍现象

1982 年，第一届老龄问题世界大会在维也纳召开，这次会议是为了应对部分发达国家所面临的人口老龄化的紧迫问题而举办的。然而到了 21 世纪，人口老龄化已经成为一个全球范围内的普遍现象。据联合国公布的数据显示，预计到 2050 年全球 60 岁以上老龄人口总数将增至 21 亿，而 80 岁以上的人口将达到 4.26 亿人。全球 65 岁及以上的人口将是 5 岁以下儿童人口的两倍，几乎与 12 岁以下儿童的数量相当。这一现象将会对全球范围内所有社区、团体、个人产生重大影响，全球人口结构正在经历一场前所未有的转型过程。时至今日，人口老龄化问题已经成为全世界发达国家和发展中国家共同面对的挑战。

2. 老龄化趋势由发达国家转向发展中国家

造成全球老龄化的重要原因是全球出生率的下降以及全球人口预期寿命的提高。这一趋势由发达国家逐渐向发展中国家转移。1975 年，印度和美国各有 2 300 万的老龄人口。到 21 世纪中叶，印度与中国的老龄总人口将占到全球老龄人口的 39%，是欧洲国家老龄人口的 3 倍。根据联合国的数据推测，2100 年印度的老龄人口将达 3.7 亿，中国的老龄人口将达 3.06 亿，这两个国家将成为老龄人口的“超级巨头”。

3. 高龄化问题凸显

高龄人口通常是指年龄达到 80 岁以上的老年人口。从世界范围来看，增长速度最快的年龄组是 80 岁以上的老人，目前在以每年 3.8%的速度增长，到 21 世纪中期将有五分之一的老年人处于 80 岁及以上。2050 年，西欧将是人口高龄化程度最高的地区，65 岁以上人口中，将有 1/3 的人是高龄老人，北欧（31%）和南欧（30%）仅次于西欧。届时，欧洲的瑞士、亚洲的日本和新加坡都将成为高龄老人最多的国家，高龄老人比例将高达 36%，德国（35%）、英吉利海峡群岛（34%）和意大利（33%）高龄老人的比例都将超过 30%，即每 10 个 65 岁以上的老年人中，就有 3 人以上是 80 岁以上的高龄老人。

4. 老年人性别比例严重失衡

由于女性的预期寿命高于男性，因此在老年人中，女性占多数。根据《2022 年世界人口展望》：2022 年全球 65 岁及以上的老年人中女性占比 55.7%。① 预计，2030 年全球 65 岁及以上的老年人中女性的数量将达到 5.53 亿，比男性多出约 1.08 亿人；2050 年全球 65 岁及以上的老年人中，女性的数量将达到 8.7 亿，比男性多出约 1.7 亿。

5. 老龄化在全球引发较大抚养压力

据联合国数据显示，2023 年，全球 65 岁及以上人口为 8.09 亿，到 2050 年，这一数字将增加到 16 亿。与此同时，随着年轻人在社会中所占比重的显著下降，这种人口结构的巨大转变将在全球范围内引发前所未有的抚养压力，给社会福利、医疗保健和经济发展带来严峻挑战。

---

① 联合国经济与社会事务部：2022 全球人口展望 . https：//www. un. org/development/desa/pd/sites/www. un. org. development. desa. pd/files/wpp2022_summary_of_results. pdf.

（四）我国人口老龄化的特点

1. 老龄化进程迅速

与当前世界发达国家相比，我国的老龄化进程速度迅猛。最早进入老龄化社会的法国用了 115 年，美国用了 69 年，英国用了 45 年，而中国 65 周岁及以上的老龄人口从 1960 年到 2023 年，就从 0.26 亿增加到 2.17 亿。由于计划生育政策的实施，我国在保持着人口缓速增长的同时，出生率经历了一波急速下降。如此一来，我国的老龄化进程便显得更加迅速。预计 2035 年我国 60 周岁及以上老年人口将突破 4 亿，2050 年接近 5 亿，在 2050 年之后的约 50 年间，老龄化水平将持续保持在 35%以上。

2. 老龄人口基数大

作为世界上拥有人口数量最多的国家，我国的老龄人口基数自然也相当庞大，2023 年底我国 60 周岁以上的老年人口数量达 29 697 万，占总人口的 21.1%；全国 65 周岁及以上老年人口 21 676 万人，占总人口的 15.4%。目前，我国是世界上老年人口数量最多的国家。

3. 高龄化趋势加剧

在庞大的老年人口基数下，我国未来的高龄老年人口的数量也会越来越多，根据预测，2035 年我国 80 周岁以上的高龄老年人口将会达到 7 960 万人，到 2050 年，80 岁及以上人口将增至 1.59 亿。仅我国的高龄人口数量就占到了全世界高龄老年人口总量的 1/4。高龄老人可能面临更为严峻的健康问题。

4. 未富先老

“未富先老”是我国人口老龄化所面对的一个严峻挑战。与发达国家的“先富后老”不同的是，我国步入老龄化社会时的经济实力薄弱，老年社会保障与福利措施落后，政府、市场、社会多元主体共同应对人口老龄化的体制尚未形成，老年人面临着贫困、疾病、失能、空巢、服务和照料缺失、精神关爱不足等诸多困难和问题，这使得我国当前的养老负担更加严重。

5. 地区发展不平衡

由于中国社会不同区域间经济发展差异巨大，东部沿海经济发达地区的人口老龄化程度显著快于西部经济欠发达地区，中国人口老龄化发展具有明显的区域不平衡性。

6. 城乡倒置显著

我国农村经济发展水平远低于城市，且有大量农村青壮年劳动力向城市迁移的趋势。2023 年，中国农村的老龄化水平高于城镇大约 12%～16%，这种城乡倒置的状况将一直持续到 2040 年。到 21 世纪后半叶，城镇的老龄化水平才将超过农村，并逐渐拉开差距，这是中国人口老龄化不同于发达国家的重要特征之一。

7. 女性老年人口数量多于男性

我国女性老年人口数量多于男性老年人口，2023 年中国总人口性别比为 104.49，即每 100 名女性对应 104.49 名男性。这一比例在不同年龄段有所变化，特别是在高龄年龄段，女性人口数量多于男性。

老龄化已经是我国人口发展的一个必然趋势，汹涌而来的老龄化浪潮必将对我国的经济、社会和政策等方面产生深远影响，庞大的老年人口将给社会发展带来极大压力，如何应对这一即将到来的“老龄危机”，如何转“危”为“机”，为中国老龄化事业发展做出贡献，是兼具学术与实践价值的重大研究任务。

第二节　老年社会工作的含义、目标与对象

一、老年社会工作的含义

人口老龄化进程的持续加剧对我国养老体系提出了更高要求。2018 年，全国人大颁布了新修正的《中华人民共和国老年人权益保障法》，许多重大政策制度建设取得了突破性进展。《“十四五”国家老龄事业发展和养老服务体系规划》指出“十四五”时期，积极应对人口老龄化国家战略的制度框架基本建立，老龄事业和产业有效协同、高质量发展，居家社区机构相协调、医养康养相结合的养老服务体系和健康支撑体系加快健全，全社会积极应对人口老龄化格局初步形成，老年人获得感、幸福感、安全感显著提升。而随着经济与社会的发展，老年人的需求亦表现出多元化发展态势，在养老服务产业发展中，老年社会工作作为其中的重要组成部分，可以落实老年人的经济保障，协助家庭照顾老年成员的饮食起居，为老年人提供多种形式的社会服务，使老年人保持独立和尊严，积极参与社会生活，幸福地安享晚年。

老年社会工作作为社会工作的一个重要的分支领域，对其含义的界定存在多种观点。仝利民（2014）指出老年社会工作是科学地整合社会学、老年学和社会工作的理论知识，运用社会工作的价值观、方法和技巧，积极地网罗各种可能的社会资源，以推行与老年人相关的社会政策，或帮助解决老年人日常生活中的各种问题，满足其需求的实践过程。[①] 范明林和张钟汝（2005）则将老年社会工作界定为因老年问题的出现而产生的一种专业服务活动，它主要是指接受专业训练的社会工作者在专业价值理念的指导下，充分运用社会工作理论和方法，为生活中遭受各种困难而暂时丧失社会功能的老人解决问题、摆脱困境并同时推动更多老人在晚年获得进一步发展的专业活动。[②] 吴华和张韧韧（2011）认为老年社会工作是受过专业训练的社会工作者运用社会工作的专业理念、方法和技巧，以利他主义价值观为指导，为老年人及其家庭提供社会保障与社会服务，以协助老年人解决生理、精神、情感和经济等方面的问题，使老年人能够参与社会生活，幸福安度晚年的专业服务。[③]

尽管不同的学者对于老年社会工作的概念所给出的定义不同，但是它们也有共同点：

第一，老年社会工作是一种在社会工作价值观引领下的专业活动，在开展老年社会工作服务的过程中要时刻践行独立、参与、照顾、自我实现和尊严等原则。

第二，老年社会工作强调运用专业工作方法为老年人提供服务，以提升服务的有效性和针对性为原则，满足老年人的实际需求。

第三，老年社会工作的服务对象是以老年人为核心的服务对象系统，其中不仅

① 仝利民．老年社会工作．上海：华东理工大学出版社，2014.
② 范明林，张钟汝．老年社会工作．上海：上海大学出版社，2005.
③ 吴华，张韧韧．老年社会工作．北京：北京大学出版社，2011.

包括老年人及其家庭，还包括社区环境的营造及相关制度环境的改善。

第四，老年社会工作不仅仅关注有问题及困难的老年人，更致力于挖掘老年人的潜能、提升能力并促进全面发展，帮助老年人实现自我价值，提高生活质量。

基于以上考虑，本书将老年社会工作界定为一项针对老年群体开展的，运用专业方法以维持和改善老年人社会功能、提高老年人生活和生命质量的专业实践活动。笔者认为要从广义和狭义两个角度理解老年社会工作的内涵。从广义上来看，老年社会工作是解决我国老龄化社会问题的有效工具，旨在应对老龄化社会中出现的一系列社会问题，以老年社会问题为工作核心，推动相关的老年社会福利措施，包括养老保障、养老服务、老年教育、老年医疗等相关宏观政策的发展；从狭义上来看，老年社会工作是在社会工作专业价值观指导下，充分运用专业技术帮助老年群体摆脱困境、发展自身、满足需求并提高生活质量的实务过程。

二、老年社会工作的目标

根据民政部发布的《老年社会工作服务指南》的规定，老年社会工作的服务宗旨是“实现老有所养、老有所医、老有所为、老有所学、老有所乐”。这一宗旨彰显了以老年人为核心，全方位满足老年人需求的理念。从社会工作的专业角度来看，其核心任务是提升个人、家庭、群体和社区的能力，以便解决服务对象的问题，挖掘他们的潜能，从而提升他们的生活质量；同时，社会工作还致力于通过社会变革，消除影响个体福祉的社会障碍，减少不平等现象，以促进社会公正。老年社会工作作为社会工作的重要分支学科，其工作目标应当在这一框架中展开。基于此，老年社会工作的目标可以概括为：

第一，为有需要的老年人提供专业心理辅导、情绪疏导、认知调节，协助老年人充分认识和接纳自己的老年阶段并提升个人能力，预防生理或心理上的迅速退化，促进老年人的身心健康。

第二，改善老年人与家庭成员之间的人际关系，协助老年人处理与配偶及子女的关系问题，为老年人提供专业的婚恋咨询与辅导服务。

第三，鼓励老年人积极参与各项社区文化、体育、娱乐活动及志愿服务，促进老年人的社会融入，提高其社会参与度。

第四，调适老年人的生活环境，协助开展老年人居住环境安全评估，进行适老化环境改造，使老人能够最大限度地拥有正常的社会生活。

第五，积极整合社会服务政策、制度与社会服务机构运作，设计并提供更适合老年人的服务方案，以维护老年人的合法权益。

第六，总结实务经验，进行政策倡导。结合老年实务过程中的共性问题，研究、分析与老年人相关的法律法规及社会政策在制定和执行中的不足之处，为我国建设健康老龄化社会建言献策。

总的来说，老年社会工作的内容包含两个方面：一是帮助老年人解决生活困难；二是帮助老年人发展自身。前者通常关注老年人的物质生活需求，例如生活照顾、生活服务、家庭关系、身体健康及经济生活等方面的需求，老年社会工作者要做的不是亲力亲为，替老年人解决一系列复杂的需求，而是要学会调动资源，结合专业服务手段，帮助老年人达到“自助”的生活状态，做到“授人以鱼不如授人以渔”。后者是重视老年人精神层次的需求，通常也是容易被社会大众所忽略的需求，如接受教育、人际交往、社会参与、实现自我价值等方面的需求。老年社会工作者可以通过结合微观与宏观相结合的工作手法，一方面提出社会倡导，填补大众对于老年人精神需求的盲点；另一方面通过小组工作、社区活动或者鼓励老年人参与志愿者活动等方法，以社区为依托，鼓励老年人参与社区治理、社区活动，为老年人的各项发展提供切实的服务。

三、老年社会工作的对象

从国内外老年社会工作实务的发展经验以及实践经验来看，大致可以按照以下四个标准来划分老年社会工作的服务对象。

（一）以服务对象划分

1. 遭遇生活困境的老年人

人在步入老龄期时会遭遇生理、心理、社会关系层面的问题，如身体退化、就诊困难、家庭矛盾、社会歧视等。当老年人主动寻求老年社会工作者的帮助时，老年社会工作者应当运用专业的工作方法，帮助服务对象解决困难或提升他们应对困境的能力。

2. 老年人的家庭成员

与曾经越老越有威望的社会文化相反，在现代社会刻板印象中，老年人的社会地位下降，在家庭中表现为老年人从家庭核心地位中退出。随着老年人的社会参与愈加减少，对于家庭所做的贡献也逐渐减少，这导致一系列问题的出现，如子女不赡养老人、精神或肢体虐待老人、子女财产分配矛盾问题等。在这种情况下老年人及其家庭成员都是老年社会工作者的服务对象。

3. 老年人的亲友或为老年人提供服务的其他人员

随着年龄的增长，老年人的活动范围可能会逐步缩小，有的老年人甚至会丧失生活自理能力，最终活动范围限制在家庭、医院、疗养院内，需要亲友或者专技人员的照顾。由于专技人员与老年人没有血缘关系，在法律上也没有直接赡养义务，这些人如若长期照顾老人，易受到负面情绪影响而对老年人产生抵触情绪或感到体力不支、暴躁焦虑，从而对老年人冷淡、责骂，甚至可能不满足老年人的基本需求。因此，除老年人外，这类照护者也需要接受老年社会工作者的专业服务。

（二）以老人问题的种类划分

1. 失能老人

失能老人通常指丧失生活自理能力的老人，这一类老人因长期患病导致生理机能严重衰退，或是因残疾丧失了生活自理能力，再加上老人存在久病不愈的可能，对于医疗资源与生活照料的需求大，这会带来巨大经济压力，进而造成隐性贫困。在长期的经济压力下，家庭可能会出现一系列问题，如家庭氛围紧张、家庭成员压力大、老人得不到良好照顾等。因此，对于失能老人，社会工作者需要提供专业的医疗和生活照料服务，同时也要关注家庭成员的心理健康和家庭氛围的改善。

2. 贫困老人

贫困老人是指那些因经济条件困难而无法满足基本生活需求的老年人。随着年龄的增长，老年人逐渐退出社会活动，掌控的资源减少，经济收入也相应降低。同时，老年期也是疾病多发阶段，昂贵的医药费用可能使老年人甚至整个家庭陷入经济困境。在农村地区，贫困老人现象尤为明显。为了应对这一困境，老年社会工作者应该积极帮助老年人及其家庭了解相关社会福利资源或社会资源，以帮助他们解决经济困难问题。

3. 丧亲/失独老人

丧亲老人是由于意外事件丧偶或子女早逝，而处于悲伤、哀痛、孤寂、无助等状态中的老年人，失独老人则是指失去独生子女的老年人，会更容易陷入长期悲痛之中。据美国医学专家研究，丧亲时的压力值相对于其他意外事件来说是最高的，若不能妥善处理老年人的哀伤情绪，帮助老年人从悲痛中走出并重新树立生活信心，老年人会很容易陷入危机状态，长期处于这种状态下的老年人，心理健康和身体机能都会受到负面影响。在这种情况下，老年社会工作者的介入至关重要，可以帮助老年人建立起积极的社会支持网络，协助老年人充分利用自身与其他社会资源走出丧亲阴影，度过人生中的关卡。

4. 空巢老人

随着当代社会流动愈加频繁，空巢老人的现象不再是个别化问题，而是成了普遍的社会现象。尤其在农村地区，老年人常常独自在家，安全需求难以得到保障，一旦出现身体不适，子女无法及时赶到现场，容易酿成悲剧。除此以外，老年人生理、心理、社会交往等方面的需求也无法通过子女赡养得到满足。社会工作者应当努力帮助老年人建立良好的社会关系，以社区为依托开展系列助老项目，如“时间银行”“爱心送餐”等，缓解空巢所带来的种种问题。

5. 受虐老人

老人受虐分为肢体虐待、精神虐待以及故意忽视。肢体虐待是指对老年人进行身体上的攻击，这会导致老年人身心受到伤害；精神虐待包括对待老年人态度恶劣、语言谩骂、故意损坏老年人的物件、蓄意违反老年人的正当要求、半夜故意惊醒老年人等，这会使老年人在精神上饱受折磨；故意忽视包括对老年人提出的正当要求不予理睬，采用冷暴力的形式折磨老年人的精神状态。近年来，媒体所报道的有关老年人受虐的事件逐渐增加，仅凭老年社会工作者单方力量难以彻底解决老年受虐问题，部分老人还会受到“家丑不可外扬”的传统观念影响或者出于不愿意麻烦子女的心态，选择忍气吞声。还有些智力退化、长期卧床的老年人失去了对外主动求助的能力，极易成为被虐待的对象。如果遇到此种情况，老年社会工作者要高度警惕，应当及时与其家属或有关社区、公安机关、医院、人民法院等进行联系，积极配合调查，还要联系专业心理咨询师对受害者与施害者进行必要的心理辅导。

6. 退休后生活无法调适的老人

退休后，老年人逐渐退出劳动力市场并被边缘化，所掌握的资源也随之减少。这种转变导致退休前后的生活模式存在显著差异，许多老年人在刚退休时无法快速适应新的生活方式，尤其是男性老年人更为突出。针对这类老年人，老年社会工作者可以根据其意愿协助他们再就业或从事相关的娱乐活动，并提供必要的咨询服务，帮助他们链接相关社会资源，促进其尽快适应退休后的生活。

（三）以老人的需求划分

1. 需要解决困难的老年人

社会工作的服务目标是救难与解困，恢复与发展，巩固与预防。老年社会工作服务的首要目标是帮助老年人摆脱各种困境或危机，这也是老年社会工作的基础目标，这些困难包括缺乏照料、经济压力、行为偏差、就医困难、遭受虐待、丧亲丧偶、关系不良等。面对这些问题，老年社会工作者应当以社会工作专业的价值观为指导，运用专业方法帮助老年人解决困难，摆脱困境。

2. 有发展需求的老年人

马斯洛需求层次理论将人类的需求划分为五个层级：生理需求、安全需求、社交需求、尊重需求和自我实现需求。老年人的生理需求与安全需求是基础且重要的，但其社交、尊重与自我实现需求却常常被忽略。老年人作为一个独特个体，与年轻人同样有发展自身的需求，老年社会工作者要充分认识到这点，不仅要满足老年人的生理与安全需求，还要将老年人的更高层次需求纳入考虑范围之中，为老年人链接资源，提供更多发展性服务，这将是老年社会工作未来发展的重要方向。

（四）以老年人所处场域划分

1. 居家养老的老年人

居家养老指的是老年人居住在家庭内，依托社区资源养老的模式。由于居家养老服务的场域限制在社区内部，社会工作者要从社区角度出发，充分运用社区内部与外部资源，依托政府购买服务，打破以往低质量、机械的社区养老服务，尽可能为社区内的居家老年人提供优质且专业化的社会工作服务。

2. 机构养老的老年人

机构养老是专为老年人提供集中居住和全方位照料服务的模式，涵盖敬老院、福利院、养老院、老年公寓、疗养院等。在这种模式下，老年人由于子女无法长期陪伴，可能会对家庭产生深厚的思念之情。然而，机构养老也有其独特的优势，它将许多背景相似的老年人聚集在一起，为他们提供一个增进社会交往、获取社会支持的平台。老年社会工作者要学会扬长补短，以“全人”服务理念，为老年人提供全面、专业且优质的跨学科服务。这种综合性服务模式旨在满足老年人在身体、心理、社会和精神等各个层面的需求，从而帮助他们度过一个充实、健康的晚年生活。

3. 流浪老年人

流浪老年人是指由于意外事故、健康问题或家庭矛盾等多重原因而居无定所，以流浪或乞讨为生的老年人。通常流浪老年人没有固定收入，食不果腹，露宿街头。在接触这类服务对象时，老年社会工作者应按照社会救助的规范程序，耐心倾听老年人的流浪经历，剖析深层原因，以确保经济援助不仅仅是暂时缓解困境，而是真的能够预防他们再次流落街头。这项工作的挑战性极高，要求老年社会工作者在面对救助过程中的不确定性时，能灵活应变，妥善处理各种突发情况。

四、老年社会工作者的基本素质

随着老年社会工作专业教育在我国的不断发展，老年社会工作者的专业能力得到了显著提升。相较于其他领域的社会工作者，老年社会工作者因其服务对象的特殊性，专业服务所需要的基本素质也有其自身特点。

（一）知识水平层面

1. 促进健康的知识

老年社会工作者在促进老年人健康方面扮演着重要角色。由于老年人身体机能的退化，他们对于健康的需求比其他年龄段更为强烈，特别是患有慢性病的高龄老年人，需要接受长期的健康照顾服务。具体来说，老年社会工作者需要：(1) 了解国家关于医养结合的政策，为老年人链接相关政策资源；(2) 了解医学、护理学、营养学等照护相关的学科知识，为老年人提供优质健康照顾服务提供理论基础；(3) 学习老年人健康保健知识，鼓励老年人科学保健，为老年人科学保健提供相关指导，避免老年人轻信、迷信以及上当受骗。

2. 社会照顾知识

老年社会工作者应当具备老年社会工作的“家庭思维”，认识到家庭才是老年人最核心、最基础的社会支持系统，因此，老年社会工作者需要掌握三项基本知识：(1) 老年社会生活的评估知识。学会使用相应量表对老年人的生理、心理及生活质量作出评估，并能够对老年人的居家环境的安全、隐患作出评估。(2) 社区照顾的知识。不仅要掌握医疗照顾知识，还要掌握社会性照顾知识，如志愿者管理、社区照顾方案策划、法律援助、政策信息咨询等，只有这样才能在实务过程中关照到老年人多层次的需求。(3) 老年人在不同生命阶段的特点方面的知识。60 周岁以上的老年人仍然可以划分成多个不同时期，如低龄老人、中龄老人、高龄老人，在不同时期，老年人会具有不同的生理、心理状况并有不同的需求，老年社会工作者要能够深入了解老年人不同生命时期的特色，提供更具有针对性的服务。

3. 个案管理知识

在老年社会工作的实务操作中，由于老年人问题解决是一个复杂的过程，老年社会工作者应当具备个案管理知识，能够计划、统筹、监督、评估和改进服务，实现对老年人全面、持续及人性化的照顾，最重要的是能够将面临多重问题的老年人与外界的社会支持网络连接起来，以便为老年人提供更好的资源与支持。

（二）价值观层面

1. 年龄平等的理念

所谓年龄平等，是指老年社会工作者要能够充分认识到人在不同生命阶段会呈现出不同的年龄特征，从而根据其年龄特征开展相应服务，促进该年龄段人群的最佳适应。总体来看，年龄平等的价值观要求社会工作者要考虑到个体的特殊性，保证每个老年人机会平等。这具体体现在：(1) 保证老年人能够在社会生活中享受政治、经济以及社会文化生活的平等机会；(2) 保证每个老年人平等参与，即保证每个老年人能够公平地参与和融入各种社会活动；(3) 保证每个老年人的福利平等，即通过针对性服务让老年人享受到属于符合自己实际情况的福利服务。秉承年龄平等的理念，老年社会工作者需要增强对年龄的敏感度，为不同处境的老年人提供针对性服务，使政策能够最大限度地惠及每一个需要帮助的老年人。

2. 全人健康的理念

“全人健康”一词源于医学中的心理神经免疫学，随后逐渐拓展到社会学与社会工作领域，并得到了广泛认同、应用与推广。这一理念突破了以往仅关注生理健康的观念，将人的健康概念拓展到生理、心理、社会关系、灵性、家庭、社会、职业等多方面的全面健康发展，即促进老年人生理功能的改进、维护老年人的生理与心理健康、促进老年人积极习惯的养成、保障老年人物理环境的安全、确保老年人的经济生活水平、关怀老年人的精神健康、鼓励老年人积极社会关系的建立，而不仅仅是使老年人生理机能恢复健康。

3. 积极老龄化的理念

积极老龄化是指从事老年事业的社会工作者要坚定地相信，老年人并不因年龄的增长而一直处于社会的弱势地位，相反，他们在物质、精神、社会以及灵性层面都具备自身的优势和潜能。积极老龄化的理念强调了老年人的价值，老年社会工作者通过正确的方式可以帮助老年人挖掘其潜在优势，例如，老年人拥有丰富的人生阅历、对自己更加了解、拥有更多的时间实现自我、更容易欣赏与享受生活等。

（三）技巧层面

1. 哀伤辅导的技巧

在老年社会工作中，死亡是一个无法回避的话题。尤其在我国的传统文化中，死亡被视为极为敏感的词汇，它不仅仅会给老年人带来哀伤的情绪影响，同时也可能对社会工作者产生强烈的负面情绪影响，因此掌握哀伤辅导的技巧十分关键。当老年人经历丧亲、丧偶或者是家庭成员、周围同伴以及其他关系密切的人离世时，老年社会工作者可以通过个案、小组或家庭辅导，为老年人提供社会支持，此外，还可以采用各种治疗技术，及时缓解老年人的情绪困扰，减少哀伤所带来的压力，帮助老年人度过哀伤期，妥善处理自身哀伤情绪。

2. 生命回顾的技巧

生命回顾的技巧可以帮助老年人回顾人生中的重要生命事件，缅怀人生往事，以协助老年人找到生命的意义。建构主义认为，问题的出现不在于问题本身，而在于个体对问题所赋予的意义。同时，过去、现在、未来三者之间紧密联系，生命回顾与缅怀往事可以帮助老年人认清过去所发生的一切，接受与承认过去的一切，解开曾经的心结，赋予其正面积极的意义，从而影响现在的体验与感受，进而在未来表现出更积极的行为。常见的生命回顾技巧包括：生命故事、生命回顾、缅怀疗法，都强调在老年社会工作者的引导下回顾人生经历，体现了后现代主义的特征。

3. 临终关怀的技巧

临终关怀是指老年社会工作者针对面临死亡的老年人提供的一种积极、全面的照护。通过保守型治疗和支持性照顾，控制老年人疼痛，缓解其他生理症状，减轻心理和社会关系上的痛苦，尽可能使老年人在生命的最后阶段有尊严、无痛苦、安宁舒适地走完人生的最后旅程。在临终关怀服务中，社会工作者应当注重维护人的尊严和权利，以照顾和陪伴为工作重点，正确认识和尊重人的最后的生命价值，提升服务对象的最后生命质量。老年社会工作者可以选择音乐治疗、园艺治疗、艺术治疗等方法，或为老年人亲属提供丧亲后续服务，协助老年人的家属走出丧亲之痛。

近年来，老年社会工作虽然得到了迅速发展，但仍然处于初级阶段，社会大众对于老年社会工作仍然是一知半解。因此，不熟悉老年社会工作的家属或老人容易将老年社会工作者与志愿者相混淆。一名合格的老年社会工作者应当秉持着专业信念和操守，在服务中展现出专业技巧，减少大众对于老年社会工作的误解与认识盲点。是否拥有良好的素质、操守与能力也是区分专业老年社会工作者与其他老年服务者的重要标志。

本章思考题

1. 什么是人口老龄化？试论述我国人口老龄化的特征。
2. 什么是健康老化？
3. 老年社会工作者需要具备怎样的基本素质？

拓展阅读

1. 中华人民共和国老年人权益保障法 . https：//www. gov. cn/guoqing/2021 - 10/29/content_5647622. htm.
2. 中华人民共和国民政部 . 老年社会工作服务指南（MZ/T 064 - 2016）.
3. 中华人民共和国民政部 . 老年社会工作者培训大纲（试行），2020.

第二章

老年社会工作的理论基础

导入案例

"牵手阳光，走出悲伤"：丧亲老人辅导个案

王奶奶，今年82岁，系S镇W社区的低保户，患有高血压、关节炎及肠胃炎等慢性疾病。王奶奶中年丧偶，独自一人将三个女儿拉扯大，前几年三个女儿和两个女婿相继因病去世，目前身边的亲人只有二女儿的两个儿子，王奶奶没有儿子，但与两个外孙都以奶奶、孙子相称。大孙子已经成家且有了孩子，王奶奶与孙媳的关系不太好；小孙子目前未婚，常年在外务工，回来的次数不多。王奶奶独自一人居住在老旧平房里。自从小女儿去世后，王奶奶每日生活在失去亲人的阴影中，情绪多变，经常逢人便诉说自己的不幸遭遇，显露出对亲人深深的怀念和无法释怀的悲伤情绪。

资料来源："社工客"公众号，2024-01-21.

导入案例中的王奶奶因独居而面临缺乏陪伴和支持的困境，不可避免地被孤独吞噬。为了帮助王奶奶真正走出悲伤，摆脱孤独，老年社会工作者需要探索更为有效的方法，不仅包括为他们提供社交机会，鼓励他们参与社区活动，还需要关注他们的内心世界，提供心理支持和关怀。只有这样，才能真正帮助老年人重新找到生活的乐趣和意义，让他们在晚年过上充实和幸福的生活。要实现这些目标，坚实的理论基础必不可少。在理论指导下，老年社会工作者可以制订个性化的服务计划，满足王奶奶的需求，帮助她更好地生活。

综观现有老年社会工作相关理论，可以发现，其核心内容主要集中在三个方面：社会学理论、心理学理论和生理学理论。社会学理论重点在于探究人类群体老化的内在原因和演变趋势，总结在老化这一特殊过程中的社会学规律；心理学理论则从老年人的认知、情感、意志和个性等方面总结老年阶段的表现形式、特点和规律；生理学理论主要从生物、基因和遗传的角度出发，关注人类衰老的规律和机理，以期为老年人的健康管理和生活质量提升提供科学依据。

第一节　与老年相关的社会学理论

本节所介绍的与老年人相关的社会学理论主要包括宏观和微观两个层面。在微观层面上，脱离理论、活动理论、延续理论和角色理论专注于老年人的社会行为和经验，从个体层面出发，关注老年人的生活经历和心理状态，探讨老年人如何适应社会角色变化。在宏观层面，亚文化群理论和年龄分层理论则着重于解读老年人在社会中的地位和处境，探讨老年群体内部的文化特征和价值观，并分析老年人在社会分层中所处的位置。这些理论使我们得以深入理解老年人在社会中的角色与挑战以及他们应对生活变化和困境的方式，为理解老年人的切实需求及提高其生活质量提供了重要帮助。

一、脱离理论

脱离理论（Disengagement Theory），又被称为撤离理论，最早由美国学者卡明和亨利（Cumming & Henery）于 1961 年提出，是老年学中出现最早也是最具争议性的理论之一。该理论从社会制度视角出发，认为人的能力不可避免地会随着年龄的增长而下降，老年人希望摆脱难以达到的社会期望，从而主动或被动地减少社会参与，即自愿脱离社会。

该理论指出，脱离现象的出现是生理衰退、心理变化以及社会结构因素共同导致的结果。首先，老年人生理功能的衰退是其脱离社会的生理基础。其次，面临亲友离世和身体衰弱，老年人可能开始频繁思考死亡甚至期待死亡，心理趋于消极，这将促使他们主动减少社会参与。再次，退休制度等社会因素会使老年人的社会关系网络萎缩及社会互动减少。

这些因素共同促成老年人脱离社会的自然过程。老年人的脱离过程可能由老年人自发启动，也可能由社会启动。老年人自主减少活动和社交联系，体现了个人启动的脱离；而社会排挤、歧视和退休则是社会驱动的脱离。不论是主动脱离还是被动脱离，老年人的脱离过程具有普遍性和不可避免性。脱离理论对老年人的社会脱离持积极态度，认为活动水平降低和社交减少使老年人更专注于内在体验，有更多的时间进行自我反省和平复情绪。从这个角度看，脱离甚至可以被视为一种解放，不仅有利于老年人的个人生活，也对社会发展产生积极影响。

尽管脱离理论有其合理性，但也引起了广泛争议。该理论将老化看作是一个必然性的和普遍性的过程，假定所有老年人均会从社会中脱离，从而忽略了个体差异。实际上，有许多老年人退休之后仍会选择继续工作或参与社会活动，甚至还有老年人在高龄时依然为社会贡献力量，并未真正退出社会生活。因此，批评者认为，老年人职业角色的撤离并不等同于完全的社会脱离，他们在不同社会文化环境中扮演的角色也各不相同。尤其现代社会推崇终身学习和自我发展的理念，鼓励老年人积极参与社会生活，这要求我们重新评估老年人与社会脱离所带来的积极与消极后果。

二、活动理论

活动理论（Activity Theory）由哈维格斯特（Robert J. Havighurst ）于 1961

年提出，是一个与老年和老化现象有关的理论。它与脱离理论的基本观点相反，主张老年人应积极投身于社会生活，此举有助于他们重新审视自我，保持生命活力，并维持良好的心理健康水平。该理论认为，老年人的社会关系需求并未因年龄增长而减少，但生理衰老可能限制了他们的某些行动，剥夺了他们扮演各种社会角色的机会。随着离开原有的工作环境，老年人拥有更多自由时间，可能感到生活寂寞。社会应提供补偿性活动，帮助老年人填补这种空虚，丰富他们的生活。

活动理论强调两个核心主张：第一，老年人应当通过参与新活动和担任新角色来缓解因社会角色中断而引发的情绪低落。例如，利用新的角色来替代因丧偶或退休而失去的角色，从而在新的社会参与中重新认识自我，拉近与社会的距离。第二，活动水平高的老年人相较于活动水平低的老年人，对生活的满意度更高，也更能适应社会。这个理论的核心思想在于鼓励老年人调整自己的行为以适应社会，并积极参与社会生活。通过更多的社会参与，老年人可以建立新的自我认知，从而提高自身的生活满意度。

活动理论是当前老年学中被广泛接受的重要理论，同时也是成功老化概念的理论基石。成功老化主张老年人在一生中应充分发挥自己的潜能，包括体力、社会和精神等方面。按照自己的权利、需求、爱好和能力参与社会活动，并得到充分的保护、照料和保障。相较于勤于动脑的老人，懒于动脑的老人更容易受到老年痴呆症的困扰。而那些热衷于参与志愿活动和兴趣爱好广泛的老年人，其心理健康水平通常较高。因此，活动理论在老年社会工作中占据着举足轻重的地位，常常被拿来作为服务设计的核心指导原则。

活动理论虽然在老年学中具有重要价值，但也存在一定的局限性。一方面，老年人幸福晚年的实现不仅依赖于活动水平，还受到收入、家庭和邻里关系、身体健康等多重因素的影响；另一方面，有些老年人即便活动不积极也能感到快乐和满足。例如，一些忙碌的中年人进入老年期之后更倾向于追求平静、悠闲的生活方式，而非积极参与社会活动。因此，评价老年人生活的幸福满意度时，不能单一地以活动水平作为标准，在实际应用中需要考虑个体差异和其他相关因素。

三、延续理论

延续理论（Continuity Theory），也被称为人格理论，由阿特奇雷（R. C. Atchley，1989）等学者提出，强调老年期的个性和生活方式与中年期有一定的连续性。该理论认为，个体在老化过程中并非完全转换至全新的生活方式，而是倾向于维持或延续中年时期的生活状态。这一理论看到了老龄化的差异性，并用个体特征予以解释，弥补了脱离理论和活动理论的欠缺。

延续既可以是内部特征的延续，也可以是外部特征的延续。内部特征的延续主要体现在世界观、价值观、经验、性格、知识和技能等方面，其中个性在适应衰老过程中发挥着重要作用。一般情况下，一个积极外向、喜欢与人打交道的人在晚年时期不可能闲在家中；内向、不善于社交的人在晚年时期也不可能活跃于社会活动中。不同的人有不同的个性，不能以统一的模式衡量老年人对生活的满意指数，个性应成为衡量老年人对生活满意程度的基础。外部特征的延续主要体现在社会角色、活动、社会关系和生活环境等方面，一个一直从事财会工作的老年人很有可能会在退休后被返聘为一家企业的兼职会计，并且更乐于为家庭开支记账。

延续理论强调了老年个体之间的差异性，并突出了个性在老年适应过程中的重要性。然而，该理论也存在一些局限性。首先，延续理论不能充分解释老年人在面对个人愿望和外部社会因素变化时如何调整其生活方式。当身体功能减退或由于经济压力等原因无法延续过往生活，如果过度强调延续性，将打击老年人的生活积极性。其次，老年人的个性可能因生活境遇的改变而有所不同，没有延续中年时期的生活状态，不能够简单用老年人感到对生活不满意来概括。因此，延续理论的不足在于它未能充分考虑到同一老年人在不同人生阶段可能出现的差异性以及个性发展的动态性。

四、角色理论

角色理论（Role Theory）是1942年由科特雷尔（Roger Cottrell）提出的老年社会学理论，也是社会老年学家解释个体如何适应衰老的最早尝试之一。该理论认为，角色是个人与社会相互接纳的一种形式，是满足物质和精神需求的过程。随着年龄的变化，人们所扮演的角色会相应改变。进入老年阶段，老年人的角色转变包括从忙碌的工作状态过渡到悠闲的家居生活，原来的日常习惯、经济收入及生活方式都发生了很大变化，对许多人来说是一次重大的人生转折。老年人角色变化的显著特征是发生了角色的丧失，例如，因退休而丧失劳动者角色、因丧偶而失去妻子或丈夫的角色。角色的丧失对老年人来说意味着回报的减少、社会地位的下降以及被社会忽视的感觉，这种丧失会导致老年人出现各种心理上的矛盾和冲突，甚至对身体健康产生负面影响，进而破坏他们的社会功能。因此，老年生活的成功在于个体是否能够适应和接受这些已经发生变化的角色和任务。

在“社会化”这一终身过程中，每个人都要学习放弃旧角色、扮演新角色、不断适应角色的转变，这样才能更好地融入社会。尤其对于老年人来说，需要学会接受和适应角色的丧失和中断，并积极寻找和适应新的角色。老年社会工作者的任务是协助老年人正确认识角色转变的客观性，帮助他们建立积极的自我认知，适应衰老的过程，并成功地过渡到新的生活阶段。当今，老年人有了更多的替代角色可供选择，可以充分发挥自己的潜力和才能，继续参与社会活动，为社会做出积极贡献。

五、亚文化群理论

亚文化群理论（Subculture Theory）是美国学者罗斯（Arnod Rose）于1965年提出的一个老年学理论，旨在对抗衰老和地位丧失所带来的社会对老年人的消极态度。该理论认为，如果同一领域的成员之间的交往超过与其他领域成员的交往，就会形成一个亚文化群体，而老年人群体恰好符合这一特征。

老年亚文化群体的形成有其主观和客观背景。从主观上来看，有相同问题（如体弱多病，孤独，有物质、精神和照料需求等）的老年人更容易发展出更加亲近的关系。从客观上看，社区中的老年活动场所为老年人相互接触提供了便利机会。相对于职业、教育或收入，一个人的社会地位更多是由身体健康和行动能力所决定的，老年人的生理功能衰退会带来社会地位降低和来自社会的更少尊重。在老年亚文化群体中，老年人更容易找到共同语言，能够较少遭受年龄歧视，更好地形成自我概念并增加对社会的认同感。在亚文化群理论看来，老年亚文化是老年人重新融入社会的最好方法，通过参与亚文化活动，老年人可以建立自己的社交网络，发展新的技能和兴趣爱好，并与其他有相似经历和需求的老年人相互支持，这有助于提高老年人的生活质量和社会地位，使他们感到被尊重和有价值。社会应当重视老年亚文化群体的存在和发展，为老年人提供更多的社会参与机会和福利资源。

六、年龄分层理论

美国学者莱利（Matilda W. Riley）于1972年提出了年龄分层理论（Age Stratification Theory），该理论以社会学的角色、地位、规范和社会化概念为基础，分析了年龄群体的地位以及年龄在一个特定社会背景下的含义，形成了一个理解老年人社会地位的框架，并将老龄化概念贯穿于整个人生周期。该理论被认为是新发展起来的最全面的且颇具发展前景的理论。

年龄分层理论认为，每个社会成员一生中都经历着两个过程：生命过程和社会变迁过程。生命过程涵盖从出生到幼年、少年、青年、中年、老年直至死亡的各个阶段；而社会变迁过程则涉及社会制度、社会组织、社会群体和社会网络等不同方面。社会变迁和这些层面的运行机制促使社会成员在社会价值观和行为方面有所差异。生命周期和社会变迁相互交织，每个社会成员都可以归属于不同的社会年龄阶层。这就可以说明为什么一个老年人在不同的生命时期能够扮演不同的社会角色。同时，同样是老年人，不同社会发展阶段的老年人会表现出不同的特征。

年龄分层理论有四个主要要素：第一个要素是同期群。具有相同年龄、经历和观念的人构成一个同期群。第二个要素是各年龄层对社会的贡献和影响不同。老龄化的过程是从一个年龄层向另一个年龄层的运动过程，也是能力与贡献的变化过程。第三个要素是年龄层的社会形成。每一个年龄层对社会所做的贡献是灵活的，体现了社会发展对年龄层的需求。第四个要素是与年龄有关的期望。社会对各个年龄层人群所扮演的角色有不同期待，角色期待是一种公众共同认可的意识。

年龄分层理论通过对以上要素及其过程的分析，揭示了老龄化过程差异的秘密。该理论认为不同的同期群人群在生命历程中面临的环境存在诸多差异，因此他们的老龄化形式也会有所不同。在内外因素的干预下，同期群人群内部存在的能力差异、角色差异和期望差异（还有兴趣差异等）构成了处于社会不同层次成员在老龄化过程中的层次差异。总之，年龄分层理论提供了一个全面的框架，帮助我们理解生命周期和社会变迁如何影响老年人的地位和角色，它强调了老年人在社会中的贡献和价值，并提倡根据不同年龄层的特定需求和期望来制定相应的政策和支持措施。

第二节　与老年相关的心理学理论

一、毕生发展理论

毕生发展理论（Life-Span Theory）是当前广受关注的发展心理学理论，由心理学家巴尔特斯（P. B. Baltes）等人在20世纪70年代提出，该理论从进化论和个体发展观的角度对人的发展与衰老进行研究与探索。巴尔特斯认为个体毕生发展的总体框架应该是“生物和文化共同进化”的结构，人的行为是生物-基因和社会-文化的过程与条件共同建构的结果。这一结构包括三个基本原理：第一个原理来自进化论观点，揭示了进化选择的优势随着年龄的增长而逐渐减弱。第二个原理是人们对于文化的需求会随着年龄的增长而增长，它主要包括两层含义：一是无论是个体的身体还是心理，要想达到更高的水平就必须有更加丰富的文化知识；二是随着年龄的增长，人的身体功能有所下降，这时文化知识可以发挥补充作用，帮助个体适应这些变化。第三个原理是受年龄和个体生物潜能的影响，文化的效能会随年龄增长而下降。

毕生发展心理学关注个体从出生到死亡的整个过程中心理与行为的成长、稳定和变化规律。其核心假设为，人的心理和行为发展并非在成年期就停止，而是一个持续进行、贯穿人的一生的过程，这个过程具有动态性、多维度性、多功能性和非线性特点。心理结构和功能在人的一生中经历着不断的获取、保持、转变和衰退。此外，毕生发展心理学强调，人生任何一个阶段的经验都会对整体发展产生深远影响，没有哪一个特定的年龄阶段能够单独决定发展的本质。毕生发展心理学关注毕生发展的一般规律、个体之间的发展差异以及个体发展的可塑性，对这三个方面的探索及其相互作用构成了毕生发展心理学的概念和方法论基石，也是该学科与其他心理学理论相区别的重要特征。通过深入研究这些方面，毕生发展心理学为我们理解人类一生中心理和行为的复杂变化提供了独特的视角和工具。

巴尔特斯提出了关于人类衰老本质的七个命题的理论框架：(1) 正常老化、病理老化和最优老化的概念有很大区别，最优老化是指在促进发育和有利于年龄的环境条件下的老化；(2) 衰老过程表现出较大的个体差异性（异质性）；(3) 老年人有较强的潜在储备能力；(4) 在储备能力或适应能力范围内存在老化损失；(5) 个人和社会知识丰富心智，可以弥补与年龄相关的流动智力下降；(6) 随着年龄的增长，获得与损失之间越来越难以保持平衡；(7) 老年时的自我仍然是一个保持相对完整性的弹性系统。

基于这一命题框架，巴尔特斯设计出了关于成功老化的心理模型，称为“选择性优化与补偿模型”(Selective Optimization with Compensation，简称 SOC)，如图 2-1 所示。成功老化是指个体在发展过程中能够同时达到获得（期望目标和结果）的最大化和丧失（不同期望目标或结果）的最小化。这一概念强调了个体发展的动态平衡，即在不同阶段和情境中，通过选择、优化和补偿等过程来应对发展中的挑战和变化。个体的毕生发展实际上就是选择、优化和补偿三个过程贯穿一生的相互作用过程，该模型的核心是损益之间的动态管理，由三个彼此关联的要素构成。第一个要素是选择，指在特定范围内对有限资源进行合理应用，它涉及与个体发展相关的问题，并根据不同条件，选择可以分为选择性选择和基于丧失的选择。第二个要素是补偿，补偿是一种由资源丧失而引起的功能反应，个体资源的有限性、环境的调整、个体可塑性的下降等都可能造成补偿行为的发生。第三个要素是优化，通过一些手段和资源来最大限度地达到期望的结果，以避免预期之外的结果发生。优化通常需要一些因素进行相互结合和改善，而且这些因素也会随着发展状态、年龄等的变化而变化。有补偿地选择优化的终身过程使老年人尽管有些方面不如从前，但仍能从事对他们来说很重要的生活任务。例如，著名钢琴演奏家阿图尔·鲁宾斯坦（Arthur Rubinstein）在一次电视采访中说，他在钢琴演奏中克服了年老的缺点，主要表现在以下几个方面：第一，他减少了曲目，演奏了较少的曲目（选择）；第二，他经常练习这些曲目（优化）；第三，他放慢了演奏的速度，从而产生了一种对比，增强了快速移动中对速度的印象（补偿）。

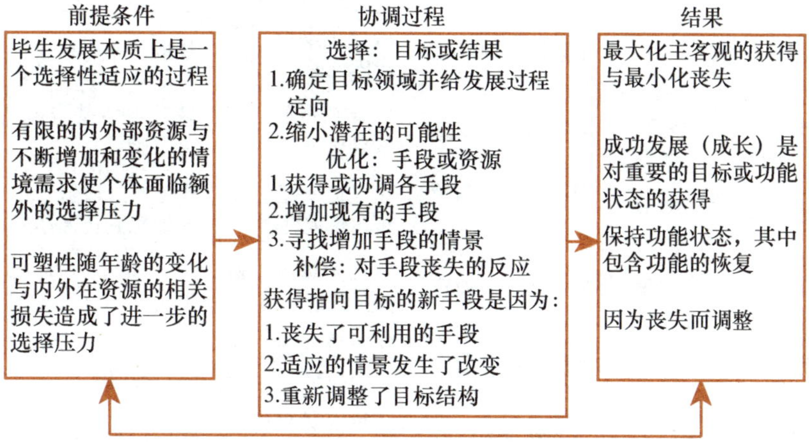

图 2-1　选择性优化与补偿模型

毕生发展理论对传统的心理老化概念提出了很大的挑战，并根据研究结果提出了一系列理论观点，如马格丽特·巴尔特斯（Margaret Baltes）的毕生发展双成分模型和斯滕伯格（Richard J. Sternberg）及其同事提出的柏林才智模型等。这一强调生物与文化共同进化的毕生发展总体框架使针对老年人的研究具有了系统性和生态化特点，为老年人研究的开展提供了很好的思路，期待未来能有更多的微观研究来推动现有理论的发展与完善。

二、人格老化理论

（一）心理社会发展阶段理论

心理社会发展阶段理论（Theory of Psychosocial Development）是美国著名发展心理学家和精神分析学家爱利克·埃里克森（Erik H Erikson）于 20 世纪 70 年代提出的有关个体心理发展的阶段性理论。埃里克森的心理社会发展阶段理论不仅与弗洛伊德的理论有着密切联系，更进一步将弗洛伊德的心理发展阶段从儿童阶段扩展到了人的一生。此外，他的理论更加强调自我、社会和历史的影响。埃里克森认为，人要经历八个阶段的心理社会演变，这八个阶段分别为婴儿期（0～1 岁）、儿童早期（1～3 岁 ）、学前期（3～6 岁 ）、学龄期（6～12 岁）、青年期（12～20 岁）、成年早期（20～40 岁）、成年中期（40～60 岁）、成年晚期（60 岁以上）。这种演变便是心理社会发展（Psycho-social Development）。这八个阶段紧密相连，每个阶段都有其特殊的目标、任务和冲突，个体在每个阶段都会面临一个至关重要的挑战，若能成功应对这一挑战，将得以顺利迈向下一个阶段；若未能妥善处理，就可能会波及个体的未来生活。如表 2-1 所示。

表 2-1 埃里克森的人格发展八阶段理论

阶段	年龄	冲突	人格发展任务	发展障碍者的心理特征
婴儿期	0～1 岁	基本的信任感对基本的不信任感	发展信任感，克服不信任感	面对新环境时会焦虑不安
儿童早期	1～3 岁	自主感对羞怯与怀疑	培养自主感，克服羞怯与怀疑	缺乏信心，行动畏首畏尾
学前期	3～6 岁	主动感对内疚感	培养主动感，克服内疚感	畏惧退缩，缺少自我价值
学龄期	6～12 岁	勤奋感对自卑感	培养勤奋感，克服自卑感	缺乏生活基本能力，充满失败感
青年期	12～20 岁	同一性对角色混乱	建立同一性，防止角色混乱	生活无目的、无方向感，时而感到彷徨迷失
成年早期	20～40 岁	亲密感对孤独感	发展亲密感，避免孤独感	与社会疏离时感到寂寞孤独
成年中期	40～60 岁	繁殖感对停滞感	获得繁殖感，避免停滞感	不关心别人与社会，缺少生活意义
成年晚期	60 岁以上	完善感对绝望感	获得完善感，避免绝望与沮丧	悔恨旧事，唉声叹气

在成年晚期，也即老年阶段，个体的绝大部分人生任务已经完成，在回首往事时，如果感到自己的一生很充实、没有虚度，就会产生一种完善感，认为自己的生命周期与新一代的生命周期融为一体。而如果觉得目标没有实现，对过往的作为有所后悔，且感到人生有很多无法弥补的遗憾，便会产生悲观失望感。

埃里克森最突出的贡献有三点：第一，他拓宽了精神分析理论的范围，强调人格发展中社会和文化影响的作用，因此他被称为“新精神分析的代表人物”之一；第二，心理社会发展阶段论强调健康和适应性的自我机制，不仅仅关注临床个案，也关注正常个体；第三，他将以自我为中心的人格发展阶段扩展到整个生命周期，突破了其他自我心理学家仅仅描述儿童早期人格发展的局限性。然而，埃里克森的理论仍存在一些不足，其理论思辨性多于科学性，他的研究方法大多为主观性较强的传记和个案研究，很难用实证方法验证。另外，由于个体发展具有个别化特征，社会环境因素对于每个年龄阶段的任务有其影响，心理社会发展阶段理论并未就此问题做出阐述，使理论的解释效力有所减弱。

（二）莱文森的成人发展理论

与埃里克森相类似，丹尼尔·莱文森（Daniel Levinson）也对个体发展阶段抱有极大兴趣，他更加关注以往学者经常遗漏的中年期和老年期。他在参考和借鉴埃里克森及皮亚杰的理论基础上发展出成人发展理论（Adult Development Theory）。此理论有其独特的概念框架。生命周期（Life Course）是该理论的核心概念之一，强调一个人从生命开始到结束过程中生活的具体特征。而生命历程（Life Cycle）则是一个更抽象的概念，它更像是一个隐喻，代表着人的生命周期的潜在秩序。每个人的生活可能各具特色，但都要经历相同的基本顺序，即生命历程。生命历程由一系列生命结构（Life Structure）的形成与改变构成，在他看来，生命结构是在某一时间中个人生活的基础模式，其核心是与他人，特别是重要他人的关系。整个生命历程被分为不同的时期（Eras），这也是莱文森创造的核心概念。每一个时期持续25年左右，展现出“独特和统一的属性”，每个时期都有属于自己阶段独特的生理、心理和社会特征，这使一个时期与其他的时期相区别。在从一个时期向另一个时期转换的过程中，会出现重大改变，即所谓的跨时期转换（Cross-era Transition），一般来说一个跨时期转换为 5 年。时期和跨时期转换构成了生命历程的宏观结构（Macro-structure of the Life Cycle）。莱文森的理论为我们提供了理解个体发展，尤其是中年期和老年期的发展的新视角。

莱文森认为，人的一生是由不同的时期和跨时期转换组成的，如图 2 - 2 所示。第一个时期为 22 岁之前的前成年阶段（Pre-Adulthood），个体从一个高度依赖、未分化的婴儿成长为独立、负责任的成年人。第一个转换期为成年早期转换期（the Early Adult Transition），一般为 17～22 岁，它既不完全从属于前一个时期，也不完全从属于后一个时期，但与前后两个阶段都有部分交集。在这个阶段，个体逐渐形成成年人观点并在成人世界中找到自己的位置。第二个时期为成年早期（Early Adulthood），为 17～45 岁，在这一阶段个体充满能量但也需要面对最大量的应激与矛盾。第二个转换期为生命中期转换期（the Middle Transition），处于 40～45 岁，此阶段的人们会变得更富有同情心，更具有反思性。第三个时期为成年中期（Middle Adulthood），一般为 40～65 岁，这一阶段个体生理功能逐渐衰退，但依旧富有能量，个人满意度也很高。最后一个转换期为后成人转换期（the Late Adult Transition），处于 60～65 岁，此阶段主要是要接受身体技能衰退、心理适应能力下降和人际关系变动，为中年的努力做总结，并为退休和身体衰退做准备。随后个体将进入最后一个时期——后成人期（Late Adulthood），也就是我们常常提到的老年阶段。在这个阶段，要建立适合退休和身体功能衰退的新的生命结构，应对疾病和处理丧失带来的心理议题。

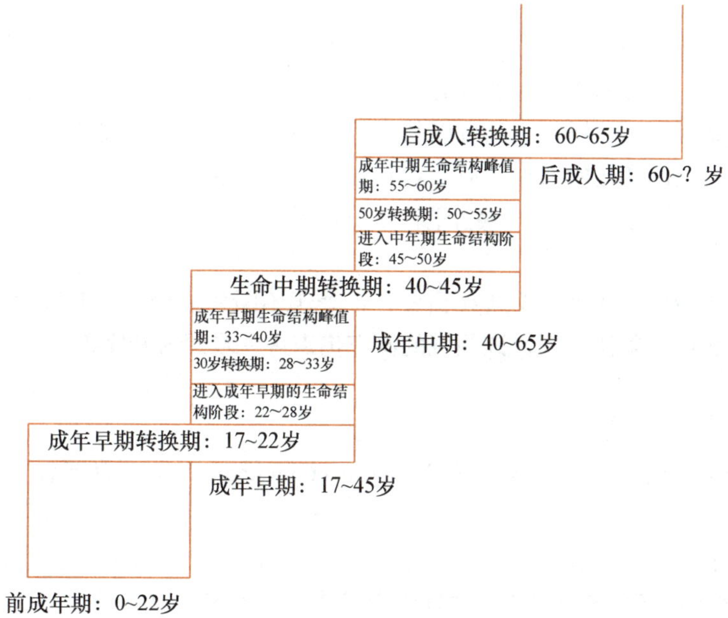

图 2 - 2　莱文森的成人发展理论示意图

莱文森沿用了埃里克森和皮亚杰的研究思路和理论框架，但是很显然，他比另外两位心理学家走得更远。首先，他强调“生命结构”概念，关注自我与社会的互动，认为这两者对个体发展同等重要。其次，莱文森更专注于成年期心理发展的历程和阶段，尤其对中年和老年期进行了更深入的研究和思考，从“社会中的人”的角度出发，为理解成年期的心理发展提供了新视角。

三、行为遗传学理论

行为遗传学（Behavioral Genetics）也称“心理遗传学”或“行为发生学”，它是行为科学与生物遗传学的交叉学科，主要运用心理学和遗传学理论研究生物基因型对有机体行为的影响，以及在行为形成过程中遗传和环境之间相互作用的规律。研究老化问题的行为遗传学家，主要关注遗传因素如何影响一个人一生中与年龄相关的变化。在这里，遗传被视为一种描述性的统计手段，用于解释群体中观察到的表型变异，这些变异部分由个体的遗传差异引起，而其余的非遗传部分则被称为环境变异。随着年龄的增长，基因和环境影响的相对作用力大小也在发生变化，这可以通过它们对常态人群中个体生物和行为差异的效应来衡量。简而言之，行为遗传学致力于揭示基因对个体行为的影响，尤其是在老化过程中影响的程度和变化。

罗伯特·普罗明（Robert Plomin）和杰拉尔德·麦克科里恩（Gerald E. McClearn）在 1990 年发表的一篇论文中指出，行为遗传学提供了一种超越单一的先天-后天比较来看待年龄差异、年龄变化、共享与非共享环境以及多因素分析的理论和方法。[①]派德森（Pedersen，1996）提出了关于老年行为遗传学的主要观点。第一，遗传和环境对老年人之间个体差异的作用效应的相对重要性具有表型特异性。遗传对人格特征和幸福感的影响处于低度到中度水平，对与健康相关的表型方面的影响处于中等水平，对认知能力方面的影响处于更高水平，遗传对于记忆的影响比对言语、空间能力和知觉速度的影响更小。第二，遗传力存在年龄差异，且其模式是表型依赖式的。在与健康相关的特征方面，遗传影响的相对重要性随年龄增加存在下降趋势，但在其他方面，遗传的作用是稳定的、增加的或者呈现某种函数关系。变异可能反映了环境或基因影响的增加，这可以从表型中看出。通常，环境影响可以说明与健康相关的表型上的变化的增加。第三，在短时间内，相对于环境因素，遗传对人格和认知的影响更稳定一些，环境因素对个体差异的影响作用在老年阶段会不断上升。[②]

老年行为遗传学作为一个新兴领域，正处于不断发展中，但其理论体系仍处于起步阶段。我们必须认识到，该领域的研究仍需进一步深入和完善。

四、超越老化理论

超越老化理论（the Theory of Gerotranscendence）是由瑞典著名老年学家拉尔

① PLOMIN R，MCCLEARN G E. Human behavioral genetics of aging//BIRREN J E，SCHAIE K W. Handbook of the psychology of aging. 3rd ed. San Diego，CA：Academic Press，1990.

② PEDERSEN N L. Gerontological behavior genetics//BIRREN J E，SCHAIE K W. Handbook of the psychology of aging. 4th ed. San Diego，CA：Academic Press，1996.

斯·托恩斯戴姆（Lars Tornstam）于 1989 年提出的关于人类老化的理论观点，他认为“老年是一个与众不同的生命发展时期”，而且“生命最后阶段的自我实现与过去累积的生活经历一起令年老的个体成熟地重新定义了其与自我、他人和自然之间的关系”。通过多年的实证研究和理论总结，托恩斯戴姆用一句精练的定义高度概括了“超越老化”，它是一个元观念的转变过程，即从一个物质的和理性的世界观转向一个更超越自然的世界观，并且通常伴随着生活满意度的增加。①

超越老化理论通过对既有理论的反思与实证研究揭示了超越老化的关键特征。首先，该理论强调追求沉思与积极的独处，对于一部分老年人而言，他们选择减少身体活动和社会参与，这并不意味着脱离或冷漠，而是他们对沉思与独处有更大需求。这种状态可以被视为一种“发展的形式”，是自然地与社会分离的过程，并伴随着积极的情绪体验和自我成长。其次，高度的自我控制活动与较高的生活满意度是老年人成功老龄化的重要标志。退出活动并不代表不成功或不健康，因为成功的老龄化应该是多元的，允许更多积极和复杂的选项。在老年阶段，许多人倾向于追求沉思与积极独处，这并不应被视为脱离社会或冷漠的表现。相反，这种追求反映了老年人对深思和独处时光的更大需求。自主和选择应成为个体“超越老化”体验的核心部分。研究表明，因疾病或宗教信仰等原因退出社会角色与关系的老年人同样能达到超然的心理状态，并对生活持有高满意度。② 最后，超越老化理论认为这是一个自然发生的过程，在这个过程中，人们不断改变原有的基本观念并对现实重新定义。理想的发展最终会使人们获得一个新的视野，即从物质与理性的世界观转向更超越自然的世界观。这一元观念的转变象征着老年个体达到了成熟与智慧的境界。

超越老化理论为老龄化提供了一个崭新的理解角度，它基于积极老龄化的观点，为发展理论注入了新的活力。这一理论深化了我们对老化的认识，在强调老年期的多样性和积极发展的同时，并未否认老年人的脆弱性和依赖性。超越老化理论调和了活动理论与脱离理论之间的对立观点，认为积极参与社会活动或远离喧嚣都是老年人积极适应生活的方式。无论是哪种方式，都是他们在老化过程中寻求自己期待的生命意义和自我价值的过程。

五、老年动力学理论

老年动力学理论（the Theory of Gerodynamics）由荷兰学者约翰内斯·史汝茨（Johannes J. F. Schroots）提出。史汝茨认为，传统的老年学理论大多只关注老化的某个特定方面，这导致了我们对老化过程认识的碎片化，为了更全面地解析老化过程，他提出了一个连贯的理论框架。通过参考动力系统理论（Dynamic System Theory，简称 DST）和一般系统理论（General System Theory，简称 GST），史汝茨提出了针对老化的元理论。所谓元理论，是指能够框定特定内容的各种理论的一套概念和假设，以及概括特定模型和研究方法的更为广泛的隐喻性指南。元理论在本质上应

① TORNSTAM L. Gerotranscendence：the contemplative dimension of aging. Journal of aging studies，1997（11）：143－154.

② DEGGES-WHITE S. Understanding gerotranscendence in older adults：a new perspective for counselors. Adultspan journal spring，2005，4（1）：36－48.

该是超越内容的基本概念和程序性陈述系统。史汝茨的老年动力学理论尝试将动力学运用在对老年人行为的解释上，并且进一步聚焦在老化的各个方面，因此老年动力学理论也被称为老化的分支理论。

老年动力学理论已经总结出一系列的观点。第一，生命系统以符合热力学第二定律的方式运作。老化可以被定义为随年龄增加而增加熵的过程，这最终会导致系统死亡。然而，由于生命系统是一个开放的系统，其最终结果不一定是失调，还可能是提高自身的秩序性程度。第二，生命系统具有自我组织的特性，能够避免失调并维持稳定状态。系统甚至可以自发地进化和成长，进入一个更高水平的组织状态。第三，生命系统的动力表现为向更高或更低的秩序结构进行非线性转化的过程，这是一个在人生中朝向更为失调而不是更有秩序的方向变化的渐进趋势。第四，在组织的毕生发展中，生命系统可以向更大化的失调或死亡发展，这是一个向更低的秩序分支行进的渐进过程，每个更低的秩序分支会导致更高的死亡概率。第五，分支模式可以被定义为在个体生活中直接指向更好的或更坏的生活路径的变化。在生理或心理功能水平上更低的秩序分支并不总是造成更低的秩序分支行为。有些人在遭遇疾病、离婚后心理可能更加健康。分叉点成为转折点，这种模式更应该以主观的方式来看待。

老年动力学理论研究生命周期中分支行为的决定因素和模式，为深入了解老化过程提供了全新视角和方法论启示。但是，这一创新的老龄化理论尚未建立在经验证据的基础上，正在进行的实证研究如何支持其理论主张还有待进一步观察。

六、社会情绪选择理论

社会情绪选择理论（Socioemotional Selectivity Theory，简称 SST）由斯坦福大学心理学教授劳拉·卡斯滕森（Laura Carstensen）于 1987 年提出。该理论认为，随着年龄的增长，人们追求的目标会变得更加有选择性，老年人会优先考虑能够带来意义和积极情绪的目标。社会情绪选择理论主要由三个核心预设构成：第一，人类是高度社会化的生物，与他人的互动和联系对于我们的生存和发展至关重要，这种假设强调了社交关系在人类生活中的核心地位；第二，个体会根据自己的期望和动机来选择行为，而这些行为与他们的目标和期待相一致；第三，人的行为受到多个目标的驱动，并且会根据不同情况和处境来选择实现哪个目标，对于目标的选择决定了人们的动机方向。动机的转移也会影响到人们的认知加工。老年人的认知加工表现出积极效应（Positivity Effect），用积极的视角看待所面临的困难，可以增强正性情绪并减少抑郁情绪。相反，过度沉思这种负性情绪会导致老年人更关注自己的缺点，从而体验到更多的抑郁情绪。

因此，社会情绪理论对老年社会工作具有重要的指导意义。首先，随着年龄的增长，老年人会面临生理和认知能力的下降，这可能导致他们出现一些情绪问题，如孤独、抑郁和焦虑等。社会情绪理论强调情绪在社会交往中的重要性，因此，老年社会工作需要关注老年人的情绪需求，并提供相应的支持和干预措施，如心理咨询、情感关怀和增强互动等，以帮助老年人缓解情绪困扰。其次，社会情绪理论认为人的动机和行为受到目标和时间范围的影响，老年人在生命的后期阶段可能会面临时间范围的缩短，这可能导致他们的目标和动机发生变化，老年社会工作需要深入了解老年人的内心期望，并帮助他们制订适当的计划和策略来实现这些目标；同时，老年社会工作还需要关注老年人的时间知觉，帮助他们更好地管理时间和资源，以充分利用剩余时间。最后，社会情绪理论还强调积极情绪的重要性，老年人可能会面临许多挑战和困难，但积极情绪可以帮助他们更好地应对这些挑战并保持乐观态度。老年社会工作可以通过提供积极的社会环境和活动，如组织兴趣小组、开展文化娱乐活动等，来提升老年人的积极情绪并促进社交互动。

第三节　与老年相关的生理学理论

老化是遗传与环境因素共同作用的结果，从生理学的角度看，存在两种类型的理论：一类被称为随机化理论，它主要关注那些随着时间推移，个体身上所发生的导致老化的随机性细胞损伤；另一类则被称为非随机化理论，这一理论派别将老化看作是在一个时间框架中所有组织中所发生的一系列预先确定的事件。老化是随机性与预序性并存的过程，这两种理论为我们更全面地理解老化提供了不同的视角。

一、随机化理论

随机化理论强调老化过程中细胞损伤的随机性，这些损伤可能由各种内外因素如氧化应激、DNA 损伤或蛋白质错误折叠等引发。随着时间的推移，这些损伤逐渐累积，造成细胞功能下降和组织衰退，最终导致个体衰老。

（一）自由基理论

老化的自由基理论是由生物化学家德纳姆·哈曼（Denham Harman）于 1956 年提出的关于老化的生理学理论。自由基理论的核心内容可以归结为以下三点：第一，衰老是由自由基对细胞成分的有害进攻造成的；第二，这里所说的自由基，主要就是氧自由基，因此衰老的自由基理论的实质就是衰老的氧自由基理论，该理论实质上关注的是氧自由基与衰老的关系；第三，维持体内适当的抗氧化剂和自由基清除剂水平可以延长寿命和推迟衰老。

自由基是指那些具有不成对电子的原子或分子。这些自由基的稳定性因不成对电子的存在而降低，它们会掠夺其他原子或分子中的电子以寻求稳定状态。当自由基从其他分子中夺取电子后，这些分子会因缺少电子而转变成新的自由基，这样持续传染下去会导致破坏程度不断加剧。在人体细胞的代谢过程中，会自然产生一系列自由基，这些自由基会对细胞成分（如膜脂、蛋白质、核和线粒体 DNA）造成氧化损伤。其中，羟自由基和氧自由基的危害尤为严重。此外，在污染环境中，也会产生大量自由基。这些自由基具有强大的氧化能力，能够破坏细胞膜、蛋白质和 DNA，引发染色体异常变化、细胞突变、恶性肿瘤等严重后果。同时，自由基还会改变胶原蛋白的交联性，导致骨质疏松、血管硬化、皮肤皱纹等问题，从而加速衰老的进程。因此，维持体内适当的抗氧化剂和自由基清除剂水平对于延缓衰老和保护健康至关重要。随着年龄的增长，人体内抗氧化免疫系统的功能逐渐减弱，适当补充一些抗氧化剂可以有效地缓解细胞损伤。常见的抗氧化剂包括β-胡萝卜素、维生素C和维生素E。这些抗氧化剂能够中和自由基的氧化作用，保护细胞免受损伤，有助于延缓衰老过程。

（二）损耗理论

损耗理论（Wear and Tear Theory）由奥古斯特·魏斯曼（August Weisman）于19世纪末提出，该理论将人体比作一台机器，长时间的运转会使机器的零件逐渐磨损，人体也一样，每个个体都会面临一个寿命上限。成年人的身体组织系统以一个相对稳定的速度退化，虽然人体细胞会尝试修复这些损耗，但当磨损速度超过细胞的修复能力时，身体功能就会受到影响。过度使用或误用会增加人体器官与细胞的磨损，加速老化过程。随着时间的推移，细胞的累积变化会损害细胞代谢。例如，老化的细胞无法修复受损的DNA，心肌、神经元、纹状肌和大脑中的细胞在被磨损破坏后无法自我修复。

尽管损耗理论能够解释老化的某些特征，但目前很少有老年学家和生物科学家完全认同这一理论。主要原因在于，它无法充分解释生物化学相似的物种之间巨大的寿命差异。如果老化被视为影响所有生物的基本限制，那么所有有机体都应该受到类似影响。然而，我们观察到非常相似的生物体寿命却存在很大差异。此外，该理论也未能解释许多观察到的其他老化现象，并且未能考虑到生物体拥有多种修复损伤的机制这一事实。

（三）交联理论

交联理论，也被称为衰老的糖基化理论，由约翰·比约克斯腾（Johan Bjorksten）在1942年提出。根据这一理论，交联蛋白的积累会损害细胞和组织，随着时间的推移，这些交联会导致细胞的化学和生物特性发生变化。这种变化可能会影响细胞的正常功能，加速衰老过程。在这个理论中，葡萄糖（单糖）与蛋白质的结合是引发一系列问题的关键。尽管这些变化最初发生在单个细胞层面，但它们可以逐渐转化为整个身体系统的显著功能障碍。一旦这种结合发生，蛋白质便受损，进而导致老化过程。这个过程缓慢而复杂，随着年龄的增长，身体中越来越多的蛋白质、DNA和其他结构分子形成了不恰当的连接，即交联，这些交联分子不能正常发挥作用，当足够多的交联分子积聚在一个特定的组织（如软骨、肺、动脉和肌腱）中时，就会造成问题。身体里的分子在内部自我分解或与其他分子间发生交联现象时，年龄的增长将导致氧与葡萄糖和蛋白质结合的可能性增加，已知的交联性表现包括皮肤和肌肉组织的弹性丧失、血管壁的硬化、眼睛晶状体的变化、伤口愈合时间变长以及老年人关节活动性降低等。

该理论认为在完成了繁殖（或细胞分裂）以后，大部分生物的机体不可避免地暴露在一个自动缓慢、不可逆转的交联变迁的过程中。随着时间的推移，交联的发生会导致组织硬化，进而造成功能损伤和活性下降。许多衰老症状都与组织硬化有关。例如，白内障是由于眼睛晶状体变硬所致，皮肤胶原蛋白的交联导致皱纹和其他皮肤变化，动脉壁上的蛋白质交联则可引发动脉粥样硬化或动脉硬化，进而增加患心脏病和中风的风险。为了维持生命，生物体会不断进行重组和更新，遗传因子中的信息确保了重建和更新的正确性和一致性。正常状态下，细胞分子处于分离状态，即使出现分子串联，人体也能进行修复。然而，随着年龄的增长，串联的分子会附着在DNA分子上，导致细胞突变并引发一系列老化现象。

二、非随机化理论

非随机化理论强调老化过程中所发生的一系列预先确定的事件，该理论认为，老化是一个有序的过程，涉及基因、蛋白质和细胞等不同层面的复杂相互作用。这些相互作用导致细胞和组织逐渐失去功能和再生能力。

（一）程序化理论

程序化理论认为，衰老是由人类基因中内置的自杀或停止细胞分裂的机制或程序所驱动的。人体组织细胞分裂是有极限的，当细胞达到不能再分裂的那一刻，它们就会启动凋零程序或死亡程序。在细胞分裂的过程中，有一种叫端粒的物质发挥着重要作用。端粒位于染色体顶端，虽然它本身并不具备编码功能，但在新细胞中，每当细胞分裂一次，染色体顶端的端粒就会缩短一次，当端粒无法再缩短时，细胞便无法继续分裂。这时候，细胞就达到了普遍认为的分裂100次的极限并开始死亡。因此，端粒被科学家们视为“生命时钟”。

端粒与细胞老化有着密切的关系。随着细胞的衰老，其端粒长度逐渐缩短，而年轻的细胞则拥有较长的端粒，衰老细胞中的一些端粒会失去大部分的端粒重复序列。当细胞端粒的功能受损时，就会出现衰老现象，而当端粒缩短至某一关键长度后，衰老的速度会加速，并接近死亡。

（二）基因/生物钟理论

生物钟理论认为，有机体的DNA中存储了管理老化的程序，生物钟理论主要关注的是基因对生理条件、疾病发生和死亡等的影响作用。其中关于褪黑素对老化的影响作用的研究颇为集中。人类以24小时为一个周期进行节律性活动，这会内化为一个内在时钟。即使没有时钟和阳光等外在时间线索，个体也依然能够自动地按时间睡眠和正常作息。褪黑素是由松果体分泌的与睡眠和觉醒周期相关的主要激素，对人体的生物钟和节律调节具有重要作用。

生物钟理论进一步指出，基因是影响褪黑素分泌的重要因素，随着年龄的增长，基因的表达方式可能会发生变化，导致褪黑素分泌量减少。这一变化不仅影响个体的睡眠状况，还进一步对头发颜色、皮肤弹性和其他与老化相关的生理特征产生影响。

知识链接

世界睡眠日，说说助眠因子褪黑素与衰老那些事儿

睡眠是生理必需品，是人体生长的营养素，更是健康之本。良好的睡眠对于大脑的结构和人体的新陈代谢非常重要。睡眠时间的长短和深度受睡眠需求、昼夜节律和生活方式等因素的影响。睡眠质量下降和睡眠时间缩短已经成为影响现代人健康的重要问题。

褪黑素是人体昼夜节律的调节因子，是一种抗氧化剂、抗炎剂和线粒体功能的保护剂。补充褪黑素有助于延缓衰老，减少衰老条件下心血管疾病、神经退行性疾病和骨质疏松症的发生。褪黑素在多种衰老相关疾病过程中发挥调控作用，如控制生物周期的节奏，调节睡眠、免疫、血压，调节人们的情绪和行为，保护视网膜免受损害，清除氧自由基，抑制肿瘤生长等。此外，褪黑素在调节神经内分泌和代谢功能中也发挥关键作用。

资料来源：公众号“健康老龄网”，2023-03-20.

（三）内分泌理论

内分泌理论（Endocrine Theory）认为，生物钟通过激素来控制衰老的速度，老化现象是由大脑和内分泌腺体的改变所致。随着年龄的增长，下丘脑内分泌换能器发生老年性改变，从而使新陈代谢减慢及生理功能减退。神经内分泌系统老化表现在：神经受体数量减少、酶合成功能减退、脑细胞数量减少、感觉和运动神经元传导速度减慢、脑萎缩等。这些变化会导致多疑、忧郁、孤独等症状的出现。随着女性年龄的增长和进入绝经期，卵巢分泌的雌激素逐渐减少，导致骨骼变薄。此时，脂肪组织成为雌激素的主要来源，生长激素的分泌对增加骨骼和肌肉力量起着至关重要的作用。当下丘脑-垂体-内分泌腺体反馈系统发生改变时，各种激素如糖皮质激素、醛固酮、雄激素、促甲状腺激素和甲状旁腺激素可能会出现过量或缺失的情况。这些激素的异常分泌可能对身体的多个系统和器官产生不良影响。当垂体和下丘脑释放的刺激激素与内分泌腺不协调时，可能会导致各种系统和器官的疾病。

（四）免疫学理论

免疫学理论（Immunological Theory）认为，免疫系统功能在发育结束后，会随着年龄的增长而逐渐下降，从而导致衰老和死亡。进入老年期，免疫功能的下降是衰老过程中的一个显著特征，淋巴细胞功能的衰退是导致抵抗力降低的关键因素，同时，随着个体的衰老，自体免疫疾病也会增多。免疫系统的老化不仅导致对外来异物的辨认和反应能力下降，还增加了感染和癌症的患病风险。T 淋巴细胞作为免疫系统中最重要的组成部分，其功能和活性的降低与老年个体的免疫反应性降低密切相关，特别是 T 细胞亚群、T 细胞功能以及 T 细胞活化途径的显著改变。有越来越多的证据表明先天免疫系统失调使炎性细胞因子（TNF-α，IL-6 等）增多，从而会导致慢性炎症，这被称为炎症衰老。炎症和衰老之间存在紧密联系，与年轻人相比，50 岁以上的中老年人的血清促炎介质水平平均增加了 2～4 倍。目前在免疫衰老方面尚存在许多盲点，有待进一步研究。对于免疫衰老原因和影响因素的研究将有助于认识衰老的机制，找到预防和延缓衰老的新途径，并提高老年人的生活质量。

知识链接

延缓衰老的秘密！吃对食物，抗炎护龄！

你是否知道，衰老其实是一个全身的炎症过程？这是意大利科学家克劳迪奥·弗朗西斯（Claudio Franceschi）提出的概念。他指出，长期的炎症状态会导致免疫系统功能紊乱，进而引发一系列疾病，并加速机体衰老。因此，减少炎症反应理论上可以延缓衰老，而慢性炎症成为衰老的12大标识之一。

近期有研究发现，通过饮食中摄入抗炎食物，我们可以降低身体的慢性炎症，从而延缓衰老的进程。那么，我们应该吃哪些食物呢？

第一类，全谷物。全谷物中的碳水化合物是抗炎饮食的重要成分。我们可以选择小麦、大麦、燕麦、黑麦、玉米、高粱、小米等全谷物食物，每天可摄入200至300克。

第二类，膳食脂肪酸。不饱和脂肪酸可以抑制机体内炎症因子的合成。常见的含有不饱和脂肪酸的食物有坚果、鱼类、植物油等，让它们成为你饮食中的好伙伴。

第三类，蔬菜和水果。蔬菜和水果富含维生素和矿物质，具有良好的抗炎活性，会对机体代谢产生积极影响。让我们多吃蔬菜和水果，给身体注入活力！

第四类，茶和植物化合物。一些植物化合物具有很强的抗炎潜力，比如黄酮和花青素。我们可以从饮食中摄取一些富含植物化合物的食物，比如葡萄、西红柿、大豆等。而茶中含有的儿茶酸、黄酮和多酚等成分对多种肿瘤有良好的预防效果。

如果从20岁开始，饮食中添加更多豆类、谷物、坚果，减少红肉、加工肉类的摄入，有望使预期寿命延长十年以上。其中可以使男性和女性预期寿命分别延长12.9岁和10.6岁。即使是60岁才开始改变饮食的老年人，也有助于延长预期寿命。

现在你已经知道了抗炎食物的奥秘。通过正确的饮食选择，我们能够减少慢性炎症，延缓衰老进程，拥抱健康长寿的人生。快行动起来，与身边的朋友分享这个重要的发现吧！

资料来源：公众号“拓荒者部落”，2023-06-17.

本章思考题

1. 试论述年龄分层理论的主要内容。
2. 超越老化理论的主要内容是什么？
3. 结合与老年相关的生理学理论，请谈谈如何延缓衰老。

拓展阅读

1. PALTASINGH T. Theories and concepts in gerontology：disciplines and discourses. //PALTASINGH T，TYAGI R.（Eds.）. Caring for the elderly：social gerontology in the Indian context. Newbury Park，CA：Sage Publications，2015：19－38.

2. 张志杰，王铭维．老年心理学．重庆：西南师范大学出版社，2015.

第三章

老年社会工作的价值观与伦理

导入案例

小张该怎么办？

高奶奶，现年 70 岁。高奶奶的老伴 3 年前因患癌症去世，高奶奶长期一人独自居住在老房子里。高奶奶有两个儿子，大儿子在北京，二儿子在深圳，两人都在当地落户成家，只有过年时才会轮流回来陪高奶奶几天。高奶奶家里有几亩地，租给别人耕种，每个月能够收取固定租金。除此之外，高奶奶还有退休金和两个儿子给的生活补贴，每个月都有五六千元的可支配收入，经济上较为宽裕。

从去年 9 月起，高奶奶家里常常出现一个推销保健品的小伙子，这个小伙子每次一到高奶奶家就热情地说"高奶奶，我来看您了"，高奶奶非常喜欢他。小伙子每个月都会向高奶奶推销三四件 200～800 元不等的保健品，不管保健品是什么功能，高奶奶都会统统买下。村委会在一次防骗防诈宣传中了解到高奶奶的情况后，派出了专业的老年社会工作者小张上门处理。

小张在几次拜访后了解到，这位推销员利用对高奶奶嘘寒问暖的方法，已经推销了总价超过 3 万元的保健品，高奶奶家里各种各样的保健品随处可见。但高奶奶对推销员小伙喜爱有加，觉得他才是真正对她好的人，不仅每周都来探望她，对她嘘寒问暖，还会送她很多小礼品，高奶奶表示哪怕知道他的目的是卖保健品，也愿意出钱买。她让小张不要多管闲事，更不允许小张把这件事告诉她的两个儿子。考虑到要保护高奶奶的财产安全与子女的知情权，小张觉得应该把这件事情告诉高奶奶的儿子，但是碍于高奶奶本人的意愿，小张又觉得不能直接把事情告诉高奶奶的儿子，这样可能引发另一种不愉快的后果。无论哪种选择，都将出现不良后果，这让小张犯了难，不知道该怎么做决定。此时的小张便是遇到了伦理困境。

由以上案例可以看出，高奶奶年事已高，由于老伴患病离世，高奶奶对于身体健康有强烈的需求，再加上两个儿子常年在外居住，她一个人独居，还有被陪伴的心理需求。事实上，保健品推销员的出现在某种程度上契合了高奶奶的这两种需求，因此高奶奶哪怕知道小伙子的目的是推销保健品，她也愿意出钱购买。

从社会工作者的角度出发，高奶奶的多重需求着实让小张难办，也使小张面临着伦理上的抉择困境。若是把这件事告知高奶奶的两个儿子，必将赶跑推销员，除了高奶奶的情绪会有极大波动的可能性之外，她在健康与陪伴上的需求也需要后续的跟进与解决；同时，小张的这一做法没能尊重服务对象的主观意愿，属于家长作风。但若是选择尊重高奶奶的个人意愿，不告知其儿子，那么高奶奶的经济损失会越来越大，且她被骗的风险也会越来越大。

小张之所以想要尊重高奶奶的个人意愿，是出自对“案主自决”原则的遵守。但是从小张的个人价值观来看，保健品推销员表面上嘘寒问暖，其目的却是推销保健品。高奶奶已经蒙受了经济损失，如果不及时制止，可能会导致更大的损失。两种不同的价值观使得小张犹豫不决，告诉还是不告诉？小张陷入了选择困境，这种困境在社会工作中被称为伦理困境。本章便以老年服务中的专业价值观与伦理选择作为主要内容，旨在为像小张这样的老年社会工作者提供指导，帮助他们在工作实践中减少困惑，增强决策的坚定与自信。

第一节　老年社会工作价值观

社会工作是一项以利他主义为核心理念，以实现社会正义为己任的助人专业，建立在强烈的专业价值观之上，社会工作实践在一定程度上是一个伦理实践的过程，社会工作的价值观被认为是这门学科的灵魂所在。老年社会工作作为社会工作的重要分支领域，由于其服务对象的特殊性，在遵循社会工作整体价值观的同时，需要展现出自身独特的专业特点与伦理考量。

一、价值观

价值观是指个人对客观事物（包括人、物、事）及对自己的行为结果的意义、作用、效果和重要性的总体评价，是对什么是“好的”、是“应该的”的总看法，是推动并指引一个人采取决定和行动的原则、标准，是个性心理结构的核心因素之一，它使人的行为带有稳定的倾向性。价值观是人用于区别好坏、分辨是非及其重要性的心理倾向体系，它反映人对客观事物的是非及重要性的评价。人不同于动物，动物只能被动适应环境，人不仅能认识世界是什么、怎么样和为什么，而且还知道应该做什么、选择什么，发现事物对自己的意义，主动设计自我，确定并实现奋斗目标。这些都是由每个人的价值观支配的。

人的价值观建立在需求的基础上，一旦确定便会反过来影响和调节进一步的需求活动。各种事物，如学习、劳动、享受、贡献、成就等，在人们的心目中存在主次之分，对这些事物的轻重排序和好坏排序构成一个人的价值观体系。价值观体系是决定一个人行为及态度的基础。价值观受制于人生观和世界观，一个人的价值观是从出生开始，在家庭和社会的影响下逐渐形成的，一个人所处的社会生产方式及经济地位对价值观形成的影响是决定性的，在一定程度上是不可逆的。具有不同价值观的人会产生不同的态度和行为。

价值观具有以下特性：

第一，主观性。价值观的主观性指的是每个人所拥有的价值观不同，个人通常会重视与相信自己所持有的一套价值观念，这会影响一个人的行为与情绪。例如，如果你坚信人与人之间是能够达到互相理解的，那么你就会尝试与人沟通以达到互相理解；反之，如果一个人相信人与人之间永远也无法做到互相理解，就会采取消极的态度对待沟通，从而在行为上表现出不愿意理解他人。

第二，不可比较性。价值观代表个体对于某一事物（如金钱、名利、权力、名誉、健康等）的偏好程度，偏好程度是一个非常抽象且主观的概念，不同的价值体系无法量化比较，所以很少有客观的尺度标准去衡量与比较不同价值体系之间的好与坏。

第三，导向性。人的行为动机受到价值观的制约与支配，在同样的客观条件下，具有不同价值观的人，其动机模式不同，导致的行为结果也不同。可以说，价值观主导了人的行为。在某专业领域内，该专业领域所秉承的价值体系会直接影响到该专业从业人员的动机模式与行为结果。

第四，可改变性。在人的一生中，价值观不是一成不变的。随着人的社会化，人在成长过程中受到家庭环境以及社会因素的影响，价值观也会逐渐发生变化，通常情况下人的价值观是相对稳定及持久的，但在特殊情况下，个体若遭遇了某种重大变故，其价值观可能会发生重大转变。

二、社会工作价值观

社会工作专业非常注重价值和伦理，社会工作价值观在本专业的理论体系和实务活动中占有十分重要的位置。高登斯坦（H. Goldstein）便曾指出："价值被认为是社会工作定义的基础，它们同时被看作是社会工作的唯一基础或不可缺少的基础之一。它们被认为是社会工作技术的源泉，是对某些人进入某种职业的动机和社会工作者与服务对象互动的特征、关系的解释。总之，在社会工作的结构中，价值观居于重要的战略地位。"弗雷德里克·瑞莫（Frederic G. Reamer）将价值观称为社会工作实践的"生命线"，认为价值观在认识社会工作使命的本质，社会工作者与服务对象的关系、与同事的关系、与社会的关系，社会工作者服务方法的运用，实务工作中的伦理两难的解决等方面都发挥了关键作用。通过以上论述我们可以看出，社会工作价值观是一整套用以支撑社会工作者进行专业实践的持久稳定的信念体系，它是在专业实践基础上形成的、被全体成员所认同的、对从业者的行为起指导和规范作用的专业取向。

在国际社会工作者联盟（IFSW）和国际社会工作教育联盟（IASSW）的社会工作伦理原则中，社会公义与人权一直作为专业核心价值为社会工作提供明确的助人关系中的权责划分，有助于社会工作从业者约束和规范自身行为，也确保了社会工作服务的专业性和规范性。2014 年 7 月，国际社会工作者联盟对社会工作做出概括：社会工作是以实践为基础的职业，是促进社会改革和发展、提高社会凝聚力、赋权并解放人类的一门学科。社会工作的核心准则是追求社会正义、人权、集体责任和尊重多样性。在此基础上，社会工作的专业价值观可划分为人的尊严与价值、社会正义、服务、人际关系的重要性、廉正及能力。

社会工作价值观的作用大体上可以从理论作用和实践作用两方面来理解。在理论作用方面，社会工作价值观对于社会工作专业建设和学术研究具有正面影响。它是构成专业社会工作的必要条件之一，是构建社会工作理论和方法的哲学基础，还是社会工作专业伦理的依据，也是社会工作区别于其他应用社会科学的重要特征。社会工作价值观是确定社会工作专业使命或目标的根据，任何形式的社会工作理论和实践都不能偏离价值观基础。在实践作用方面，社会工作价值观是社会工作者的实践动力；在专业文件中的具体表现形式就是伦理守则；是促使社会工作者个人成长的有效力量；是维系社会期望和社会工作专业服务关系的关键。

三、老年社会工作价值观

老年社会工作作为社会工作专业的一个重要分支实务领域，在实践过程中，不仅要关注老年社会工作从业人员的专业技术与理念，同样也要重视专业价值观念的培养，并把老年社会工作的价值观念和伦理守则作为社会工作者从事老年实务工作的道德准则和行为规范。

老年社会工作的服务方法和技巧、老年社会工作服务机构的理念和原则都要通过老年社会工作价值观向服务对象展现，在具体的老年服务中，老年社会工作者如何看待老年人、如何为老年人提供服务、如何与老年人相处的整个服务过程都渗透着老年社会工作价值观。

具体来说，老年社会工作者应该对老年人秉持以下基本看法：

第一，每一个老年人都有发展自身的需要以及改变自身的能力；

第二，每一个老年人都像其他个体一样享有生存的权利；

第三，每一个老年人都是一个独立的个体；

第四，每一个老年人都有尊严，且必须尊重老年人的尊严；

第五，每一个老年人都应当受到社会的关怀，尤其是处于困境中的老年人，应当成为社会关怀的重点对象；

第六，每一个老年人都有权利享受社会发展、经济发展所带来的福利与成果；

第七，与老年人相关的法律与政策应当与时俱进，不断修订和完善，为老年人获取优质服务提供良好的宏观背景；

第八，老年人享有所有基本人权：生存权、健康权、教育权、居住权、休息权、选举权、参政权，以及享受社会福利和人道服务的权利。①

为应对日益严峻的人口老龄化形势，我国高度重视老年社会工作，并在《老年社会工作服务指南》中明确提出老年社会工作服务应遵循的原则，其中包括独立、参与、照护、自我实现、尊严等原则。这些原则参照联合国大会于 1991 年 12 月 16 日通过的《联合国老年人原则》（第 46/91 号决议）而制定。《联合国老年人原则》是联合国对世界各国处理老年人相关事务应遵循的原则及秉持的价值观的规定性文件。

---

① 范明林，张钟汝．老年社会工作．上海：上海大学出版社，2005.

第二节　老年社会工作专业伦理

伦理是人们在人际关系方面所持有的价值信念和行为准则，包括个人的自我行为控制和调节以及对他人的行为期望标准。社会工作伦理是社会工作专业价值观的实际体现，是一整套指导从事社会工作的专业人员在开展工作过程中正确履行责任义务并且预防道德风险的行为规范，主要涉及社会工作者作为专业人员对服务对象、同事、社会工作机构、社会以及社会工作者的伦理责任等多方面的规则。许多国家都制定了本国的专业社会工作守则，要求本国所有社会工作从业者都必须遵守，老年社会工作作为社会工作的一个分支，也需要遵守社会工作的专业守则。我国正处于老龄化加速发展时期，大力发展老年社会工作是解决我国老龄问题、发展老龄事业的必然要求。老年社会工作是专业的社会服务活动，具有鲜明的伦理特质。①

一、我国的社会工作专业伦理守则

我国的社会工作尚处于发展阶段，目前还没有专门的伦理守则。2012 年 12 月 28 日，中华人民共和国民政部发布了《社会工作者职业道德指引》，该指引旨在推动社会工作者职业道德建设，引导社会工作者积极践行专业价值理念、规范专业服务行为、履行专业服务职责。总的来说，该指引从服务对象、同事、机构、专业、社会五个方面来引导社会工作者的职业道德。

（一）对服务对象的伦理责任

（1）社会工作者应以服务对象的正当需求为出发点，全心全意为服务对象提供专业服务，最大限度地维护服务对象的合法权益。

（2）社会工作者应平等对待和接纳服务对象，不因民族、种族、性别、户籍、职业、宗教信仰、社会地位、教育程度、身体状况、财产状况、居住期限等因素而区别对待。

（3）社会工作者应尊重服务对象的知情权，确保服务对象在接受服务的过程中，了解自身和机构的权利、责任和义务，以及获得服务的情况和可能由此产生的结果。

（4）社会工作者应在不违反法律、不妨碍他人正当权益的前提下，保护服务对象的隐私，对在服务过程中获取的信息资料予以保密。

（5）社会工作者应培养服务对象自我决定的能力，尊重和保障服务对象对与自身利益相关的决定进行表达和选择的权利。

（6）社会工作者不得利用与服务对象的专业关系，谋取私人利益或其他不当利益，损害服务对象的合法权益。

（二）对同事的伦理责任

（1）社会工作者应与同事建立平等互信的工作关系。

（2）社会工作者应主动与同事分享知识、经验、技能，互相促进，共同成长。有责任在必要时协助同事为服务对象提供服务，接受转介的工作。

① 孔娜．老年社会工作的伦理困境及应对原则．伦理学研究，2015（2）．

（3）社会工作者应尊重其他社会工作者、专业人士和志愿者不同的意见及工作方法。任何建议、批评及冲突都应以负责任、建设性的态度沟通和解决。

（4）社会工作者应相互督促支持，对同事违反专业要求的言行予以提醒，对同事受到的与事实不符的投诉予以澄清。

（三）对机构的伦理责任

（1）社会工作者应认同机构的使命和发展目标，遵守机构规章制度，按照机构赋予的职责开展专业服务。

（2）社会工作者应积极维护机构的形象和声誉，在发表公开言论或进行公开活动时，应表明自己代表的是个人还是机构。

（3）社会工作者应致力于推动机构遵循社会工作专业使命和价值观，促进机构成长，参与机构管理，帮助机构增强服务能力、提高服务质量。

（四）对专业的伦理责任

（1）社会工作者在提供专业服务时，应诚实、守信、尽责，积极维护专业形象。社会工作者应在自身专业能力和服务范围内提供服务。

（2）社会工作者应不断内化和践行专业理念，持续充实专业知识和技能，提升专业能力，促进专业功能的发挥和专业地位的提升。

（3）社会工作者应继承中华民族优良传统，借鉴国际社会工作发展的优秀成果，总结中国社会工作经验，推动中国特色社会工作的发展。

（五）对社会的伦理责任

（1）社会工作者应运用专业视角，发挥专业特长，参与相关政策法规的制定和完善，维护社会公平正义，增进社会福祉。

（2）社会工作者应正确鼓励、引导社会大众参与社会公共事务，推动社会建设。

（3）社会工作者应推广专业服务，促进社会资源合理分配，使社会服务惠及社会大众。①

尽管目前我国尚无针对老年人社会工作服务的伦理指南，但是，民政部于2016年1月发布的《老年社会工作服务指南》（MZ/T 064－2016）规定了老年社会工作的术语和定义、服务宗旨、服务内容、服务方法、服务流程、服务管理、人员要求和服务保障等，适用于社会工作者面向有需要的老年人及其家庭开展的社会工作服务。该标准的研究制定和发布实施，对总结推广中国各地老年社会工作实务经验，科学规范、正确引导老年社会工作服务行为，充分发挥老年社会工作者在养老服务业中的专业作用，切实保障老年社会工作服务质量具有重要促进作用。②

二、国外老年社会工作伦理守则的参考借鉴

社会工作专业发端于西方国家，经过100多年的专业建设，各国都发展出了总括性和分支领域中的伦理守则和服务标准。在这里，我们以美国为例，对国外与老年社会工作相关的伦理守则予以介绍。

---

① 社会工作者职业道德指引. http://shaanxi.mca.gov.cn/article/mzyw/sgrc/201712/ 20171201021559.shtml.

② 老年社会工作服务指南. http://www.cmw-gov.cn/news.view-633-1.html.

（一）美国社会工作者协会伦理守则

自1996年8月美国社会工作者协会（NASW）会员大会通过了美国社会工作者伦理守则以来，该守则在指导美国社会工作实务发展上起到了非常关键的作用。专业伦理与价值观是社会工作实践的核心，美国社会工作者协会伦理守则旨在阐述这些价值、原则与标准，以指导社会工作者的行为。美国社会工作者协会伦理守则主要有六个组成部分。

（1）社会工作者对服务对象的伦理责任。其中包括尊重服务对象自我决定、知情同意、利益冲突的避免、隐私与保密等方面的责任。

（2）社会工作者对同事的伦理责任。此部分对尊重同事、工作信息保密、转介、督导等方面进行了约定。

（3）社会工作者对实务机构的伦理责任。社会工作者应该接受督导、教育及培训；要做好个案记录；对于一些个案要提供转介服务；做好绩效评估；推动机构成员的继续教育与人力资源的发展。

（4）社会工作者作为专业人员的伦理责任。确保社会工作者具备应有的专业能力，不得歧视服务对象和同事，不得进行欺诈和诱骗。

（5）社会工作者对社会工作专业的伦理责任。要追求专业的廉正、进行专业评估与研究。

（6）社会工作者对社会的伦理责任。社会工作者有增进社会福祉的责任，要推动公众了解和参与公共事务。

（二）《老年人家庭照顾者社会工作实践标准》中的相关伦理规定

严峻的人口老龄化形势使美国社会工作者协会非常重视针对老年人家庭照顾者的专业服务，并于2010年制定了《老年人家庭照顾者社会工作实践标准》。其中明确指出，与老年人的家庭照顾者一起工作的社会工作者应该坚持社会工作职业的道德和价值观，使用美国社会工作者伦理守则作为道德决策的指南，以此为基础，还根据家庭照顾者这一群体的特殊性提出了相应的伦理标准。

（1）服务：社会工作者运用他们的知识和技能来支持老年人的家庭照顾者的福祉，并解决家庭照顾者面临的挑战。

（2）社会公正：社会工作者在个人和系统层面采取行动，确保老年人的家庭照顾者获得所需信息、服务和资源，并促进家庭照顾者有意义和舒适地参与决策。

（3）人的尊严和价值：社会工作者以尊重和关怀的方式对待老年人的家庭照顾者。促进家庭照顾者的自我决定，在面对相互冲突的价值观和目标时，对老年人的自我决定给予敏感和尊重。

（4）人际关系的重要性：社会工作者尽可能与家庭照顾者合作，作为目标确定、进步和成就的伙伴。他们努力加强家庭照顾者与老年人之间的关系，以维持和增进家庭制度的福祉。

（5）正直：社会工作者负责任地运用其专业角色所固有的权力，避免利益冲突。他们的做法，代表老年人的家庭照顾者，符合该行业的使命和伦理。

（6）能力：社会工作者在他们的能力范围内进行实践，并不断努力提高他们在家庭照顾和老龄化方面的知识和技能。能力还要求社会工作者认识到自我照顾的重要性，并注意自我照顾。

由于家庭照顾者与老年人的主要关系不是建立在经济或职业协议的基础上，老年人的家庭照顾者的社会工作实践应该始于尊重每个家庭系统的独特性。同时，老年人和家庭照顾者在愿望、观念和能力方面的差异可能会给社会工作者带来复杂的伦理和法律挑战，社会工作者必须了解并遵守与老年人相关的法律、法规和政策，还要重视获得知情同意、保密和保护隐私的重要性。当老年人或家庭照顾者的决策能力有限或老年人正在经历或长期遭受虐待时，谨慎应用伦理原则尤为重要。

（三）《姑息护理和临终关怀 NASW 服务标准》中的相关职业伦理规定

该服务标准强调社会工作者应该致力于提高服务对象及其家庭的生活质量和健康水平。其专业角色是护理师、教育者、研究者、鼓励者和社区领袖的综合体。当碰到伦理困境时应遵守 NASW 职业伦理守则和生命科学伦理规定。

具体来说，对于姑息护理和临终关怀服务，专业人员应该公正对待每个人，公平分配风险和利益；无论是对个人还是集体都有行善职责；不能伤害任何个人与集体；要充分理解和接纳他人的观点；要采取符合所有与服务对象有关的人知晓的基本伦理标准的行为；要尊重他人的权利和责任，不能把他们仅仅看成是达到目的的工具；要诚实，讲真话；要最大化个人做自我决定的权利；要尊重服务对象的信息和行为隐私；要在道德上视所有人是平等的。除以上原则外，社会工作者还需要懂得并遵守生命科学伦理，因为往往在工作中，社会工作者会遇到放弃治疗、服务对象不愿意接受帮助等诸多令人困惑的问题。

三、我国老年社会工作伦理守则的未来展望

社会工作的产生和发展与国情和时代背景息息相关。我国老龄化时代来临，对整个国家的各个方面都带来了巨大挑战，老年社会工作作为应对人口老龄化的一支重要力量发挥着巨大作用。但是，由于国内社会工作学术界对伦理议题很少有深入关注，实务界也缺乏有效的伦理守则指导，老年社会工作伦理的本土化建设任务显得更加严峻与迫切。

首先，应尽快制定我国的社会工作伦理守则。我国的《社会工作者职业道德指引》内容较抽象，在专业价值特征、伦理标准和结构方面都存在着严重不足，无法在社会工作者的实务领域中发挥其应有的指导作用，所以，应呼吁我国的社会工作专业组织制定合乎我国国情及融入民族文化的伦理守则。同时，还应尽快在社会工作伦理守则的基础上，制定更有针对性的老年社会工作服务伦理指南和实务指导原则细则。

其次，应在社会工作教育中加强社会工作伦理议题的相关教育。我国的社会工作教育经历近 30 年的发展历程，专业建设初具效果，但是社会工作伦理相关课程的讲授仍然匮乏。我们必须严格评估社会工作专业教育过程，向学生传授合宜的专业行为，指导处理伦理困境的技巧，并为他们在实务领域中做出良好示范，以使专业学生及实务工作者能够不迷失、不困惑，在实务工作中始终能坚守专业原则，提供有质量的专业服务。

再次，加强对于社会工作伦理议题的本土化研究。由于国内伦理守则的缺位以

及社会工作伦理教育的匮乏，加之学术界缺乏对社会工作伦理议题的深入关注，急需学者能开拓相关研究，并推动中国社会工作学会、中国社会工作教育协会成立相应的研究委员会或伦理委员会，共同推动中国社会工作伦理守则的制定与实施。

最后，借鉴中国传统助人模式经验中的成功伦理工作经验，构建有中国特色的社会工作伦理。形成中国式的社会工作伦理守则，并以实际工作成效获得国际社会工作界认可，使之成为西方社会工作界可供借鉴与参考的理论体系和实践模式，进而促进中国社会工作在国际上的发展，最终加强中国社会工作的国际话语权。

第三节　老年社会工作伦理困境及其解决

老年社会工作是专业性的社会服务活动，具有鲜明的伦理特征。在老年社会工作实务中，老年社会工作者经常面临错综复杂的伦理议题和相互冲突的价值选择，伦理困境也由此产生。对老年社会工作者而言，能否正确理解并恰当应对伦理困境，决定着老年社会工作能否顺利进行、目标能否顺利实现，也是检验其工作能力及工作效度的重要标准。

一、老年社会工作的伦理困境

知名学者瑞默将伦理困境看成是专业核心价值中对专业人员要求的责任与义务发生相互冲突时，社会工作者必须决定何种价值要优先考量的情形。[①] 在老年社会工作实务中，社会工作者既要秉持专业社会工作者的价值体系，又要参照生活中所认同的价值体系或是其他社会角色所需要秉持的价值体系，多个不同的价值体系之间的冲突就是伦理困境。在老年社会工作实务中，伦理困境主要表现在以下方面。

（一）对不同对象忠诚的困境

在老年社会工作的实务领域中，老年社会工作者需要忠诚的对象有多个，例如要对老年服务对象忠诚，要对老年服务对象家庭忠诚，要对工作机构忠诚，要对社会忠诚，要对同事忠诚，等等。当不同的忠诚对象之间发生冲突时，便会产生伦理困境。例如，在某些特殊情况下维护老年服务对象的利益可能会损害机构甚至是国家利益。对不同对象忠诚的矛盾本质上是利益矛盾，虽然在大部分情况下，老年社会工作者、老年服务对象、老年家庭、机构、社会的利益基本是一致的，但是毕竟是不同的利益主体，难免会产生利益冲突。当对不同对象忠诚的矛盾产生时，如何协调与维护各不同主体的利益，是老年社会工作者必须直面的伦理困境。

① REAMER F G. 社会工作价值与伦理．包承恩，王永慈，译．台北：台湾洪叶文化事业有限公司，2000.

案例 3-1

刘奶奶，今年75岁，老伴已经去世，4年前突发脑出血，经治疗后长期卧病在床，生活不能自理，现居住在一家老年疗养院。该疗养院提供专业的康复师、护工与社会工作服务。今年3月的某一天早晨，刘奶奶忽然哭喊着说护工在把自己从床上搬到轮椅上时用力过猛，导致自己扭伤了腰。刘奶奶随后将此事告诉了两个儿子，儿子在得知此事后向机构索赔3万元作为医药费、精神损失费并劝告其他老年人离开该疗养院，给疗养院造成了极大的不良影响。疗养院负责人找到负责照护刘奶奶的老年社会工作者小李，让小李给刘奶奶"做思想工作"，在向刘奶奶道歉的同时希望刘奶奶能够尽量大事化小、小事化了。然而在与刘奶奶沟通的过程中，小李发现刘奶奶坚持表示自己会维权到底，事情必须有个结果。夹在中间的小李觉得进退两难，他是应该以老年社会工作者的身份，从刘奶奶的角度出发帮助刘奶奶争取自身的权利，还是以机构一员的身份，对自己的机构忠诚，尽力帮助机构减小损失呢？如果小李站在刘奶奶一边，可能得罪领导，丢了工作，如果小李站在机构一边，则与自己的专业价值观相悖，此时的小李陷入了深深的思考中。

（二）案主自决与家长作风之间的困境

所谓案主自决，是社会工作者遵循尊重案主的基本原则，在确保案主头脑清醒且有能力改变的前提下，协助案主分析目前其所处的情境，充分发挥自身潜能，协助其做出正确选择。[①]"案主自决"向来是社会工作专业中被高度强调的专业伦理守则，因为从社会工作价值观的角度来看，每一个人都有自由选择和自我决定的权利与需要，老年社会工作者的工作原则也要求他们做到案主自决。王思斌曾指出案主自决的两大前提：第一，案主绝对清醒，清楚地知道自己选择的目的与结果；第二，案主自主选择的结果对案主及相关人、事都没有造成伤害。[②] 只有在这两大前提下的案主自决才能被允许。

然而在实务过程中，由于年龄代沟、价值观差异、缺乏同理心等原因，老年社会工作者难以完全理解服务对象所做出的决定，并且认为老年人只有根据社会工作者的指导与想法来做才是最好的。老年社会工作者在服务过程中易扮演家长的角色，代替服务对象做决定，然而服务对象会认为自己的决定才是正确的决定，此时便会产生案主自决与家长作风之间的矛盾与困境。当出现这种伦理困境时，如何尊重老年人所做决定，同时又最大限度地保障老年人利益，让老年人认识到自己所做决定可能产生的利弊，如何权衡与选择，是老年社会工作者要思考的一大问题。

---

① 郅玉玲，莫肖超．浅谈"案主自决"原则、影响因素及其在社会工作教学中的运用．社会工作，2012（1）．

② 王思斌．社会工作概论．北京：高等教育出版社，2006．

案例 3-2

张爷爷，今年 61 岁，在上个月的老年人社区健康大检查中，被查出患有高血糖、高尿酸、高血脂。张爷爷平时对自己的饮食和生活作息没有控制和管理，喜欢去棋牌室里抽烟、打牌，和朋友一起喝啤酒。一个星期前，张爷爷因为急性痛风发作，前往当地一家二级医院就诊并住院进行进一步检查。在住院过程中，张爷爷结识了医院的医务社会工作者小何，小何耐心地向张爷爷解释了他目前的生活作息和饮食习惯对他的危害性，并且组织了慢性病病友教育小组，让张爷爷参加。然而，在后续的小组评估过程中，张爷爷告诉小何，虽然知道这样不好，但是自己以后也不会控制饮食和作息。张爷爷说："这样活还有什么意思，生活的乐趣都没有了，那我宁可死了算了。"小何从社会工作者的角度出发认为应当对张爷爷进行理性情绪治疗，消除张爷爷的非理性认知。然而，张爷爷却一再抗拒，表示没有这个必要。于是小何去咨询自己的督导："我是为他好才这么做的，但是他却执迷不悟。"小何想要通过自己的努力帮助张爷爷，而张爷爷却认为小何的一切功夫都是白费，自己现在这样很好，此时的小何陷入了案主自决与家长作风之间的困境。

（三）专业价值与传统文化之间的困境

社会工作诞生于西方，老年社会工作亦不例外。西方宗教思想对老年社会工作的影响十分深刻。当社会工作传入中国并在国内开展时，必然要经历一个本土化过程，即与我国传统文化相结合的过程，换句话说就是取其精华、去其糟粕，发展符合中国国情的中国特色老年社会工作。中国自古是礼仪之邦，知恩图报、懂得感恩是优良传统，这些品德深深影响着大众，对于老年服务对象亦是如此，他们认为得到了社会工作者的帮助，需要回赠礼品，表达感谢。社会工作者如果执意拒绝，可能会影响到与服务对象的关系，导致服务无法顺利完成，这种"礼物的流动"使社会工作者陷入专业价值与传统文化的困境。

"家丑不可外扬"是我国较为典型的一种传统文化，所以，通常不到万不得已，老年人不会向机构或专业人员求助。一旦老年人求助，他们希望依托机构与专业人员的力量帮助他们彻底解决生活中出现的矛盾，然而社会工作的专业价值观崇尚"助人自助"，即培养老年服务对象自身解决问题的能力、适应环境的能力，以达到"授人以鱼不如授人以渔"的效果，这一价值观建立在西方崇尚独立精神的基础之上。然而，我国的传统文化中推崇的是要互帮互助、个体要服从集体。因为这样一种"个人服从集体"与"独立精神"之间的文化矛盾，老年社会工作者会陷入伦理困境。除此之外，在老年社会工作本土化过程中还有许多其他与传统文化不完全贴切的地方，也会造成矛盾。

案例 3-3

赵爷爷是社区内的独居老人，今年 66 岁，性格孤僻，不爱与人交流，他的子女带着孙女远在城市里打工，每年只有春节的时候才能回家一个星期。赵爷爷在所居住的社区内没有朋友，平日里也不出门，习惯一个人独来独往。社区干事在一次走访中了解到赵爷爷的情况，找来了社区社会工作者小周，让小周每周固定上门探望赵爷爷，了解赵爷爷的情况，想办法改善赵爷爷的生活现状。对于小周的到来，赵爷爷虽然表面上没有流露太多情感，但内心非常感激小周，小周每次来，赵爷爷都把志愿者给他的部分礼品，如糖果、饼干等小东西，送给小周，小周基于专业关系考量总是拒收赵爷爷的礼物，赵爷爷因此感到非常伤心和愧疚。在交流之后，小周得知赵爷爷觉得自己拒收他的礼品是嫌弃他拿不出什么好东西来，瞧不起他；另外，赵爷爷也觉得小周对自己这么好，自己却什么都拿不出来，感觉很愧疚。小周在得知此情况后陷入了沉思：在传统文化中，伴手礼的互相赠送是中国人情社会的一大传统，小件物品的互相赠送在生活中非常常见，但是社会工作的工作原则又要求工作者不得收取服务对象的任何物品，小周不知该如何是好。

（四）保密与知情的困境

保密原则是老年社会工作伦理中一条基础性原则，保护老年人的隐私权体现了社会工作的专业价值观。保密原则要求老年社会工作者不得向第三者透露任何老年人的隐私信息，即便老年人本身没有保密意识，社会工作者也应当为其保守秘密，为老年人保护隐私应当贯穿于整个老年服务进程中。但是在实际服务过程中会出现保密与知情的困境：一是老年人身体情况已严重危及生命，其依旧不愿意告诉家人和社区，这时老年社会工作者就面临打破保密原则的困境，因为在这种情况下保密会延误最佳的治疗时间。二是当老年人的隐私信息会威胁到其他人的利益时，老年社会工作者就面临着是否要继续维护老年服务对象隐私的困境。例如，若老年服务对象是艾滋病患者或其他传染性疾病患者，如果对这种情况保密，可能会危害到其他相关服务人员的健康与安全，是否将老年服务对象的患病情况告知他人，就遇到了知情权与保护隐私权的冲突。

案例 3-4

小吴曾经是社区中独居老人冯爷爷的对接社会工作者，服务结束后，小吴仍然会每个月或隔月去探望一次冯爷爷。就在上一次探访过程中，小吴发现冯爷爷的心情十分糟糕，百般询问后，在小吴答应替冯爷爷保守秘密的前提下，冯爷爷透露自己上个月参加社区体检时被查出已经是胃癌中期，心情一落千丈。

小吴知道冯爷爷的两个儿子都已定居在其他城市，组建了自己的家庭，冯爷爷不想因为自己的病情拖累儿子，折腾儿子来回跑，还要花费大把医药费，且冯爷爷也不想承受化疗的痛苦，他想要得过且过，让自己顺其自然地走完人生最后的时光。作为一名社会工作者，小吴非常理解冯爷爷这样决定的出发点，但是同样为人子女，小吴想到若冯爷爷是自己的父亲，等到不可挽回的地步才知晓情况一定会追悔莫及，所以是否应该把冯爷爷的身体健康情况告诉他的两个儿子呢？如果告知他的儿子，就违背了自己对冯爷爷所许下的承诺；如果不告诉他的儿子，自己心里过意不去，觉得将来自己一定会后悔。

（五）移情与反移情的困境

移情与反移情属于双重关系的一种，是社会工作者与服务对象产生一种以上的关系，这意味着老年社会工作者与服务对象之间除了专业关系外，还存在着经济、情感、社会等其他关系。移情指的是老年服务对象将对某一个体的特殊情感，如对自己孩子、孙子的关爱之情转移到老年社会工作者身上；反移情指的是老年社会工作者将对某一个体的特殊情感，如对自己的爷爷、奶奶或是某个长辈的关爱之情转移到老年服务对象的身上的情况。① 当老年社会工作者与服务对象出现双重关系时，专业关系的边界也随之变得模糊不清，从而影响老年社会工作者开展工作的公正性，专业关系、服务质量也会因此受到影响，当这种双重或多重角色的冲突给工作者的正常工作带来困扰时，工作者就会面临伦理困境。

在老年社会工作实践过程中，由于社会工作价值观中的“接纳”“尊重”“非批判”等相关价值观的指导，通常老年社会工作者会展现出对老年人的耐心和关怀，容易使部分因老伴过世或子女无暇照顾而缺乏情感慰藉的老年人产生移情，导致在专业关系建立后形成情感依赖。老人容易将社会工作者当作不在身边的子女或孙子、孙女来看待，他们会通过送礼、请客吃饭、用手机与老年社会工作者频繁互动方式来表达对工作者的感谢和喜爱。老年人的社会交往较少，社会关系网络简单，老年社会工作者提供的服务一方面缓解了老年人的孤独感，另一方面又容易导致移情的发生。在专业关系建立的初期，移情能够快速帮助服务对象与社会工作者建立起信任关系，但在工作后期，尤其是服务结束后往往会对社会工作者造成很大困扰。双重关系所带来的超出老年社会工作者职责范围或能力范围的后果，会使得老年社会工作者陷入两难的伦理困境之中。

① 魏华欣．社会工作实务过程中移情与反移情的反思与研究．国际公关，2023（16）．

案例 3－5

23 岁的小赵大学毕业后来到一家社会工作服务中心担任社会工作者，为社区中的低中龄老年人提供服务。几次小组活动之后，70 岁的服务对象老路与小赵熟悉了，老路以深入了解兴趣小组为由，通过兴趣小组微信群添加小赵为微信好友。随后，老路经常给小赵发微信，有时甚至在小赵下班之后找小赵聊天，邀请小赵到家里做客吃饭，询问小赵的近况，发送一些娱乐网址链接和小视频给小赵看。在微信聊天中老路直述道："我没有子女，我就把你当我孙子一样来看待，你就当认了个爷爷，以后我们就像自家人一样，不要客气。"小赵对此感到非常困扰，虽然他多次告诉老路，为其提供专业服务是他的工作职责，但老路依旧极其热情。若对老路的过度关心置之不理，可能会影响到良好专业关系的维持，老路可能不再来参加社区小组活动；但若继续任其发展，小赵对老路产生的抵触心理只会愈加严重，无疑会对专业关系形成干扰，减弱服务成效。

二、老年社会工作伦理抉择原则

在老年社会工作的服务过程中常常会遭遇伦理困境，但要解决好伦理困境所带来的相关问题并不是一件容易的事情。社会工作者在伦理取舍的背后需要进行一系列思考与分析。美国社会工作学家洛温伯格和多戈夫（Lowenberg & Dolgoff，1992）提出的伦理原则顺序表（见图 3－1）为社会工作者实施伦理抉择提供了有价值的参考原则，在这里我们结合老年人服务实务进行解析。

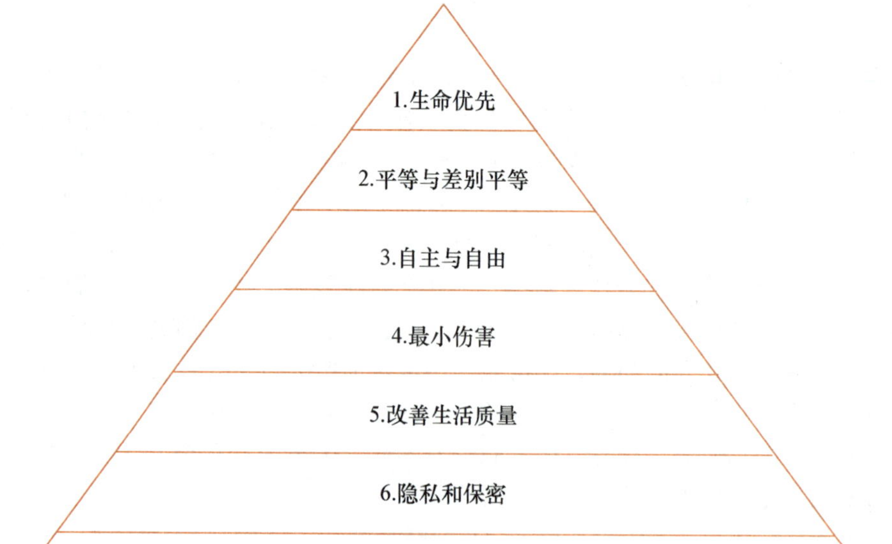

图 3－1　伦理抉择原则顺序表

（一）生命优先原则

多戈夫认为生命高于一切，生命是不可替代的，这一原则适用于所有人，不但适用于保护当事人生命，也适用于保护所有其他人的生命。这一原则高于其他所有义务，是社会工作者应当坚守的第一原则。在实务工作中，老年社会工作者如果遇到威胁服务对象或其他人生命的情况，应当选择生命至上原则来做出抉择。

案例 3-4 中的冯爷爷要求社会工作者小吴向子女保守自己患胃癌的秘密，不希望拖累子女，此时的小吴陷入了知情与保密原则的困境中。根据多戈夫的伦理决策次序，生命至上，保护服务对象的生命权是最重要的。如果小吴选择替冯爷爷隐瞒病情，那么此举会影响到冯爷爷的生命权，延误病情，使他错过较好的治疗时期，影响后续治疗。冯爷爷的子女则有可能以小吴知情不报，最终延误治疗为由问责。所以在该案例中尽管小吴已经答应了冯爷爷要为他保守秘密，但是仍应当将冯爷爷的病情告知其两个儿子，尽早为冯爷爷治疗，延长其寿命，提升其生活质量。

虽然打破保密原则将冯爷爷的情况告知子女有可能导致信任关系的破裂或是引起老年人的极度自责，但多戈夫认为失去生命才是最不可逆、最糟糕的结局，因此应选择打破保密原则。伦理困境抉择是一把双刃剑，无论哪一种选择都会带来不可避免的负面效果，所以在做出选择之后，社会工作者也要尝试着将负面效果降低到最小。在该案例中，小吴还需要尝试着重新与冯爷爷建立起信任关系，为冯爷爷可能出现的病耻感以及可能造成的经济压力做好应对预案。

（二）平等与差别平等原则

平等是人与人之间的一种关系，它是人类的终极目标。平等与差别平等原则认为所有人在相同的条件下应该得到同样的对待。但由于不同个体之间在客观上存在差异性，所以不存在客观上的绝对平等。当不平等对待的益处大于平等对待的益处，或者不平等对待会推动更多的平等对待时，采用差别平等原则就是正当的。差别平等不是绝对的平等，而是充分考虑个体之间的差异性后作出适当的调整。如果在一个家庭中，失能老人遭到了来自子女的虐待，由于被虐待的老人与虐待他的子女没有处于“平等”的位置上，即使没有生死存亡问题，施虐者的保密权和自主权也要低于保护老人的义务。我国的老年社会工作起步较晚，尚处于发展的初期阶段，仍然面临资源不足等各种不利因素，这就要求老年社会工作者遵循“差别平等原则”。比如，在社会救助中要优先考虑给那些更加贫困、健康状况更差的老年人提供援助。

（三）自主与自由原则

社会工作者应当尊重和培养老年人的自决、自主、独立与自由。自主与自由原则要求专业工作者在老年人寻求专业帮助时，采取理解和接纳的态度，运用同理心，对服务对象的处境感同身受，理解服务对象所做出的选择。在服务过程中，老年人由于生理机能老化、社会功能退化等原因无法自主做出决定，社会工作者应当鼓励老年人自主做出决定，而不是由他代替老年人做出决定；当老年人做出决定后，即使社会工作者无法理解服务对象所做出的决定，也依然应当秉持着自主与自由原则，尊重老年人所做的决定。但是，当服务对象自身的抉择涉及自身或他人的安全时，社会工作者应当及时进行适当干预，并将风险降到最低。因为一个人无权基于自己有自主决定权而决定伤害自己或他人，当有人要这样做的时候，社会工作者有义务加以干涉。

在案例3－2中，社会工作者小何认为张爷爷应该对自己的生活作息进行规划与管理，养成良好与健康的生活习惯与饮食习惯，但是张爷爷本人却认为当下的生活方式才能让自己感觉到快乐，如果不能够抽烟、喝酒、打牌，那么生活将会变得索然无味。在小何已经充分告知了维持当下作息规律将产生的风险与后果以及组织了慢性病病友教育小组后，张爷爷仍然认为要坚持自己原有的生活方式。根据多戈夫的伦理抉择机制，医务社会工作者小何应当尊重张爷爷本人的意愿，尽管张爷爷本人的意愿对自身的健康状况不利，但是在不直接威胁到张爷爷生命的前提下，小何已经尽到了充分告知风险的义务。如果小何一意孤行想要将服务继续推进，反而会造成张爷爷更为激烈的抵触情绪和排斥行为。小何也应当相信，每个人都有为自己的选择负责的权利，即使这一选择在旁人的眼里不完全正确。

（四）最小伤害原则

最小伤害原则指的是当社会工作者面临伦理困境时，必须做出抉择，且在无论哪种抉择都会或多或少造成对服务对象或是其他人的伤害的情况下，社会工作者应当选择造成伤害较小的抉择，并努力尝试着去化解因伦理选择所带来的负面影响。当不得不伤害到一方利益时，老年社会工作者应当主动选择伤害最小和伤害最容易得到弥补的方案。最小伤害原则在老年社会工作实务中有两层含义：第一，社会工作者的首要任务是避免当前的困境对老年人或与之相关的人造成伤害；第二，倘若综合多方考虑所做出的决策不得不使一方受到伤害，那么优先考虑一个伤害最小的方案，且这个方案造成的后果是最容易被弥补的。①

在案例3－5中，小赵与老路在初步建立了专业关系后，老路出现了移情现象，想要将社会工作者小赵认作自己的孙子。若此时小赵明确拒绝老路，并澄清服务关系的边界，有可能会影响服务进展，但小赵若任其发展会加深自身的抵触情绪，且在服务结束时不利于自身的抽离。小赵此时陷入了双重关系的伦理困境之中。根据多戈夫的伦理决策次序，在不威胁服务对象生命的情况下，应当遵循最小伤害原则，两种不同抉择皆会造成不同程度的伤害，但若小赵选择继续隐忍，接受老路的要求，不仅会在服务后期严重影响专业关系，还会加深小赵自身对老路的抵触情绪，深陷到双重关系的禁忌之中。在对两种抉择所造成的伤害进行比较后，小赵应当立即明确专业关系的界限，对于超越专业关系的诉求，应当向老路讲清楚，若老路仍然继续坚持自身超出服务关系外的要求，小赵就有权终止为其提供服务。

（五）改善生活质量原则

改善生活质量原则指的是社会工作者应当秉承着为服务对象提升生活质量的原则，当伦理困境发生时，社会工作者要从服务对象角度出发作出能够改善服务对象生活质量的决定。在老年社会工作中尽力提升老年人的生活质量、改善老年人的生活水平应该是处理伦理困境时应当考虑的一个重要因素。

在案例3－3中，社会工作者小周每次登门拜访赵爷爷，赵爷爷都会习惯性地送给小周一些小礼品，如糖果、饼干等。小周拒收的态度坚决，使得内向的赵爷爷感

---

① 肖国正，李运来．功利主义视角下老年社会工作的伦理困境分析．社会科学前沿，2020（12）．

觉伤心。在此类情况下，根据多戈夫的伦理决策次序，本着提升服务对象生活质量的原则，小周应当合理选择收下一部分小礼品，同时应该向赵爷爷解释清楚专业关系的界限，对于收到的礼品也应当向上级汇报登记，将礼品转赠其他需要的老年人或作为公共活动物资，严禁挪为私用。需要注意的是，该案例中的情况是一种极端的伦理困境，要结合服务对象本人的情况以及现实情况充分考量后做出决定。改善服务对象生活质量的原则不等于社会工作者能够不断接受服务对象的恩惠，而是应当积极地向服务对象解释专业关系的界限。

（六）隐私和保密原则

隐私是个人的自然权利，除非有提供服务或进行社会工作评估、研究的必要，否则不应诱使服务对象说出隐私信息；一旦隐私信息被提供出来，一般情况下，社会工作者若没有得到服务对象知情同意，就不应该把利用专业关系获取的服务对象的资料向其他人透露。社会工作者在和服务对象的最初面谈中，就应该向当事人和其他有利害关系的各方解释清楚保密原则，包括保密的限度。有的老年服务对象缺少保密意识，社会工作者需要向他们提示保密的必要性。

在开展老年社会工作服务过程中，常常会遇见这样的情况，服务对象明知自己身患疾病，并且此时自身生命健康正在遭遇威胁，但考虑自身经济压力或自认为麻烦他人，而刻意隐瞒病情，不让社会工作者告诉别人，并以终止服务关系相要挟。面对这种情况，社会工作者应该评估服务对象的真实情况，遵循生命优先原则。例如，社会工作者可以邀请社区医生上门就诊，初步预判服务对象的情况。如果情况确实很严重很紧急，社会工作者应该打破保密原则，及时把服务对象的情况与督导和社区领导汇报，寻求处理意见，然后与服务对象的子女取得联系，在征得老人家属同意的情况下，联合志愿者一起护送老人前往医院就医，以免延误最佳的治疗时间，待服务对象康复之后，再与其做好解释工作，取得老人谅解，消除彼此误会。

除此以外，一旦当事人表述可能对第三者施以威胁伤害时，社会工作者需要对当事人进行危险评估。如果评估后发现当事人具有特别危险性，社会工作者应对当事人履行警告职责，告知所有受到威胁的潜在受害人，并收集充分证据，制定保护第三者的行动方案。总之，保密原则是重要的，保护第三者也是重要的，二者之间判断若有失误，均可能会造成侵犯当事人隐私或者危害他人生命安全的错误。“塔拉索夫判决”（Tarasoff Decision）为我们明确了保密与人身安全的优先顺序，即保护人身安全优先于保守当事人秘密的伦理判断原则。

（七）真诚和毫无保留地公开信息原则

相互信任的专业关系是专业工作得以开展的必要前提，而这需要以真诚和毫无保留地公开信息原则为基础。无论服务对象的个性及特质怎样、遭遇的问题及陷入的困境如何，都必须真诚面对，给予协助，摒除个人价值观及理念，尊重及诚实面对服务对象，只有这样，才能让服务对象放下防御与戒备，将自己的经历、困惑、问题、创伤和盘托出，从而使专业工作者能够最大限度地了解服务对象，制定出更具针对性的服务方案，促进服务对象问题的解决。

三、老年社会工作伦理抉择程序

老年社会工作的目的是帮助老年人以正向积极的态度探求自身的内在价值，在与社会环境的互动中充分认识到自己有继续成长与改变的权利，并强化老年人解决问题的能力。老年社会工作具有明显的道德特征，实务中往往面临各种伦理困境，这在很大程度上影响老年社会工作的有效开展以及老年人生活质量的提高。影响伦理抉择的主要因素包括伦理抉择主体、伦理事件本身及伦理抉择涉及的环境。伦理抉择不单纯是社会工作者个人特质的产物，还是社会工作者与环境交互作用的产物。从环境层面看，需要考虑四个因素：机构规范；同事的影响；专业权威团体或法律的规范；社会文化。沈黎（2012）在对上海青少年社会工作实践的质性研究中，以“人在情境中”的概念为框架基础，提出个体因素、问题因素、情境因素这个三维分析框架来系统分析社会工作伦理抉择①，如图 3 - 2 所示。

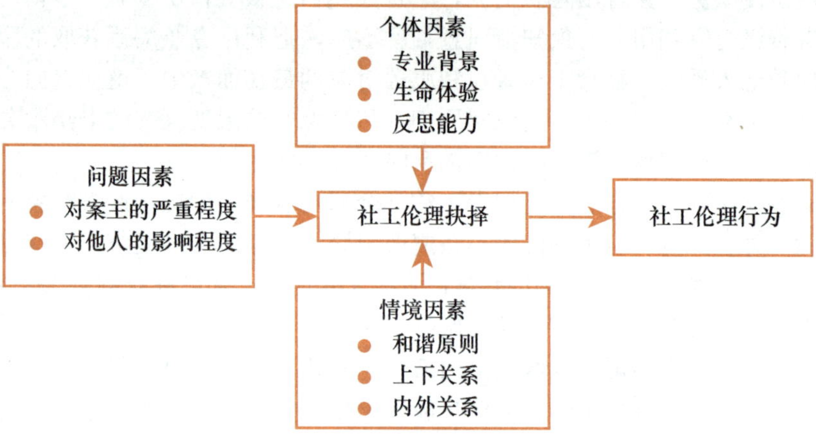

图 3 - 2　影响伦理抉择的因素

在老年社会工作服务过程中进行伦理决定应该是一个过程，或者说是持续一段时间的系列思考与活动。具体实践中的伦理抉择极为复杂，没有一个精确的模式或公式可以完全解决这一问题。但是如果工作者能清楚认识到抉择过程中的各个环节并充分考虑各种复杂因素，会有助于避免抉择中的盲目性、增强自觉性。罗肖泉（2005）提出的伦理抉择的步骤可以作为老年社会工作者依据伦理原则进行伦理抉择的行动步骤参考。②

第一步，厘清价值观和伦理原则。尽量收集相关的各种资料和信息，厘清与困境相关的伦理价值，包括社会价值观、职业价值观、个人价值观，尤其是三者之间冲突的责任和义务要求。排列各种伦理原则及其优先性次序。

第二步，明晰利益相关人员及其各自的利益诉求。排列所涉及的服务对象、亲属及其相关人员，以及更大范围的机构、社区及社会。明晰他们与服务对象的关系如何，他们各自的利益和要求如何，利益的冲突何在。

第三步，评估各种可能计划和可替代方案。审视各种可能计划的效率与效果、各种计划对所涉及人员的好处和伤害，明确各种计划的可行性、各种可能后果的预

① 沈黎．本土社会工作实务的伦理困境与伦理抉择：基于上海青少年社会工作实践的质性研究．社会工作，2012（2）.

② 罗肖泉．践行社会正义：社会工作价值与伦理研究．北京：社会科学文献出版社，2005.

防和处理措施。在此阶段，要与督导或有经验的同事讨论各种计划，征询他们的意见和建议。

第四步，做出抉择，选出最优化方案。在此阶段，要结合同事与专家意见，综合考虑方案实施后的短期、长期后果，思考方案的效率与效果，分析方案能否最大限度地保护老年当事人及其他主体的权利与福祉，选出最优方案。

第五步，实施抉择方案并及时修正。做出了抉择并不意味着抉择不可改变。在具体实施中一旦发现问题或者需要做调整之处，要及时承认和改正错误。

第六步，记录并总结抉择的结果。在伦理抉择方案实施过程中要对每一个步骤和采取的应对措施进行记录，以供工作者总结经验和相关督导与管理者查验。

本章思考题

1. 老年社会工作价值观与社会工作价值观有什么联系？有什么区别？
2. 什么是老年社会工作伦理困境？老年社会工作中都有哪些伦理困境？
3. 论述老年社会工作伦理困境的抉择原则。

拓展阅读

1. 联合国老年人原则（联合国大会第 46/91 号决议）. https：//www. ohchr. org/zh/instruments-mechanisms/instruments/united-nations-principles-older-persons.

2. 中华人民共和国民政部．社会工作者职业道德指引，2012. https：//www. gov. cn/gzdt/2013 - 01/08/content_2307399. htm.

3. NASW. Code of Ethics. https：//www. socialworkers. org/about/ethics/code-of-ethics/code-of-ethics-english.

第四章

老年社会工作评估

导入案例

突如其来的“危机生活”

严老师夫妇都是高校教师，目前退休在家，经济上比较宽裕。他们无儿无女，亲友也都住得比较远。二老退休后的生活很清闲，种种花，买买菜，烧烧饭，过得很平静。

然而，严老师不幸患上了帕金森病住进了医院，这突如其来的疾病使得二老的经济负担加重。严老师的老伴照顾他很辛苦，时刻关注他的一切，每天十分忙碌。她常常感到焦虑、烦躁，睡觉时半夜还经常惊醒，并出现心悸等症状，接着就是失眠。严老师的心理压力很大，在这种情况下无处求助，这个家庭陷于危机之中。

此案例中，严老师夫妇二人相依为命，不出变数的情况下靠退休工资生活还算安逸，可一旦出现意外，便很难承受。老年群体是一个特殊的人口群体，其生活受到生理、心理特点的影响较大，随着年龄的增长，其生理、心理及社会层面都出现了许多不可逆转的变化，产生了异于其他人口群体的特殊的敏感性和脆弱性。老年人的需求不单是物质层面的，更是精神层面的。随着我国老龄化日益严重，养老问题也越来越突出。社会需要为老年人提供多方面、多层次的社会支持。

作为社会工作者，需要运用专业的知识及技巧介入老年人的生活及困境，借助评估工具了解老年人的多方面需求，为确定哪些服务可以改善老人的生活质量及现状提供依据，并帮助老年人更好地审视自己在生理、心理、社会适应方面的状况。评估结果作为判断准则，可以指导社会工作者决定运用怎样的专业服务来协助老人，提高其生活质量，使其安度晚年。

老年人社会工作评估指的是通过收集老年人的相关信息，理解老年人的处境，使社会工作者最终能够准确地描述其问题、确定什么需要改变，以改善老年人处境的过程。① 对于常规老年社会工作服务而言，对老年人服务需求的评估往往采用生

① 佃乾乾．老年社会工作需求评估“通关秘籍”．中国社会工作，2019（27）．

理-心理-社会评估框架（BPS框架）；近年来，由于失能失智老年人的逐渐增加，针对老年人的长期照护服务需求呈现迅猛发展态势，相关需求评估工具不断涌现。本章主要从生理-心理-社会评估和长期照护服务需求评估两个方面进行介绍。

第一节　针对老年人的生理-心理-社会评估

一、老年人生理-心理-社会评估的内容

针对老年人开展的生理-心理-社会评估的内容包括对老年人的基本人口统计学信息、健康状况、认知功能、情绪状况、社会功能、日常生活能力、经济状况和环境问题等方面。

（一）基本人口统计学信息

收集基本人口统计学信息是为每一个老年服务对象服务时要做的最基本也最重要的工作。一般而言，基本人口统计学信息包括老人的姓名、地址、出生年月、婚姻状况、家庭人员状况等。之所以在接触老人之初便要收集这些信息，是因为：首先，把老年人的基本信息正确地记录下来以备将来使用至关重要；其次，这些信息是一些不太敏感的信息，通过这些信息的收集，给老人一个接受和适应工作者与服务的过程；最后，掌握这些信息可以了解老人可能拥有的支持系统，有助于工作者设计出合作性的服务方案。

（二）健康状况

老年人的健康状况是需要关注的重要信息。这里必须提到的一个问题是老年人的慢性病。所谓慢性病，是起病隐匿、病程较长且久治不愈、病因复杂且有些尚未完全被确认的一类疾病的总称。患有慢性疾病的老人需要长期用药，疾病的长期困扰会影响老年人的心理和精神状态，一些患有慢性疾病的老年人还需要长期照料。以下是几种主要的慢性疾病，可参照有无病史、是否规律服药和是否有后遗症等问题并结合其他慢性病的特点对老年人的慢性病状况进行询问和评估，尽量全面地收集身体疾病方面的信息。

1. 心血管疾病

（1）有无冠状动脉硬化性心脏病（简称冠心病）和高血压病病史。

（2）是否规律服用药物治疗心血管疾病。

（3）近期有无冠心病、血压不稳、晕厥等表现。

（4）测量血压。

2. 糖尿病

（1）有无糖尿病病史。

（2）是否规律服用治疗糖尿病的药物。

（3）近期有无低血糖或者血糖升高迹象。

（4）检测空腹血糖。

3. 脑血管病

（1）有无脑血管病病史。

(2) 有无脑血管病后遗症。

(3) 是否规律服用治疗脑血管病的药物。

4. 帕金森病

(1) 有无帕金森病史。

(2) 是否规律服药治疗帕金森病。

(3) 检查肢体运动功能状态。

(三) 认知功能

1. 感知觉

人们往往通过视觉、听觉、味觉、嗅觉和触觉五种主要感觉与外界进行接触，随着年龄的增长，老年人的感知觉会逐渐减退。

(1) 视觉。

1) 视力有无下降，有无散光和老花现象。

2) 对色彩的分辨能力。

3) 对物体大小、空间关系和运动速度判断的准确性。

4) 是否需要佩戴眼镜加以矫正。

(2) 听觉。

1) 有无听力减退，对高、中、低音调声音的敏感性。

2) 有无耳鸣。

3) 有无重听。

4) 是否需要佩戴助听器。

(3) 味觉和嗅觉。

1) 对食物味道的分辨能力。

2) 对各种气味的分辨能力。

(4) 触觉。

1) 感觉有无减退或过度增加。

2) 有无痛觉减退或过度增加。

3) 对温度变化的感受能力。

2. 智力

人在老年阶段，由于神经功能的衰退，记忆和推理能力出现减退；而与知识经验积累有关的智慧减退速度缓慢，甚至有时还可能有所提高。社会工作者可以采用智力测验来测量老年人的智力程度。

3. 记忆

科学的心理测验能够帮助老年社会工作者更客观地了解老年人的记忆能力，通过客观评估，老年社会工作者可以较为准确地把握老年人的记忆能力，纠正老人对自己记忆能力的歪曲评价，消除其对记忆减退的恐惧心理。

老人对自身记忆力的评估对于了解自己的记忆功能十分重要，可以通过这些问题了解老人的记忆状况：老人是否很难记起最近发生的事情或很久以前发生的事？“我不记得”是否成了老人不自觉的反应？老人是否在评估过程中总重复特定的信息而他自己并没有意识到这一点？老人是否担心丧失记忆，是没有意识到这一点，还是接受这一事实并认为它是变老的一部分？

知识链接

AD8早期筛查问卷

美国华盛顿大学加尔文（Jim Galvin）教授及其同事编制了一套AD8早期筛查问卷，由北京大学精神卫生研究所（第六医院）记忆中心翻译成中文，并根据国内老年人的生活特点对其中的一些生活实例做了一定调整。整个问卷询问时间不超过3分钟。如果老年人出现其中两种或两种以上的表现就要高度警惕老人是否有认知症的早期症状，应及时带老人到专业机构就诊。

操作说明：

1. 被访者最好是了解老人情况的人，如家庭成员、护理员或保姆。

2. 评估人员可以将问卷交给被访者自己填写，或者大声地当面或通过电话读给被访者听，由被访者做出选择。

3. 如果是读给了解老年人情况的人听，评估人员一定要强调是老人大脑记忆或思考问题所引起的变化，而不是躯体疾病（如感冒、骨折等）所引起的变化。

4. 每个问题之间需要有两秒钟的延迟，以免被访者将前后问题搞混淆，必要时可重复问题。

5. 老人出现能力的变化不要求有固定的时间界限，可以是几个月，也可以是一两年，甚至可以是几年。

6. 任何一个问题回答“有改变”计1分，回答“没有改变”或“不知道”计0分，所有问题得分相加为AD8总分。

AD8早期筛查问卷

序号	项目	有改变	没有改变	不知道
1	判断力有困难，如容易上当受骗、落入圈套或骗局，财务上已做出不好的决定，买不合适的礼物等			
2	对业余爱好、活动的兴趣下降			
3	重复相同的事情（如提同样的问题，说或做同一件事，说相同的话）			
4	在学习如何使用工具、电器或小器具（如电视、洗衣机、空调、燃气灶、热水器、微波炉、遥控器等）方面存在困难			
5	忘记正确的月份和年份			
6	处理复杂的财务问题（如平衡收支、存取钱、缴纳水电费等）存在困难			
7	记住约定的时间有困难			
8	每天都有思考和记忆方面的问题			

注：“有改变”表示在过去几年中有认知问题导致的改变。

评估说明：只要老人有上述表现中的两种，就要高度怀疑老年人已处于认知症早期。

（四）情绪状况

1. 抑郁

情绪的评估工作要求确定老人的情绪状态是否稳定，是否适宜进行评估。比如，老人是否显得抑郁或者表示自己感到悲哀，或大部分时间无精打采。尽管每个人都会有一些日子感觉情绪低落或悲哀，但是悲哀的时间拖得过长就不是正常现象了。此时要看老人最近是否有配偶、家人或密友去世。在这些情况下，老人会有一定程度的抑郁情绪。但是除非抑郁的状况持续过长时间，否则不应该视为有问题。如果抑郁状态持续过长，则考虑病理性抑郁，需要请专业医生来诊断。

知识链接

9 项患者健康问卷抑郁量表（PHQ-9）

抑郁症，以显著而持久的心境低落为主要临床特征，患者会出现不同程度的情绪消沉，严重可致悲观厌世乃至产生自杀倾向。PHQ-9 是临床上用于筛查抑郁症的简单高效的方法之一。自 2001 年首次发表以来，9 项患者健康问卷抑郁量表（PHQ-9）在全球范围内得到广泛传播，原始文献被译为超过 100 种语言。PHQ-9 成为临床及人群研究的测评工具，被写入大量抑郁指南，并在很多临床机构得到了广泛应用。但自评量表由于被测者心理暗示等原因的影响可能出现一定的误差，故评估结果仅供参考。

指导语：在过去的两周里，你生活中出现以下描述的情况的频率有多少？请按真实情况，选择相应的数字，数字含义如下：

没有=0，有几天=1，一半以上时间=2，几乎每天=3。

题目	没有	有几天	一半以上时间	几乎每天
1. 做事时提不起劲或没有兴趣	0	1	2	3
2. 感到心情低落，沮丧或绝望	0	1	2	3
3. 入睡困难、睡不安稳或睡得过多	0	1	2	3
4. 感觉疲倦或没有活力	0	1	2	3
5. 食欲不振或吃太多	0	1	2	3
6. 觉得自己很糟或觉得自己很失败，或让自己、家人失望	0	1	2	3
7. 对事物专注有困难，例如看报纸或看电视时	0	1	2	3
8. 行动或说话速度缓慢到别人已经察觉，或刚好相反——变得比平日更烦躁或坐立不安，动来动去	0	1	2	3
9. 有不如死掉或用某种方式伤害自己的念头	0	1	2	3

评分方法：本量表的主要统计指标为总分，即 1～9 各条目分的总和，可以用来评估抑郁症状的严重程度。PHQ 的总分范围为 0～27 分，其中，0～4 分为无抑郁症状，5～9 分为轻度抑郁，10～14 分为中度抑郁，15 分以上为重度抑郁。

2. 焦虑

焦虑被界定为强烈的内部不适感，唯恐要发生什么糟糕的事，同时伴有呼吸过快、高度紧张、头痛或颤抖等躯体症状。老人可能很容易心烦意乱或深深焦虑，可能难以集中精力做简单的事，对于一些事情的回想可能会由于情绪上的激动不安而受到影响。

身体疾病如心血管疾病、帕金森病、阿尔茨海默病以及荷尔蒙失衡的状态常常与焦虑症的症状相似，在判定老人有无焦虑症之前应该先对这些疾病加以排查。同样，焦虑情绪与病理性焦虑情绪也有区别，后者持续的时间更长，且影响个体社会功能。焦虑还常常与抑郁混淆，所以进行评估尤为必要。

知识链接

广泛性焦虑障碍量表（GAD－7）

焦虑是老年人中较为常见的一种情绪障碍，广泛性焦虑障碍量表（GAD－7）可作为了解老年人焦虑症状的自评工具。经过国内外研究与测评实践证明，该量表能够较好地反映具有焦虑情绪的老年人的主观感受，可以评定焦虑症状的轻重程度及其在治疗中的变化。

指导语：在过去的两周里，你生活中出现以下描述的频率有多少？请按真实情况，选择相应的数字，数字的含义如下：没有＝0，有几天＝1，一半以上时间＝2，几乎每天＝3。

题目	没有	有几天	一半以上时间	几乎每天
1. 感觉紧张、焦虑或急切	0	1	2	3
2. 不能够停止或控制担忧	0	1	2	3
3. 对各种各样的事情担忧过多	0	1	2	3
4. 很难放松下来	0	1	2	3
5. 由于不安而无法静坐	0	1	2	3
6. 变得容易烦躁或急躁	0	1	2	3
7. 感到似乎将有可怕的事情发生而害怕	0	1	2	3

评分方法：本量表的主要统计指标为总分，即1～7各条目分的总和，可以用来评估焦虑情绪的严重程度。GAD－7的总分范围为0～21分，其中，0～4分为无症状，5～9分为轻度焦虑，10～14分为中度焦虑，15～21分为重度焦虑。

3. 自杀意念

自杀在 65 岁以上老人的死亡原因中排在前十位。老年人的自杀风险比年轻人高很多。一般来说，有自杀倾向的高危老人往往是生活发生重大变化的人，如丧偶或者从住了一辈子的房子中搬出来。自杀风险特别高的一般是身体不好、独居、社会经济地位低、社会支持少的老年人。

在评估自杀风险时要询问以下问题：你曾经觉得生命不值得留恋吗？如果有的话是在什么时候？你曾经考虑过结束自己的生命吗？如果有的话是在什么时候？你现在还这样想吗？你曾想过用什么方式结束生命吗？什么阻止你没按自己的计划做？

即使你根据对老人的心境和情感状态的观察认为他没有自杀倾向，在每一次进行老年评估时都应该包含这些问题。

知识链接

贝克（Beck）自杀意念量表中文版

贝克（Beck）自杀意念量表中文版是在自评的贝克自杀意念量表、目前的自杀意念量表和最严重时的自杀意念量表基础上修订而成的，具有良好的信度和效度。① 该量表共有 19 道题目，前 5 项为筛选项：仅在第 4（主动自杀念头）或 5 项（被动自杀念头）的答案为“弱”或“中等到强烈”时（即不为 0），不论是最近一周还是最严重时继续问接下来的第 6～19 项；否则结束此量表调查。每个问题询问两个时间段：最近一周及最消沉、最忧郁的时候（即最严重时）。贝克自杀意念量表中文版采用三级评分制（0～2 分）和量表总分计算（0～38 分），对少数条目（第 6、7、11、13 和 19 项）添加了“近一周无自杀想法”的答案选项（赋值 0）。总量表得分越高，自杀意念越强烈，自杀危险越高。如果不需调查第 6～19 项，量表总分为前 5 项之和。

指导语：下述项目是一些有关您对生命和死亡想法的问题，每个问题既问最近一周您是如何感觉的，又问既往您最消沉最忧郁或自杀倾向最严重的时候是如何感觉的。每个问题的答案各不相同，请您注意看清题目和备选答案，然后根据您的情况选择最合适的答案。

1. 您希望活下去的程度如何？			
最近一周	中等到强烈	弱	没有活着的欲望
最消沉、最忧郁的时候	中等到强烈	弱	没有活着的欲望
2. 您希望死去的程度如何？			
最近一周	没有死去的欲望	弱	中等到强烈

① 李献云，费立鹏，童永胜，等. Beck 自杀意念量表中文版在社区成年人群中应用的信效度，中国心理卫生杂志，2010（4）.

续表

最消沉、最忧郁的时候	没有死去的欲望	弱	中等到强烈	
3. 您要活下去的理由胜过您要死去的理由吗？				
最近一周	要活下去胜过要死去	二者相当	要死去胜过要活下来	
最消沉、最忧郁的时候	要活下去胜过要死去	二者相当	要死去胜过要活下来	
4. 您主动尝试自杀的愿望程度如何？				
最近一周	没有	弱	中等到强烈	
最消沉、最忧郁的时候	没有	弱	中等到强烈	
5. 您希望外力结束自己生命，即有“被动自杀愿望”的程度如何？（如，希望一直睡下去不再醒来、意外地死去等）				
最近一周	没有	弱	中等到强烈	
最消沉、最忧郁的时候	没有	弱	中等到强烈	
6. 您的这种自杀想法持续存在多长时间？				
最近一周	短暂、一闪即逝	较长时间	持续或几乎是持续的	近一周无自杀想法
最消沉、最忧郁的时候	短暂、一闪即逝	较长时间	持续或几乎是持续的	
7. 您自杀想法出现的频度如何？				
最近一周	极少、偶尔	有时	经常或持续	近一周无自杀想法
最消沉、最忧郁的时候	极少、偶尔	有时	经常或持续	
8. 您对自杀持什么态度？				
最近一周	排斥	矛盾或无所谓	接受	
最消沉、最忧郁的时候	排斥	矛盾或无所谓	接受	
9. 您觉得自己控制自杀想法，不把它变成行动的能力如何？				
最近一周	能控制	不知能否控制	不能控制	
最消沉、最忧郁的时候	能控制	不知能否控制	不能控制	
10. 如果出现自杀想法，某些顾虑（如顾及家人、死亡不可逆转等）在多大程度上能阻止您自杀？				
最近一周	能阻止自杀	能减少自杀的危险	无顾虑或无影响	
最消沉、最忧郁的时候	能阻止自杀	能减少自杀的危险	无顾虑或无影响	
11. 当您想自杀时，主要是为了什么？				
最近一周	控制形势、寻求关注、报复	逃避、减轻痛苦、解决问题	前两种情况均有	近一周无自杀想法
最消沉、最忧郁的时候	控制形势、寻求关注、报复	逃避、减轻痛苦、解决问题	前两种情况均有	
12. 您想过结束自己生命的方法了吗？				
最近一周	没想过	想过，但没制定出具体细节	制定出具体细节或计划得很周详	

续表

最消沉、最忧郁的时候	没想过	想过，但没制定出具体细节	制定出具体细节或计划得很周详	
13. 把自杀想法落实的条件或机会如何？				
最近一周	没有现成的方法，没有机会	需要时间或精力准备自杀工具	有现成的方法和机会或预计将来有方法和机会	近一周无自杀想法
最消沉、最忧郁的时候	没有现成的方法，没有机会	需要时间或精力准备自杀工具	有现成的方法和机会或预计将来有方法和机会	
14. 您相信自己有能力并且有勇气去自杀吗？				
最近一周	没有勇气、太软弱、害怕、没有能力	不确信自己有，无能力、勇气	确信自己有能力、有勇气	
最消沉、最忧郁的时候	没有勇气、太软弱、害怕、没有能力	不确信自己有，无能力、勇气	确信自己有能力、有勇气	
15. 您预计某一时间确实会尝试自杀吗？				
最近一周	不会	不确定	会	
最消沉、最忧郁的时候	不会	不确定	会	
16. 为了自杀，您的准备行动完成得怎样？				
最近一周	没有准备	部分完成（如，开始收集药片）	全部完成（如，有药片、刀片、有子弹的枪）	
最消沉、最忧郁的时候	没有准备	部分完成（如，开始收集药片）	全部完成（如，有药片、刀片、有子弹的枪）	
17. 您已着手写自杀遗言了吗？				
最近一周	没有考虑	仅仅考虑、开始写但未写完	写完	
最消沉、最忧郁的时候	没有考虑	仅仅考虑、开始写但未写完	写完	
18. 您是否因为预计要结束自己的生命而抓紧处理一些事情？如买保险或准备遗嘱。				
最近一周	没有	考虑过或做了一些安排	有肯定的计划或安排完毕	
最消沉、最忧郁的时候	没有	考虑过或做了一些安排	有肯定的计划或安排完毕	

续表

19. 您是否让人知道自己的自杀想法？				
最近一周	坦率主动说出想法	不主动说出	试图欺骗、隐瞒	近一周无自杀想法
最消沉、最忧郁的时候	坦率主动说出想法	不主动说出	试图欺骗、隐瞒	

（五）社会功能

评估社会功能的目的有两个：一是要确定老人是否参加了社会活动或者想参与什么社会活动；二是要确定老人是否有自认为能够调动的社会支持资源。

1. 生活方式

询问老人在典型的一天中，他所做的常常会带来有意义的发现的事情是什么；老人有独特的保留或丢弃早年活动形态的方式，老人是仍然投入到主流生活中，还是不再那么活跃；是否有什么生活事件迫使老人违心选择不太活跃的生活方式，如果是那样的话，老人是否尝试过用其他活动来替代失去的那些活动。老人的回答可能有助于你了解老人自己建构的世界观是什么，老人的主导生活状态是什么，老人对当下生活状态的态度。对这些情况的了解，有助于老年社会工作者理解老年人的生活方式并提供相应的支持性服务。

2. 社会隔离

社会交往与社会参与是老年人生活中不可或缺的组成部分，但是老年人却因为各种原因不能实现正常的社会交往与参与，呈现出社会隔离状态。国外有专家对“隔离”与“隔绝”做了区分。如果说独处是老年人惯常的生活方式，希望自己做一个孤独者，那么这是一种隔离状态。而如果是老人因为情绪受到打击或身体功能有损伤所造成的迫不得已的状态，那就是隔绝。没有孩子的单身老人是社会隔绝者，尤其是丧偶前社会网络就极为有限的老人，他们的风险系数最高。而不管是自愿独处还是被迫隔绝的老年人，其认知功能、情绪情感及人格都会受到一定的不利影响。

知识链接

Lubben-6 社会网络量表

Lubben-6 社会网络量表（LSNS-6）最初由美国学者 Lubben 于 1988 年编制，旨在通过测量老年人从家人和朋友处获得的社会支持来衡量其孤立程度，目前包括修订版（LSNS-R）、扩展版本（LSNS-18）和简化版本（LSNS-6）3 个版本。这里呈现的简化版本（LSNS-6），是老年人社会隔离研究中应用最为广泛的评估及筛选工具。LSNS-6 包括家庭网络和朋友网络 2 个维度，每个维度包含 3 个条目，采取 Likert 6 级评分法，总分 30 分。量表总分低于 12 分被视为有社会隔离的风险，得分越高，表示社会联系越紧密。该量表具有较好的信度与效度。①

问题	没有	1 个	2 个	3～4 个	5～8 个	9 个以上
1. 您一个月至少能与几个家人/亲戚见面或联系？	0	1	2	3	4	5
2. 您能和几个家人/亲戚放心地谈您的私事（不可代答）？	0	1	2	3	4	5
3. 当您需要时，有几个家人/亲戚可以给您提供帮助？	0	1	2	3	4	5
4. 您一个月至少能与几个朋友见面或联系？	0	1	2	3	4	5
5. 您能和几个朋友放心地谈您的私事（不可代答）？	0	1	2	3	4	5
6. 当您有需要时，有几个朋友可以给您提供帮助？	0	1	2	3	4	5
得分： 注：得分为选择相应选项下的分值总和。						

3. 社会支持

老年人的社会支持是指一定社会网络运用一定的物质和精神手段对老年人进行无偿帮助的行为的总和。一般是指来自个人之外的各种支持的总称，通常包括工具性社会支持和情感性社会支持。工具性社会支持指的是老人可能得到的任何外来援助，如经济上的支持，帮忙做家务或者跑腿。通常来讲，工具性支持来自家人、朋友、邻居等非正式支持来源，来自社区居家养老服务机构及政府等的正式支持应该进一步加强。情感性支持主要是指老人可得到的关心、爱护等情感慰藉。

（六）日常生活能力

对于老年人而言，日常生活能力是一种极为重要的能力，也是老年人研究中的一个重要概念。老年人随着机体功能的衰退和认知能力的老化，日常生活能力处于不断下降的过程中，对其进行评估尤为必要。日常生活能力指一个人为了满足日常生活的需要每天所进行的必要活动，包括基础性日常生活活动和工具性日常生活活动。基础性日常生活活动包括自理活动，如进食、梳妆、洗漱、洗澡、如厕、穿衣等，以及功能性移动，如翻身、从床上坐起、转移、行走、驱动轮椅、上下楼梯等；

① 刘佳丽，杨芬，胡婷，等．老年人社交网络评估工具的研究进展．护理研究，2023（24）.

工具性日常生活活动是指维持独立生活所必需的一些活动，如使用电话、购物、做饭、洗衣等。日常生活能力有一项或多项有大问题，在很大程度上意味着老人虽然不用 24 小时照顾，但需要支持性服务。工具性日常生活能力量表比躯体生活自理量表要更复杂一些，但仍是对独自在家中生活所需要的基本技能的测评，丧失了工具性日常生活能力可能是老人开始出现认知衰退或有了影响行为能力的疾病的征兆。

知识链接

日常生活活动能力量表（Barthel Index，BI）

日常生活活动能力量表（Barthel Index，BI）是目前世界上公认的最为常用的评估日常生活能力的量表，由美国学者马哈尼（Mahoney）和巴赛尔（Barthel）于 1965 年正式发表，因其评定简单、可信度及灵敏度高，得到了老年学及康复医学领域的广泛使用。沙哈（Shah）等人于 1989 年对马哈尼和巴塞尔的量表进行了改良，内容仍为 10 项，满分 100 分。测评主要依据老年人日常实际表现，不以老年人可能具有的能力判断。不同的级别代表了不同程度的独立能力水平，级数越高代表独立能力程度越高。总分≤40 分为重度依赖，全部需要他人照护；总分 41～60 分为中度依赖，大部分需要他人照护；总分 61～99 分为轻度依赖，少部分需要他人照护；总分 100 分为无须依赖，无须他人照护。

项目	标准	评分
1. 进食	需极大帮助或完全依赖他人	□0 分
	需部分帮助	□5 分
	可独立进食	□10 分
2. 洗澡	在洗澡过程中需他人帮助	□0 分
	准备好洗澡水后，可独立完成洗澡	□5 分
3. 修饰	需他人帮助	□0 分
	可独立完成（洗脸、梳头、刷牙、剃须等）	□5 分
4. 穿衣	需极大帮助或完全依赖他人	□0 分
	需部分帮助	□5 分
	可独立完成（穿脱衣服、鞋袜、系扣子等）	□10 分
5. 控制大便	完全失控	□0 分
	偶尔失控，或需要他人提示	□5 分
	可控制大便	□10 分
6. 控制小便	完全失控，或留置导尿管	□0 分
	偶尔失控，或需要他人提示	□5 分
	可控制小便	□10 分

续表

项目	标准	评分
7. 如厕	需极大帮助或完全依赖他人	□0 分
	需部分帮助	□5 分
	可独立完成	□10 分
8. 床椅转移	完全依赖他人	□0 分
	需大量帮助（2 人），能坐	□5 分
	需部分帮助（1 人）或指导	□10 分
	可独立完成	□15 分
9. 平地行走	不能移动，或移动少于 45 米	□0 分
	独自操纵轮椅移动超过 45 米，包括转弯	□5 分
	需 1 人帮助步行超过 45 米（体力或言语指导）	□10 分
	独立步行超过 45 米（可用辅助器）	□15 分
10. 上下楼梯	需极大帮助或完全依赖他人	□0 分
	需部分帮助（体力、言语指导、辅助器）	□5 分
	可独立上下楼梯	□10 分
总分		

（七）经济状况

老年人的经济状况也是为老年人安排适合他的治疗与服务的必备信息。虽然个人的经济状况是一个非常敏感的话题，但可以通过一些间接问题引出这一话题。如老人是否担心自己的钱不够日常开销？老人是否由于手头没钱而推迟买药或买食品？老人有钱应急吗？如果老人相信你问这些问题是为了帮助他改善生活质量，他对于涉及钱的问题回答起来可能会更配合。

（八）环境问题

评估老人的环境包括观察房屋的总体修缮情况、住宅有无安全隐患和基本的安全防护措施，确保老人在其居住的邻里环境里身体安全有保障。家居安全检查主要包括三个方面：一是房屋总体修缮情况，比如是否需要修缮，是否能保持地板和窗户的洁净，房间里是否有钟表和日历，房间里是否有家人和朋友的照片，等等。二是家居环境有无安全隐患。由于老年人视力、听力和协调能力发生变化，工作者需要查看居住空间里家具、地毯或走道里堆放的东西是否会造成老人绊倒，楼梯是否有扶手，报纸、杂志或图书的堆放方式是否可能带来火灾隐患，老人如果需要协助的话是否有紧急报警装置联系本地的派出所、消防队和医院。三是邻里安全防范措施。老年人是否与邻居有所交往和相互照顾，所居住的社区是否安全，是否有安全防护设施和执勤巡逻人员等。

二、老年人生理-心理-社会评估的方法

针对老年人的生理-心理-社会评估可以采用观察法、访谈法、问卷调查法和测验法等多种科学方法，这些方法需要通过一定的程序、依据一定的原则展开，以获得关于老年人的准确的和有价值的信息。

（一）观察法

在对老人进行评估的过程中，离不开对老年人的观察，这是评估者获得信息的常用手段。观察法是老年人生理-心理-社会评估的基本方法之一，是指带着明确的目的，用自己的感官和辅助工具去直接地、有针对性地了解正在发生、发展和变化着的现象。它与日常生活中人们对各种事物的观察有所不同，它要求观察者的活动具有系统性、计划性和目的性，而且要求观察者对所观察到的事实做出实质性和规律性的解释。

作为科学研究方法的观察法具有如下特点：第一，观察者必须根据研究目的或问题收集资料，而不是盲目地、下意识地活动。第二，观察者必须在确定的范围内收集所需要的资料，即在一定时期、一定地点对一定对象进行观察。第三，观察必须有系统、有组织地进行。要在正式观察以前制订详细观察计划，观察者要受过系统训练。第四，除利用人的感觉器官，如眼睛、耳朵以外，还可以借助照相机、摄像机、录音机等器材准确、详细地记录观察结果。第五，观察记录必须客观，对观察结果要加以验证，确保观察的科学性和客观性。

观察法在收集资料时有自己独特的过程，一般来说观察的主要步骤如下：

第一，确定观察的对象，明确评估目的，提出观察任务。

如果打算使用观察法对老年人进行评估，就要确定是在老年人的家里、护理院还是在医院的病房里；如果你是打算对老年人的情绪状态进行观察，那就要设定好观察的具体指标，如情绪是积极的还是消极的，主导情绪基调是什么，主导情绪的强度怎样，具体表现在哪些方面，等等。

第二，选择观察方式，并根据具体情况确定工作程序。

观察有各种不同的方式，比如按照性质划分，有探索性观察和系统性观察；按照观察方法的结构性划分，有无结构型观察、半结构型观察和结构型观察。具体来说，工作者可以从无结构型观察开始，然后到半结构型观察，最后根据需要采用结构型观察方法。

在观察前制订工作计划非常必要，要在计划中明确规定观察的期限，确定收集资料的手段，设想并解决在观察过程中可能遇到的困难，以及其他关于时间、经费、人员等方面的问题。

第三，为进入观察现场做好对外联系工作。

生理-心理-社会评估一般是老年人或者家属主动来求助的，但也有医务工作者帮助老年人来求助，因此，在做观察之前要征得老年人、家属及所在单位负责人的同意，并做好时间和场地协调工作。

第四，制定或准备各种观察工具，如制定观察表和观察卡片等。

当我们使用半结构型观察法进行观察时，需要制定一份半结构式观察表，它相当于一份访谈提纲，只是设定了一定的观察目标，由观察者将所见所闻记录在提前

设计好的观察表中。进行结构型观察时更需要设计标准化的观察表，其中的观察维度更为明确，各个维度间的逻辑关系更为清楚，观察维度具有明确的等级设定。

第五，进入观察现场，通过具体观察收集资料。

当前面的准备工作就绪后，就可以参照预先设定的程序和观察框架对观察对象进行观察，并做好相关记录。随着科技的进步，观察时可以使用摄像、摄影、录音来辅助，便于记录观察进程中的各种情况。

（二）访谈法

访谈法是生理-心理-社会评估的重要手段。通过访谈可以了解老年人的价值观念、情感感受、行为规范，了解老年人过去的生活经历和他们所知道的事件以及对事件意义的解释。该方法能够为了解老年人提供一个比较开阔、整体性的视野，使老年人多维度地深入、细致地描述事件的过程；能为未来服务方案的设计提供指导，即了解哪些问题急需要追问，哪些问题比较敏感，要特别小心；有利于工作者和老年人建立熟悉、信任的人际关系。访谈法的效果取决于问题的性质和研究者本身的访谈技巧。例如冠心病康复期的心理行为问题可以通过与老年人的家属座谈，获得有关心理社会因素的资料并进行等级记录。

访谈法的实施主要包括三个步骤：

第一，访问准备。

准备工作主要包括访问对象的选择、访问时间和地点的确定、制定访谈提纲和正式访问前与受访者的沟通。在老年人社会工作服务过程中，访谈对象已经是工作者的服务对象，可以直接约定访问时间和地点，以受访者方便为首要原则，这一方面是对受访者的尊重，另一方面能够让受访者感到安全与放松。老年人一般在家里或其他较为熟悉的场所接受访问会更加放松，也会更容易推进访谈向纵深方向发展。之后，要与受访老年人就访问的话题进行沟通，说明交谈的规则、保密原则、是否能录音等。接下来是设定访谈提纲。访谈提纲是访谈内容的指引，要尽可能简单明了、一目了然。

第二，访谈开展。

访谈开展的基本顺序是非引导性问题（开场白）→开放式问题（正式提问开始）→半封闭式问题或封闭式问题（访问进入细节阶段）→追问（访问进入后期阶段）→结束访问。一般而言访谈要以拉家常开始，切忌马上进入主题。如果受访者性格较为内向，不善言辞，访问员可多问细节，启发受访者做出反应。对于敏感性问题，可以迂回前进，旁敲侧击进行提问。在访谈过程中，应以开放式问题为主，尽量避免封闭性问题。比如，问老年人“您今天膝关节的感觉如何？”比问“您今天膝关节还疼吗？”更能获得深入详尽的信息。在对老年受访者有了一定的了解后，可以开始进行封闭性问题的提问和追问。在结束访问时，要对受访者表示感谢。

第三，访谈记录与整理。

在访谈过程中，访问员要对访谈对象的话语、动作、表情等各个方面信息进行记录，现在新技术能够给访谈提供很大的便利条件。在结束访问后，要对访谈记录进行转录、编码和主题抽取工作，以获得访谈结果。目前，已经有一些计算机软件可以辅助访谈内容的分析与处理，也可以沿用传统方法，由访问者来进行内容分析。

（三）问卷调查法

问卷调查法是研究者使用统一的、严格设计的问卷，来收集老年人心理和行为的数据资料的一种研究方法。它具有如下特点：第一，调查要求从某个调查总体中抽取一定规模的随机样本，这种随机抽取的、有相当规模的样本特征往往是其他研究方式所不具备的。第二，资料收集需要采用特定的工具，即调查问卷，且有一套系统的、特定的程序要求。第三，研究所得到的是巨大的量化资料，必须在计算机的辅助下完成资料的统计分析，才能得出研究的结论。这三个特征使得问卷调查法成为被广泛使用的、强有力的研究方法。

问卷调查法的优点是标准化程度高，避免了研究的盲目性和主观性，而且能在短时间内收集到大量资料，也便于定量分析。需要注意的是，问题是问卷的核心，在设计问卷时，研究者应对问题的类别有比较清楚的认识，并善于根据研究目的和具体情况选择适当类别的问题，而且问题的表达方式、排列方式和回答方式也需要精心设计。只有这样才能设计出结构科学、内在逻辑性强的高质量问卷。

问卷调查是量化研究方法的一种，主要包括如下步骤：

第一，问卷设计。

问卷设计是问卷调查的第一步，也是最重要的步骤之一。问卷的原意是为了统计或调查而使用的问题表格，也称调查表。它具有一定的格式规范要求，主要由封面信、填表说明、访问情况表、访问意见表和正表组成。正表主要包括问题表、编码和编发序号或栏码。正表中题型较为多样化，可以是填空题、单项选择题、排序题等形式。

第二，访问员的选择与培训。

调查要选择合适的人员作为访问员并加以训练。访问员要具有诚实认真、勤奋负责、尊重他人的优秀品德；还需要具有良好的语言表达能力、理解能力、沟通能力和交往能力。年龄和性别也是一个需要考量的重要因素，如果是针对老年女性的访谈，应尽量安排中年或老年的访问员进行。在选择了具有一定条件的访问员后还要对他们就调查方法与技术、问卷的情况等进行培训，以便能够顺利地进行调查。

第三，问卷调查的实施。

问卷调查的过程是访问员与受访者的交互作用过程，在此过程中要尝试使用引导、发问、追问、记录等技术与方法，根据问卷的要求，获得相应信息。

第四，数据整理与分析。

资料收集结束后，要把原来无法分析的原始资料，运用一定的方法整理成系统的、完整的资料，或者对原始资料进行检查、矫正、编码、输入、清理，之后使用统计软件进行数据分析。

（四）测验法

测验法是为生理-心理-社会评估收集数量化资料的常用工具。在老年人服务工作中，心理测验是心理或行为变量的主要定量测量手段。通过测量人的行为去推测受测者个体的智力、人格、态度等方面的特征与水平。例如，通过人格量表、智力量表、症状量表等获得可信度较高的量化记录。心理测验种类繁多，必须严格按照心理测量科学规范实施，才能得到科学的结论。

心理测验可按不同的标准进行分类，按照所要测量的特征，可把测验分成认知测验和人格测验。认知测验包括智力测验、特殊能力测验、创造力测验、成就测验。人格测验包括多项人格调查表、兴趣测验、成就动机测验、态度量表等。按照不同的人格理论，人格测验又可分为自陈量表、投射测验和行为测验等。按照一次测量的人数，可把测验分成个别测验与团体测验。按照测验材料及被试作答方式，可把测验分为言语测验与操作测验。

在使用量表进行心理测量时，应注意以下三点：第一，要正确选择测验材料。任何心理测验都有一定的适用范围，超出一定的范围，测验的效度和信度就不可靠了。测量美国老年人时信度和效度较好的心理健康问卷在测量我国老年人时不能直接适用，要对量表做好修订才能使用。第二，不要滥用心理测验。心理测验是为了对诊断与分析提供帮助，如果通过与咨询者或治疗对象的交谈，对其问题已经形成明确看法，便可放弃不必要的心理测验。第三，测验结果要可靠。为了做到这一点，专业人员要接受必要训练，在测量过程中要使用标准指导语、标准答案和统一的计分方法，不可因人而异。

使用测验法对老年人进行评估，主要包括如下步骤：

第一，选择测量工具。

选择什么量表来测量老年人的相应问题是首先要考虑的问题，主要参照两个标准：一个是所选标准必须符合评估目的，决不能选错量表；另一个是所选测验必须符合心理测量学要求，要考虑测验是否经过了标准化，其常模样本是否符合测试对象，常模资料是否时隔太久并已失效。测验者还要懂得分数如何计算与解释。一般来说，心理测验存在一定的结构，某几道题目构成一个维度，而另外几道题目构成另一个维度，同时，有的题目还是反向计分，因此在计算测量得分时一定要按照指导语来进行。在对心理测验的分数进行解释时，要考虑接受测量的老年人的具体情况，以他们能接受的方式表达和说明测量结果。这里必须提到的是，不提倡将国外的测验题翻译后直接使用，因为缺乏科学化程序且未取得信度和效度指标的测验没有任何使用价值。

第二，测验前的准备。

在测验前要事先与老人及其家庭成员进行沟通，取得他们的配合。要事先准备量表、答题纸、铅笔和其他材料，一定要在测验前熟悉指导语和测验的各项要求和步骤。

第三，测验正式实施。

要告知老年人仔细阅读指导语，并了解其中的各种要求。为老年人创设一个安静的评估环境，让他们能够在轻松、友好的气氛下参与测验。

第四，测验结果分析。

心理测验的报告必须客观、准确，要严格按照量表的计分方法计算各个分量表和总量表得分，并与常模表对照，确定接受测验的老年人的心理状况水平。要注意一些问题，如不能把测验分数绝对化，需要将老年人的教育背景和经历考虑在内，需要把老年人测验过程中的心理状态、意外干扰考虑在内。对测验分数的解释不仅要依据常模，而且要结合信度和效度资料综合分析，不同测验的分数不能直接加以比较。

第二节　老年人长期照护服务需求评估

随着我国人口老龄化程度的日益加深，高龄人口增多，慢性病、意外损伤、衰老等所导致的失能、半失能老年人数量不断增加。截至 2023 年末，我国 60 岁及以上老年人达到 2.97 亿，其中失能、半失能老年人大约 4 654 万。在 80 岁以上的老年人群中，失能、半失能老人的比例可能超过 50%，他们不同程度地需要医疗护理和长期照护服务。

近年来，为解决“一人失能，全家失衡”问题，减轻失能老人家庭负担，我国正在加快健全以居家为基础、社区为依托、机构为支撑的老年护理和长期照护服务体系。2021 年发布的《“十四五”国家老龄事业发展和养老服务体系规划》中明确指出将稳步建立长期护理保险制度，协同促进长期照护服务体系建设。老年人长期照护服务关系着老年人安全，是老年人生活质量和生命尊严的重要保障。如何筛选长期照护受益人、精准地向有长期照护需求的老年人提供长期照护服务及赔付是长期照护保险的重要部分，而科学、统一的长期照护评估工具可以全面、客观地评估老年人的长期照护需求，以便提供更好的服务。

一、老年人长期照护的概念框架

（一）老年生涯三阶段和照护依赖

并非一个人进入老年阶段，就需要整个社会特别给予种种优待与照护。针对此问题，世界卫生组织于 2016 年发表了《关于老龄化与健康的全球报告》（简称《全球报告》），提出了“老年生涯三阶段”理论。该理论认为老年期分为三个阶段：（1）能力强而稳定的阶段。对于内在能力强而稳定者，其健康策略的重点应该是尽可能长久地维持这种状态，此时的老年人最需要的是基于健康四大基石，即“合理膳食、适量运动、戒烟限酒、心理平衡”的健康管理。（2）能力衰退的阶段。对于能力衰退者，由于疾病已经发生，其健康干预的重点应该逐渐从预防或治疗疾病转变为使疾病对个体总体功能的影响最小化。老年人最需要的是慢病管理和维持功能，所以，健康服务应该有助于阻止、延缓或扭转机能衰退。在这一阶段的末期，可能就会出现“工具性”失能，此时的老年人可能不是照护依赖者，但却是照护依赖的高危人群。（3）严重失能的阶段。对于已经严重失能或者面临严重失能风险的老年人，在这一阶段，照护依赖已是常态，他们最需要的是长期照护乃至安宁疗护（临终关怀）。如图 4-1 所示。

对于处于老年生涯第三阶段，在我国被称为“严重失能失智”而需要长期照护的老人，世界卫生组织专门使用一个新名词来描述他们的生存状态，这个词就是“照护依赖（Care Dependency）”。在《全球报告》和《中国老龄化与健康国家评估报告》（简称《中国报告》）中，给出的定义更简略，也更显学术化，前者的定义为：“当功能发挥下降到没有别人帮助，个体就不能完成基本的日常生活必要活动时，此时便会出现照护依赖”。后者的定义是：“频繁地需要他人的帮助和照护，超出了健康成人的正常需求”。《全球报告》特别提到：在经济学的论述中，“依赖”一词通常

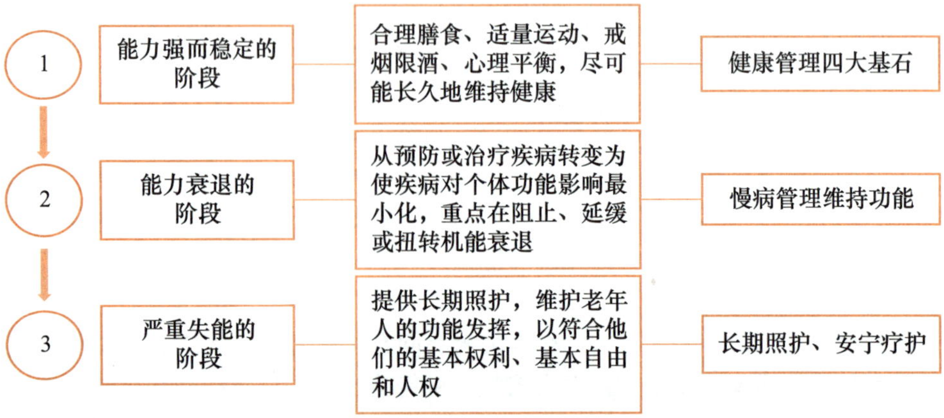

图 4-1　老年生涯的三个阶段

被描绘成一种负面状态。但照护依赖是一个中性的词，描述的是老年人的“能力衰减”，而且已经不能再通过改善环境或使用辅具等方式来予以弥补。

（二）老年人长期照护的概念及核心内容

许多人到了一定的岁数，如果没有他人的支持和帮助就无法继续自理生活。获得优质的长期照护对于这类人保持其身体能力、享受基本人权和有尊严地生活是至关重要的。2019 年，在世界卫生组织执委会上通过的《2020—2030 年健康老龄化行动十年》（简称“行动十年”）强调：“在 21 世纪，每个国家都需要一个长期照护系统，使能力大幅下降的老年人能够获得必要的照护和支持，以便能有尊严地生活并受到尊重。”

早在 2000 年，世界卫生组织就积极倡导世界各国达成关于“长期照护”的共识。在当年发布的《建立老年人长期照护政策的国际共识》（简称《国际共识》）中就提出了一个关于“长期照护”的定义：由非正式提供照护者（家庭、朋友或邻居）和专业人员（卫生、社会和其他）开展的活动系统，以确保缺乏自理能力的人能根据个人的需要选择，保持最高可能的生活质量，并享有最大可能的独立、自主、参与、个人充实和人类尊严。虽然这些概念和重要内容在 20 年前就提出来了，但在价值理念上与 2016 年世界卫生组织对健康老龄化新定义高度一致。尤其是长期照护定义最后一句强调的“独立、自主、参与、个人充实和人类尊严”与前文提到的《联合国老年人原则》一脉相承。

关于长期照护的具体内容，《国际共识》提出：长期照护的重要内容包括但不限于以下 9 个方面：（1）保持参与社区、社会和家庭生活；（2）以住房和辅助设备的环境适应性来弥补功能减退；（3）对社会和健康状况进行评估和评价，从而制订明确的照护计划，并由适当的专业人员和准专业人员进行后续行动；（4）通过降低风险和质量保证的措施来减少残疾或防止进一步恶化；（5）接受机构照护还是居家照护须视需要而定；（6）提供辨识并满足精神、情感和心理需要的服务；（7）必要和适当的姑息治疗和哀伤辅导；（8）对家庭、朋友和其他非正式照护者的支持；（9）由具有文化敏感性的专业人员和准专业人员提供支持性服务和照护。同时，此次“倡导长期照护国际共识会议”的参会者认为，相关政策最低限度必须解决以下 9 个问题：（1）个人的和公共的价值观念；（2）私营部门和公立部门的作用和责任；（3）公众信息和教育；（4）正式和非正式照护的提供，包括向正式和非正式照顾者提供培训；（5）长期照护系统的基础设施，以提供社会服务和健康服务；（6）收入保障和筹措长期照护的资金；（7）当前和未来技术；（8）研究、数据收集和战略分析；（9）质量保证，并考虑到接受照护者和提供照护者的满意度。

二、老年人长期照护服务需求评估的概念

长期照护是保证严重失能或有严重失能风险的老年人仍然能够健康老龄化的一种方式。一方面，即使在显著丧失功能的情况下，有严重失能或具有严重失能风险的老年人仍然能够自主决定自己的事务，有权自由地实现他们渴望的幸福，并且得到尊重；另一方面，通过长期照护活动，遏制老年人严重内在能力丧失的风险或者努力恢复内在能力，使他们这一生命阶段的需要得到充分满足。长期照护是健康老龄化能否实现的关键因素。

需求评估是社会福利服务的基础环节，是社会工作和社会福利的出发点，也是其方案开发、计划执行和总结评估的基础。它是一个确定的、解决需求问题的系统和综合的循环过程，是计划过程的一部分，不仅能评价先前决策的质量，还能对未来制定政策和合理配置服务资源提供依据。彼得·罗希等认为服务需求评估就是确定是否存在实施政策或项目的需求，如果存在这种需求，什么样的服务最适合满足这种需求，从而防止项目提供不适当或不需要的服务。① 老年照护需求评估是指对具有照护需求且符合规定条件的老年人，按照统一的评估标准，依申请对其失能程度、疾病状况、照护情况等进行评估，确定评估等级。评估等级可作为申请人享受长期护理保险待遇、养老服务补贴等政策的前提和依据。②

三、老年人长期照护服务需求评估流程

长期照护服务需求评估是一个动态、循环的过程，各个国家和地区都明确规定了长期照护服务需求评估的主要步骤。我国于 2016 年开始在河北省承德市、吉林省长春市、黑龙江省齐齐哈尔市、上海市、江苏省南通市和苏州市、浙江省宁波市、安徽省安庆市、江西省上饶市、山东省青岛市、湖北省荆门市、广东省广州市、重庆市、四川省成都市、新疆生产建设兵团石河子市等 15 个城市开展长期护理保险制度试点工作，各地纷纷研究制定了相应的老年人长期照护服务需求评估方案。在此，我们以上海市老年照护统一需求评估流程为例进行介绍。上海市老年照护统一需求评估办理流程分为初次评估、复核和终核评估、期末评估和状态评估四个部分。

（一）初次评估

1. 评估申请

长期照护保险申请人可由其本人（或其监护人、代理人，以下统称“申请人”）通过街镇社区事务受理服务中心或分中心（以下简称“社区事务受理中心”）就近办

---

① 彼得·罗希，马克·李普希，霍华德·弗里曼．评估：方法与技术．邱泽奇，王旭辉，刘月，等译．重庆：重庆大学出版社，2007.

② 上海市人民政府办公厅关于印发《上海市老年照护统一需求评估及服务管理办法》的通知．http：//www. shanghai. gov. cn/nw2/nw2314/nw2319/nw12344/u26aw54855. html.

理，填写书面申请，并同时提交身份证、社保卡（医保卡）和其他相关材料。

2. 受理和审核

经审核，对符合申请条件的予以受理；不符合申请条件的，社区事务受理中心将结果告知申请人。

3. 评估开展

定点评估机构应当在15个工作日内完成评估工作。

（1）定点评估机构应当在收到申请信息后完成现场评估调查、录入评估调查记录、集体评审、出具评估报告等工作。

（2）上门进行现场评估调查的评估小组不得少于2人，其中B类评估员不少于1名。

（3）定点评估机构应组织3人及以上小组对评估计分软件初步确定的评估等级进行集体评审，出具《长期护理保险护理需求评估报告》和《长期护理保险护理需求评估结果告知书》，并将告知书反馈至原申请受理的社区事务受理中心。

样例展示

业务流水号：　　　　　　　　　　　　　附件　　张

长期护理保险护理需求评估报告
（参考样张）

一、参保人员基本情况

1. 姓名________ 性别________ 年龄________ 联系电话________________

2. 身份证号________________________________

　社保卡号________________________________

3. 户籍地址：______区______街道（镇）______居委（村）___路___号___室

　邮政编码：________________

　居住地址：______区______街道（镇）______居委（村）___路___号___室

　邮政编码：________________

二、评估机构基本情况

1. 区名称________________，街镇名称________________

2. 评估调查表编号________________________

3. 组织评估单位：________________________

4. 评估机构：________________________

5. 评估调查员1：姓名______ 工号______ 签字______

　评估调查员2：姓名______ 工号______ 签字______

　评估调查员3：姓名______ 工号______ 签字______

三、评估调查时间

1. 受理日期：______年______月______日

2. 完成调查日期：______年______月______日

四、评估情况

1. 评估类型：(1) 初次评估 (2) 复核评估 (3) 终核评估 (4) 状态评估 (5) 期末评估

2. 评估软件评定护理需求等级：(1) 0级 (2) 1级 (3) 2～3级 (4) 4级 (5) 5～6级 (6) 7级

3. 集体评审评定护理需求等级：(1) 0级 (2) 1级 (3) 2～3级 (4) 4级 (5) 5～6级 (6) 7级

4. 确定护理需求等级：(1) 0级 (2) 1级 (3) 2～3级 (4) 4级 (5) 5～6级 (6) 7级

五、需要说明的情况

____

六、建议评估类型

1. 建议：(1) 状态评估 (2) 期末评估

2. 建议状态评估时间：______年______月______日

3. 建议期末评估时间：______年______月______日

七、选择服务机构类型：□养老机构 □社区居家服务机构

选择护理服务机构名称：

评估机构负责人签字：　　　　日期：______年______月______日

样例展示

长期护理保险护理需求评估结果告知书
（参考样张）

______老人（身份证号：__________），经 ______（评估机构名称）（联系电话：__________）开展的护理需求评估，确认您的评估结果为老年照护统一需求评估照护______级。评估结果有效期为：______年______月______日至______年______月______日。

根据评估结果，您可以享受/暂不享受《上海市长期护理保险试点办法》规定的相应长护险待遇。

如您对评估结果有异议，可在接到此评估结果告知书后30个工作日内通过原申请评估的社区事务受理中心提出复核申请。

如您希望在评估结果有效期满后继续享受长护险待遇，请于评估有效期满前60日内，通过居住地所属区的社区事务受理中心提出长护险需求评估的申请，否则，您的长护险待遇将在有效期满后自动终止。

评估机构：

______年______月______日

4. 结论告知

社区事务受理中心应在收到告知书后的5个工作日内告知申请人评估结果。

（二）复核和终核评估

长期照护保险申请人对评估结果有异议的，在接到评估结果告知书的30个工作日内可向其原申请评估的社区事务受理中心提出复核申请。开展复核的评估机构应在15个工作日内完成复核评估，录入长护险信息系统，出具评估报告和告知书，并按照初次评估告知规定执行。复核评估时，参与初评的评估机构应予以回避。申请人对复核评估结果仍有异议的，可通过原受理渠道提出终核申请。终核评估结果为最终结果。

（三）期末评估

评估结果的有效期最长为2年。长期照护保险申请人应在评估有效期满前的60日内向社区事务受理中心提出期末评估的书面申请。期末评估流程参照初次评估流程，评估期间申请人继续享受原长护险待遇。

（四）状态评估

在评估结果有效期内，符合下列情况的，可申请进行状态评估：第一，经评估，对达到评估等级二级及以上、按规定可享受长护险护理服务的申请人，评估人员预计其状态在一定时间内有较大改善的，定点评估机构应在评估报告中记录相关信息，并告知申请人适时申请状态评估。第二，享受长护险护理服务的申请人，因身体状况和生活自理能力发生明显变化等，可申请状态评估。状态评估流程参照初次评估流程，评估期间如原评估报告仍在有效期内则申请继续享受原长护险待遇。

四、老年人长期照护服务需求评估内容和等级

实施长期照护保险的国家通过实践证明，除对需求者做出准确评估和识别外，更需要对受益人群所需要的服务及其程度做出客观评估，找到其身体状态和照护服务之间的最佳供求匹配。许多国家依据本国长期照护的政策目的，立法界定长期照护需求，开发出评估工具，甄别受益人群及其照护服务内容，制订照护服务计划。我国目前尚未建立起完善的长期照护体系，对于老年人长期照护需求内容的评估尚处于探索阶段，并且缺乏公认的评估工具。在此，我们以《上海市老年照护统一需求评估标准（试行）》为例对老年人长期照护服务需求评估内容和等级予以介绍。

（一）评估内容

1. 自理能力维度

自理能力维度包含三个方面：日常生活活动能力、工具性日常生活活动能力、认知能力，对应的权重分别为85%、10%、5%。

（1）日常生活活动能力包括：大便是否失禁、小便是否失禁、洗脸/洗手、梳头/化妆、使用厕所、进食、坐立位起身、坐凳椅、平地步行（移动）、穿/脱上衣、穿/脱裤子、上下楼、洗浴等13项。

（2）工具性日常生活活动能力包括：搭乘公共交通、现金和银行账户的管理等2项。

（3）认知能力包括：时间定向、空间定向、瞬间记忆、短期记忆等4项。

2. 疾病轻重维度

主要包括当前老年人群患病率比较高的10种疾病：慢性阻塞性肺病、肺炎、帕

金森病、糖尿病、脑出血、高血压、晚期肿瘤、冠状动脉粥样硬化性心脏病、脑梗死、下肢骨折。

每种疾病分成局部症状、体征、辅助检查、并发症 4 个分项，对应的权重分别为 30%、30%、30%、10%。其中，每一个分项包括若干子项，每一个子项有若干选择项及分值，全部分项的得分值相加为该种疾病的得分。

（二）评估等级

评估等级由自理能力和疾病轻重两个维度的得分值决定，分值范围为 0～100 分，分值越高表示所需的照护等级越高。

(1) 疾病维度得分小于或等于 30 分的，根据自理能力维度得分的大小，从低到高划分为：正常、照护一级、照护二级、照护三级、照护四级、照护五级。

(2) 疾病维度得分大于 30 分且小于或等于 70 分的，根据自理能力维度得分的大小，从低到高划分为：正常、照护一级、照护二级、照护三级、照护四级、照护五级、照护六级。

(3) 疾病维度得分大于 70 分的，根据自理能力维度得分的大小，从低到高划分为：正常、照护一级、照护二级、照护三级、照护四级、照护五级、照护六级，同时建议至相关医疗机构就诊。

本章思考题

1. 对老年人进行生理-心理-社会评估，主要评估哪些方面的内容？

2. 采用访谈法对老年人进行生理-心理-社会评估的主要步骤有哪些？

3. 什么是老年人长期照护服务需求评估？老年人长期照护服务需求评估的主要内容有哪些？

拓展阅读

1. 世界卫生组织 . 2020—2030 年健康老龄化行动十年 . https://www. who. int/docs/default-source/documents/decade-of-health-ageing/decade-ageing-proposal-zh. pdf.

2. 世界卫生组织 . 关于老龄化与健康的全球报告 . https://iris. who. int/bitstream/handle/10665/186463/9789245565048 _ chi. pdf% 20% 202016% 20% 20% 20221%20? sequence=9.

3. 世界卫生组织 . 中国老龄化与健康国家评估报告 . https://iris. who. int/bitstream/handle/10665/194271/9789245509318-chi. pdf; sequence=5.

第五章

老年个案工作

导入案例

一筹莫展的黄奶奶

黄奶奶，今年 88 岁，是一位特困供养老人，现居住在 B 市 X 街道的敬老院中。老伴已去世 30 多年，无子女。在未入住敬老院之前属于 X 街道人户分离的独居困难老人，政府对其采取集中供养方式给予政策性照顾。

黄奶奶身体状态较差，长期服用降血压与降血脂药物，心脏供血不足，眼底黄斑病使她的视力逐渐退化，两只眼睛的视力几乎为零。所幸，她的生活基本能够自理。春节前，由于支气管炎发作被送往医院。在此之前，曾经因突然晕倒住过一次医院。

黄奶奶有强烈的倾诉欲望，想与他人沟通交流，但住在敬老院的其他老人大多行动或说话不便，与其他老人沟通交流的机会较少。黄奶奶喜欢听新闻和散步。黄奶奶思路清晰，表达能力和思维能力均较好。因为有倾诉的需求但又缺少倾诉对象，时常感觉孤独，偶尔会表达出一些消极情绪。尤其是黄奶奶发现同住老人总乱拿她的东西，随意破坏房间公共物品，她的精神状态受到了较为严重的影响。

资料来源：陈树强，李璐龄．社会工作实务案例教程．北京：中国人民大学出版社，2021.

导入案例中的黄奶奶身体情况较差，与同住老人有矛盾，但却有沟通与交流的需要。诸如黄奶奶这样的独居加特困老人，需要得到有针对性的关爱与辅导。老年个案工作作为一种重要的社会工作专业方法，能够通过对黄奶奶的生理、心理及社会关系状况的深入、系统评估，进而针对她的情况设计出具有针对性的专业服务，以帮助她应对当前面临的困境，提高社会适应能力。本章将从老年个案工作的内涵、程序、模式以及案例等方面来对如何开展老年个案工作进行介绍。

第一节　老年个案工作的内涵

一、老年个案工作的概念

个案工作是社会工作领域中一种主要的专业服务方法，它的渊源最为久远、应用最为广泛，主要聚焦于个体和家庭的问题。最早对个案工作进行清晰概念界定的是里士满（Mary Ellen Richmond），她在1922年出版的《什么是社会个案工作》中将个案工作概括为“包括一连串的工作过程，它以个人为着手点，通过对个人及其所处的环境做有效的调整，以促进其人格的成长”。美国社会工作者协会在1965年出版的《社会工作百科全书》中对个案工作进行了总结，提出“个案工作所注重的不是社会问题本身，而是‘个案’，尤其注重为社会问题所困惑或无法与社会环境或社会关系圆满适应的个体或家庭。个案工作的目的在于帮助在人与人或人与环境的适应方面遭遇困难的个体及家庭，恢复、加强或改进其社会功能”。我国台湾学者廖荣利在1973年出版的《社会个案工作》一书中把个案工作概括为“社会工作者从待助的个人或其家庭入手的一种助人方法，其目的在于协助个人或其家庭处理困难和问题，预防原有的困难和问题的再发生以及协助个人及其家庭的潜能的发展，以促进个人、家庭、团体和社会的福利”。我国知名学者王思斌则指出，个案工作是由专业社会工作者运用有关人与社会的专业知识和技巧为个人和家庭提供物质或情感方面的支持与服务，目的在于帮助个人和家庭减缓压力、解决问题，达到个人和社会的良好福利状态。

通过国内外学者对个案工作的概念界定，可以看出，尽管他们对个案工作具体含义的理解有所不同，但是他们都强调以下内容：第一，个案工作是一门专业的工作方法。它拥有自己的专业知识、专业方法和专业技能，与一般志愿者的公益活动不同，具有很强的专业性。第二，个案工作是一连串的工作过程，它包括社会工作者与服务对象一对一的相互影响、相互作用过程，也是社会工作者运用自己的专业方法影响服务对象的过程。第三，个案工作是指帮助遇到困难的个人或家庭调动自身及周边资源改善个人与社会环境之间的适应状况。第四，对人的尊重和肯定是个案工作的基本价值观，表现在个案工作的整个服务活动过程中。

在本教材中，我们将个案工作界定为社会工作者在专业社会工作价值理念的引领下，运用专业知识与技能，以个别化方式为个体或家庭提供支持与服务，帮助个体或家庭发掘和运用自身的能力及周围资源，改善个人与社会环境之间的适应状况，实现对人的尊重和肯定的专业服务过程。

老年个案工作是个案工作在老年服务领域中的具体应用，本教材将老年个案工作界定为社会工作者在专业社会工作价值理念的引领下，运用专业知识与技能，以个别化方式为老年人及其家庭提供支持与服务，帮助老年人及其家庭进行社会关系调适，提升其运用社会资源来改善或恢复社会功能的能力，从而提高其生活质量，达到老年人的良好福利状态的专业服务过程。

二、老年个案工作的原则

老年个案工作的对象是老年人群体，在开展个案服务的过程中，应该遵循以下基本原则。

（一）人在环境中

“人在环境中”是老年个案工作的一个基本原则，它依据系统理论和社会心理模式、生态模式的核心思想，认为老年人和他所处的环境处在多重互动中。老年个案工作的目的是促进服务对象的人际关系和与环境之间的互动，减少和解决老年人与环境之间的失衡。

在社会工作实践中，环境被定义为在一个特别的区域、社会结构和建构的空间中的人们以及他们之间的互动和变迁的整合。老年人的许多问题与困难都是与环境互动的产物，导入案例中的黄奶奶之所以陷入困境，是因为家庭关系的完全断裂及养老院陌生的生活环境。因此，问题的解决也必然要与环境的改变联系在一起。黄奶奶的丈夫已离世，而且她没有子女，她所缺失的关爱与帮助需要所在养老机构通过政策与服务支持来予以弥补，重新建立起使她接纳及为她所用的支持系统。

（二）接纳老年人

接纳是社会工作者用非批判的态度进行沟通的思想和处理人与人之间行为上的不同的一种能力，是建立专业助人关系的必要前提。接纳是工作者对待服务对象的一种行动原则，包括接纳服务对象的优点、缺点以及与工作者不相投的一些特质，他的积极和消极情绪，他的建设性和破坏性的态度和行为，保持对服务对象的尊重。

老年人常常会有衰老感、失落感与孤独感，对于他人的评价较一般人更为敏感，社会工作者必须注意接纳老人的感受。甚至在老人的说法或做法有失妥当时，也不要批评和谴责，因为批判的态度只会使老年服务对象运用防卫机制，拒绝与工作人员合作，从而破坏专业关系的建立，对服务的提供产生阻碍作用。有效的方法是在初期建立关系的时候，接纳服务对象，多倾听了解他们的情况，理解他们行为背后的原因，并对他们所做的一切予以正面的反应与支持。

（三）保障老年人自我决定的权利

社会工作者秉持案主自决原则，承认老年人有自己选择和决定的权利与需求。老年人往往因为各方面机能衰退，特别是失能程度的加剧，出现对家属依赖，甚至是过度依赖的情况。社会工作者的任务是尊重老年人的权利，承认他的需求，协助他应用适当的资源和发挥人格潜能，达成自我决定。

专业工作者应该协助老年人达成自决。一方面，社会工作者需要协助老年服务对象厘清自己的问题和需要，挖掘老年人的潜能。导入案例中的黄奶奶有强烈的倾诉欲望，想与他人沟通交流，但是缺乏机会。除了探望的亲朋好友，社会工作者可以通过网络媒体，发动志愿者多与老人交流和沟通。另一方面，社会工作者可以协助老人了解他可以得到的支持性资源。社会工作者要与老人一起分析环境中有什么资源可以利用，比如询问黄奶奶是否愿意参加敬老院中的老年人兴趣小组。

（四）注意保密

保密是指保守服务对象在专业关系中透露出的秘密。它既是尊重服务对象权利的体现，也是工作者要遵守的职业伦理，更是个案工作富有成效的必不可少的条件之一。社会工作者应该遵守四个基本保密规定：第一，社会工作者与别人分享服务对象秘密的前提是必须有一些强制性的理由。如果一个丧偶老年人告诉你，他有自杀的想法，这种情况必须告诉老年人的子女，否则老人将会有生命危险。第二，社会工作者要告知老年服务对象，在某些条件下，保密是受到限制的。这主要是因为将服务对象的秘密分享给机构的其他同事是为了更好地向老年人提供有效服务。还要向老人申明即便分享了他的秘密，工作人员仍然会保守秘密，遵守原则。第三，如果对于老人的信息需要记录、录音、录像，必须征得老年人本人同意，且重申保密原则。第四，社会工作者要保证不在不适当的场合泄露或者与不相干的人讨论老年服务对象的资料。

（五）提供个别化服务

社会工作者应当尊重服务对象的个体差异，要尽力回应他们的独特需要，要充分考虑到服务对象在诸多方面存在的差异，充分挖掘个人潜能。尽管老年人具有一些共同特征，但是每个老年人的生活环境存在差异，生活经历各有不同，他们的身体、心理等因素和问题也不同，这要求专业工作者能够根据老年人的独特性做出准确评估并设计出有针对性的工作计划，以适应不同老年人的需求。尤其特困老人作为困难老人中较为特殊的群体，存在多种需求，需要社会工作者为其提供不同种类的服务以更好地满足他们的需求。

（六）与老年人建立信任关系

对于社会工作者来说，对老年人的帮助能否成功，取决于能否被老人接纳和信任。社会工作者要做到真心关心老年人，了解他们的真实感受，并对他们的感受做出积极回应。专业工作者要使老年人从这种回应中得到安慰，使他们感到自己不再孤单，这样才能营造出一个老年人自由倾诉的环境氛围。这也是为老年人提供一个积极的治疗性环境，使其能够在这样的环境中自由地谈论自己的忧愁及所关心的事情。

三、老年个案工作的主要内容

作为主要针对老年人个体及其家人所提供的专业服务，个案工作以其微观、直接和精准等特点可以在多个方面发挥促进老年人问题解决和潜能提升的作用。

（一）协助老年人认识和接受老年

离退休后，老年人从规律、忙碌的工作状态转入悠闲的家居生活状态，原来的生活习惯、经济收入及生活方式都发生了很大变化，可以说是经历了人生中的重大转折，如果调整适应不当，老年人会产生各种心理上的矛盾与冲突，甚至影响身体健康，并使自身的社会功能遭到破坏。老年个案工作要协助老年人了解衰老的原因及特点，通过专业个案服务的输送使老年人养成有利于身心健康的行为与生活方式，接纳年老所带来的各种变化，积极面对未来生活。

（二）帮助老年人整合生活意义

由于衰老的持续作用，老年人的体力、健康和心理方面都有所下降，他们必须做出相应调整与适应。老年人喜欢回忆往事，这被心理学家看成是老年期个体的一种调节机制。这种自我调节是接受自我、承认现实的感受，是一种超脱的智慧之感。如果一个人的自我调整大于绝望，他将获得智慧的品质，埃里克森把它定义为“以超然的态度对待生活和死亡”。社会工作者通过个案工作方法引导老年人进行往事回顾，可以让老年人有机会探索和找到人生的意义，进而弥补自己的缺憾，完成未了的心愿，与自己的局限和失败和解，实现“自我完善”的目标。

（三）纾解老年人的心理困扰

老年人的心理问题是当今世界的社会问题之一。据世界卫生组织的估计，抑郁症老年人占老年人口的 7%～10%，患有躯体性疾病的老年人抑郁症发生率高达 50%。我国中国科学院心理研究所发布的《我国老年人的心理健康现状》指出，约有五分之一（19.05%）的老年人处于轻度抑郁状态，约十分之一（12.17%）的老年人存在中高程度的抑郁情绪。①

老年人群的自杀率也高企不下。提升老年人的生活质量，积极主动地对具有不同程度心理问题的老年人提供个案辅导极为重要，老年人心理健康的维护和促进可以切实提高老年群体的心理健康水平。

（四）改善老年人的家庭关系

和谐的家庭是温馨的避风港湾，是扬帆起航的加油站，能给人以支撑与帮助，让人感受到温暖与美好。随着老年人退休后社会角色的逐渐变化，家庭在老年人生活中占据的地位越来越重要，但由于家庭关系、家庭结构或功能的改变，新的家庭问题开始大量涌现，这不但会影响到家庭成员之间的关系，更会影响老年人的心理与身体健康。通过个案工作介入老年人及其家庭，不但有利于提升老年人的心理健康状况，也能促进家庭的和谐与美满。

（五）促进老年人的社会参与

社会参与是老年人在生命周期后期实现自我价值的重要渠道，它不仅关系到老年人的生活质量，而且成为解决老龄化问题、促进社会协调发展的关键一环。通过为老年人链接社区参与的相关资源，并激发老年人参与社区活动的意愿，可以有效改善老年人的身心状况，更能够使他们参与到社会事务当中，服务于经济社会发展大局。

（六）辅导老年人面对死亡

死亡是人的必然归宿，无一人可以逃脱。由于老年人的文化程度、社会地位、宗教信仰、身体状况及经济情况等方面存在一定差异，他们对待死亡的态度也有所不同。老年人的死亡态度到底是积极还是消极，会直接影响到他们晚年生活的质量。因此树立科学、合理、健康的死亡观，正确地面对自我之死和他人之死，理解生与死是人类自然生命历程的必然组成部分，消除对于死亡的恐惧和担忧，坦然面对死亡，对老年人来说非常重要。

---

① 苏英．2020 年老年人心理健康状况调查报告及干预建议：以北京市老年人为例//傅小兰，张侃．中国国民心理健康发展报告（2019—2020）．北京：中国社会科学文献出版社，2021.

第二节　老年个案工作程序

老年个案工作的程序是对老年服务对象的问题所采取的解决过程，它由一连串连续的服务过程组成。这一过程始于老年人面对的个人问题或困扰，终于服务目标的达成或中断专业关系。一般来说，老年个案工作的工作程序包括接案、预估、计划、介入、评估和结案六个部分。

一、接案

接案是社会工作助人服务的开端。在这一阶段中，社会工作者需要通过初步沟通接触，对老年人的问题进行初步评估，并根据机构的功能和老年人进行讨论，以便决定机构是否可以为他提供适当服务；告知他机构以及社会工作者服务的相关情况，帮助其逐步接受社会工作服务，达成共同解决问题的初步协议，将老年人或其家属转化为服务对象，进而建立初步的专业关系。

对于社会工作者来说，接案前的准备极为必要。接案前的准备工作包括回顾与老年人接触或者电话联络时获得的信息，向曾经接触过此老年人的专业人员了解情况；与老年人确定会谈的时间与地点；工作者还要注意自己的穿着打扮。

（1）在与老年人展开面谈时，要先进行“暖身”，也就是减轻他们的焦虑和不安情绪。社会工作者可以先从自我介绍开始，然后介绍机构的服务范围等，随即可以邀请老年人进行自我介绍。这时，可以适度运用会谈技巧引导当事人放松。在这个环节，工作者要向老年人澄清一些问题。首先，要向老年人告知机构可以做什么和不能做什么，以便为不适合本机构的求助者及时提供适当的转介服务；其次，要清楚地告诉老年人，问题的解决需要双方共同努力，老年人自己需要努力并对自己的问题负责。

（2）初步评估当事人的需要及问题。老年人前来求助的动机可能很不相同。有的是进行咨询，有的是寻求正式帮助，还有的可能是被迫前来。社会工作者要了解他们的愿望，用心倾听他们的诉求，进行简要的评估并确定他们需要帮助的迫切程度，并对求助者有一个总体的了解。工作者需要了解以下问题以便做出初步评估：第一，老年人的求助意愿如何？是主动还是被动？第二，老年人的主要问题是什么？是怎样产生的？老年人期望达到什么目的和需要什么结果？第三，老年人曾经为此寻求过什么帮助？自己做过什么努力？第四，服务机构所掌握的资源或工作者自己的能力能否满足其需求？第五，机构对老年人的要求和老年人对机构和工作人员的期望是否可以相互协调？值得注意的是，工作者在对上述问题进行初步探索后，要与老年人分享，以便保证能够获得准确的信息。

（3）建立专业关系。专业关系建立的成功与否直接影响当事人进一步寻求机构帮助的动力和信心，它是接案阶段中一个非常重要的任务。社会工作者在与老年人的初次沟通协商过程中要专注地倾听求助老年人的表达；注意运用简洁明了的语句表达自己的同理和接纳，促使老年人有勇气进行无拘无束的自我表达；尽量避免将求助者界定为有问题的人；要充分尊重求助者自己的意见，让他们自己决定是否接受机构的专业服务。

（4）转介。转介是个案工作中的常用方法，是指将那些服务机构或者社会工作者不能提供适当服务的个案转给其他机构或者合适的工作者的工作程序。在转介的过程中，社会工作者需要帮助其积极链接资源并跟进，保证转介过程顺利进行。通常来说，对于被工作者判定所需解决问题不属于本机构服务范围的个案，以及不属于本机构服务区域内的个案，可以为老年人提供转介服务。

二、预估

预估是详细收集与服务对象相关的资料，并从中了解问题的成因和发展变化过程，进而找到解决问题的入手点的过程。它主要包括资料收集、问题评估和问题诊断三方面工作。

（一）资料收集

老年人经历了大半生的风风雨雨，经历较为复杂，接触的人和事也较多，因此，社会工作者特别需要秉持"人在环境中"的理念，了解老年服务对象的个人情况、环境情况以及个人与环境互动的情况。此外，社会工作者还需要了解老年服务对象为解决问题做过哪些努力。

（二）问题评估

在对老年服务对象信息进行深入全面收集后，进一步的工作是了解他们对服务目标的期待，识别形成和延续他们问题的主客观因素以及问题与环境的关系，运用这些资料形成对服务对象问题的预测与假设，为提出服务计划做准备。对于老年人而言，预估的内容主要集中在以下三个方面：第一，服务对象系统的预估。这部分主要评估服务对象的优势、存在问题、解决问题的动机和生理、心理与社会等方面功能的发挥情况。第二，服务对象家庭系统的预估。老年服务对象的主要生活环境是家庭，对于家庭构成、家庭沟通模式、家庭规则、家庭压力、家庭权力结构和家庭资源情况要深入了解。第三，服务对象所处的社会系统的评估。其中包括社会支持系统及其功能发挥、物理环境对服务对象需求满足的程度、服务对象对环境资源的主观认知、社会网络环境，以及社会体制与组织环境等。表5-1显示的是本章导入案例中黄奶奶的问题评估结果。

表5-1　导入案例中黄奶奶的问题评估结果

问题	问题成因	问题强度	发生频率	引发后果	以往的解决策略	应对成效
身体疾病	老化过程中出现的疾病	较强	每天都发生	因自己的视力和听力情况倍感烦闷	消极对待，不去改变	身体状况更加糟糕
精神状态差	同住老人总是乱拿她的东西，随意破坏房间的公共物品	强	经常发生	影响生活质量，不利于身心健康	消极对待，顽固坚持，沉浸在自己的悲伤中	心理状态越来越糟

续表

问题	问题成因	问题强度	发生频率	引发后果	以往的解决策略	应对成效
缺乏沟通交流的机会	敬老院的其他老人大多行动或说话不便	较强	每天都发生	与外界隔离	找不到可以聊天的伙伴，不再表达自己的想法	沟通能力变差，压力和痛苦无处释放

（三）问题诊断

在完成对服务对象的问题预估后，社会工作者还要对服务对象的问题做出诊断，从专业角度对服务对象问题成因加以推断，并就需要改善的方面提出建议。诊断主要从服务对象问题的主要表现、问题的成因、服务对象的能力与环境中拥有的资源和实施干预的建议这四方面展开。

三、计划

在对老年服务对象的情况有了充分的认识与评估之后，社会工作者便可以基于预估来设计服务计划。服务计划制订环节主要包括确定服务目标、制订服务计划和签署服务协议。

（一）确定服务目标

“凡事预则立，不预则废”。因此，确定准确且可达成的目标是制订计划的中心环节。社会工作者可以通过以下三个步骤协助当事人制定目标：首先，社会工作者要与服务对象一起确认问题，并列出与问题相关的问题；其次，协助服务对象确定解决问题的优先次序，抓住主要矛盾；再次，协助服务对象明确想要的结果，服务对象越有清晰的努力目标，越可能具有更高的坚持性，并最终实现服务目标。社会工作者与服务对象一起对服务目标进行设定，一定要坚持参与性原则，即老年人及其家庭的参与。设定目标要有层次性，服务目标应包括长期目标与短期目标。长期目标是指总体介入工作要达到的方向。短期目标则是具体的工作指标，是为了实现长期目标而设置的一些任务或指标，不同阶段不同介入行动所要完成的任务不同，达到的效果也不同。表 5－2 为针对导入案例中黄奶奶的长期服务目标和短期服务目标。

表 5－2　针对导入案例中黄奶奶的长期服务目标和短期服务目标

目标种类	目标 1	目标 2	目标 3
长期目标	培养服务对象积极乐观的心态，提高适应环境的能力，提升服务对象的生活质量		
短期目标	改善黄奶奶的饮食与生活习惯	引导黄奶奶积极面对生活，掌握应对各种问题的有效方法	联动志愿者等非正式社会交往资源，提升社会支持

（二）制订服务计划

在确定服务目标后，社会工作者需要制订一套行动计划以实现这些目标。可以说，服务计划是服务实施的指针，是服务得以顺利开展的前提和保障。服务计划不是随意制订的，而是建立在对老年服务对象提供什么样的服务最适合，机构能够提供哪些资源与帮助，工作者拥有哪些专业能力以及工作者对资源的了解和掌握的程度的基础之上。在具体的服务计划制订过程中，主要要考虑以下三个方面：第一，选择介入系统。对于服务对象的不同问题，社会工作者可以从不同系统进行介入。如果老人存在与子女关系不合、家庭纠纷等问题，就需要工作者对其家庭系统进行介入；如果老人存在一些情绪问题，工作者需要对老年人的个人系统进行介入。一般来说，对老年人存在的问题，我们可以从个人、家庭、社区这几个系统介入，其中个人与家庭是比较主要的介入系统。第二，选择介入行动。针对不同的问题，社会工作者可以选择不同的介入行动。一般而言，对于老人的问题和需求，常见的介入行动包括危机干预、资源整合、社区照顾、安置服务、家庭调解、心理疏导、临终关怀、哀伤辅导等。第三，在确定介入行动后，社会工作者需要明确介入的步骤，拟定介入服务所需的人力、经费、设备设施等资源保障，同时拟定服务的进度安排。

（三）签署服务协议

当社会工作者与老年服务对象一起就服务目标和服务计划达成共识后，为了明确双方的责任和义务，以及增强服务对象改变现状的动力，工作者还要与老年服务对象签订服务协议，这不但为服务对象提供了参与服务的保障，也可以使服务对象清晰了解工作者的服务内容以及对工作者产生适当期待。服务协议一般包括服务目标，服务的内容与方法，服务双方的权利和义务，服务时间、地点、期限和次数，还要包括双方的签字，示例见表 5-3。服务协议以书面方式签署，也可以口头方式达成。

表 5-3　个案工作服务协议

甲方（委托方）：________________

乙方（社会工作服务机构/社会工作者）：______________________________

在自愿、平等、协商一致的情况下，就甲方委托乙方提供社会工作个案服务事项订立本协议。

第一条　服务目的

……

第二条　服务内容

……

第三条　服务监督与评估

……

第四条　附则

……

甲方（盖章/签字）：　　　　　　乙方（盖章/签字）：

日期：　　年　　月　　日　　　　日期：　　年　　月　　日

四、介入

制订好了服务计划，老年社会工作者便进入了介入辅导的阶段。一般情况下，老年社会工作者的介入行动都是按照服务计划进行的，但在实际工作中，难免会出现一些突发情况与计划不符，很多时候社会工作者需要根据变化随时调整。

在选择介入行动时应遵循六个原则：第一，以人为本，案主自决。介入行动要以服务对象为中心，介入行动的选择要有服务对象参与，工作者提出问题解决策略时，要让有能力的老年服务对象自我选择。尽管在现实中，很多时候老人会请求工作者帮助他们决定，但是每个老人都会因为自己能够做决定而感到高兴，从而产生自信与力量。第二，个别化。针对服务对象系统的特殊性采取介入行动才能有助于解决问题，针对不同的服务对象，社会工作者要有个别化的介入行动。第三，考虑服务对象的发展阶段以及他们的特点。对于老年人而言，他们正处于老年期的生命阶段，面临着自我调整与绝望的冲突，因此工作者应当帮助他们处理好这个矛盾，帮助其进行自我调整和自我整合。同时，行动的选择要考虑到老年人的生理心理特点。第四，与服务对象相互依赖。工作者不能单枪匹马地采取介入行动，要与服务对象紧密配合，这样才能最大限度地发挥服务对象系统的积极性与能动性。第五，瞄准服务目标。一次个案工作能够解决的问题往往是有限的，工作者不可能帮助服务对象解决所有问题，因此介入行动应当始终围绕服务目标。第六，考虑经济效益。对于社会工作者来说，每次服务都会受到自身及服务对象时间、资源的限制，社会工作者在介入行动的选择上需要考虑服务的经济效益。要尽量以最小的成本，实现最大的服务效能。

学习活动

澄清执行计划的助力和阻力

在这个学习活动中，社会工作者要练习协助服务对象认清各项影响计划达成的阻力和助力。黄奶奶由于自己糟糕的身体状况，在敬老院中需求也未得到满足，缺乏沟通与交流的机会，认为自己非常孤独，没有可以倾诉的朋友。社会工作者和黄奶奶一起制订计划，试图帮助黄奶奶摆脱所处的困境。如果你是社会工作者，在实施这个计划前，能否列出可能遇到的助力和阻力？

可能的阻力：

可能的助力：

你的实施计划：

五、评估

评估是个案工作的重要组成部分，它是对社会工作者提供给老年服务对象的服务的有效性做出评定。评估不但有助于工作者积累经验，为今后专业工作的开展提供借鉴和参考，还可以作为机构评估社会工作者的工作成效、提升机构服务质量的依据。

一般来说，评估主要涉及以下五个方面：第一，服务对象有了哪些改善，改善的程度如何？服务对象哪些方面没有得到改善？第二，工作目标实现的程度如何？第三，在服务过程中，社会工作者运用了哪些理论与技巧？这些理论和技巧发挥了怎样的作用？第四，社会工作者的哪些工作对服务对象发生了作用？还有哪些是可以做，但实际上却没有做的？为什么？第五，此次专业服务工作对未来工作有什么启发？

评估的方法有很多，归纳起来主要有两类：结果评估和过程评估。结果评估主要依据制定的目标和达成的结果进行，目的是了解个案工作目标的实现程度。过程评估则是对社会工作者在工作过程中运用的技术、方法和策略以及社会工作者的态度、角色和工作关系进行评估。评估的工作主体主要有服务对象、专业同行和专业评估机构。在评估中要注意采用多种方式收集和分析与服务相关的资料，评估中要有服务对象的参与，评估时要注意保密，评估过程中社会工作者要注意反思以促进自我提升。

六、结案

结案是针对社会工作者与服务对象之间的专业关系的结束所做的处理工作。在以下情况下，社会工作者可以申请结案，有些情况还需要进行转介和转案：当社会工作者认为工作目标完全或者部分实现，且社会工作者与老人均同意结束个案服务；当老年人自己提出专业帮助使自己的解决问题能力得到提升并决定提前结案；当社会工作者觉得专业关系建立不佳，影响工作开展；当社会工作者发现老年人遇到了新的问题，并需要其他机构或社会工作者加入；当社会工作者调离、服务对象突发疾病等不可预期的因素导致个案工作无法继续。

结案并不是一次就可以完成的，而是一个过程，在这个过程中社会工作者要完成以下任务：决定结案时间；检查目标完成程度；与服务对象回顾进步，鼓励其保持，促进其不断成长；与服务对象一同解决结案中可能体验到的情绪反应；邀请服务对象对工作者进行评估；针对服务对象的新问题或无法解决的问题，重新立案或是进行适当的转介。

服务对象在结案时可能会产生情绪反应，既可以是正向反应，也可以是负向反应。正向反应往往表现为对问题解决和自我成长的喜悦、更多的成就感、对社会工作者帮助的感激和对未来生活的信心。而有些服务对象可能会担心离开社会工作者的帮助后自己无法独立解决问题，或是因为对工作者的移情等，出现悲伤、失落、矛盾、痛苦、拒绝与愤怒等情况，他们往往过度依赖工作者且不愿意结案。针对服务对象的负向反应，社会工作者需要谨慎处理。工作者可以依据对工作进程的把握，提前向服务对象进行告知，让老年人在心理上有所准备；可以在接近服务尾声时，与服务对象一起对服务过程进行回顾，肯定服务对象的成长与进步，增强服务对象的信心；安排正式的结案活动，与服务对象分享感受所得，对其进行鼓励，通过一些仪式，巩固他们的经验感受。社会工作者也可以继续提供一些跟进服务，帮助服务对象链接一些资源，待他们的改变成果稳定后再结束助人关系。

第三节 老年个案工作模式

老年个案工作模式是社会工作者针对老年服务对象开展专业服务、设计专业服务程序和方法的重要依据。面对老年人的不同问题，社会工作者需要选择不同的工作模式来进行服务。诸多个案工作模式均可运用于老年人服务中，本节着重对老年个案工作中使用较多的服务模式予以介绍，它们分别是理性情绪治疗模式、叙事治疗模式、危机干预模式和认可治疗模式。

一、理性情绪治疗模式

理性情绪治疗（Rational Emotive Behavior Therapy，REBT）是由美国心理学家阿尔伯特·埃利斯（Albert Ellis）开创的心理治疗方法，也被称为“ABC”理论。它是认知行为治疗学派中的重要组成部分，也是老年人个案工作的一种重要治疗模式。

（一）理性情绪治疗模式的基本假设

理性情绪治疗模式中的很多治疗思想来自以下几个假设：

（1）治疗的中心是思维和行动，而不是情感表达。理性情绪治疗模式认为我们的情绪主要来自对生活情境的信念、评价、解释和反应。正如哲学家爱比克泰德斯（Epictetus）所说：“人并不被事情所困扰，而是被对该事情的看法所困扰。”

（2）治疗是一个教育过程。社会工作者在很多方面是一个老师，要教给老年人关于障碍的认知假设，并将错误信念及所导致的消极结果展示给他们看。社会工作者还要教会老年人学会如何将合乎逻辑的想法、经验性联系和行为作业应用于问题解决和情绪改变。

（3）服务对象是学习者，通过治疗过程，老年服务对象可以学习到一些技能，使他们能够确认和辨别那些自我建构并通过自我灌输而保持下来的不合理信念，进而学习如何用有效与合理的认知来代替那些无效的思维方式，并因此来改变他们对情境的情绪反应。在学会了理性情绪治疗的改变原则后，老年人甚至可以用它们来解决当前的具体问题，甚至是其他许多将要遇到的问题。

（二）理性情绪治疗模式中的ABC人格理论

ABC人格理论是理性情绪治疗模式的理论和实践重点。A代表Activating Event，是一个事实、一个事件或一个个体的行为或态度的客观存在。B代表Belief System，是个体关于A的信念。C代表Emotional & Behavioral Consequence，主要是指个体的情绪和行为结果或反应，这一反应可以是健康的，也可以是不健康的。在A、B、C之后还有D，D代表Disputing Intervention，表示辩论，指使用各种方法来帮助服务对象质疑他们的不合理信念。辩论的过程包括三个部分，分别是发现、辩论和进行区分。通过发现不合理信念，与自己的功能失调性信念进行辩论，进而学会区分合理信念和不合理信念。通过将健康想法代替不健康想法，服务对象便会形成一种新的和有效的信念系统，这就创造了F，即一组新的情感（New Feeling）。总之，解决情绪障碍问题的关键在于信念重建以改变功能失调性的人格。图 5-1 为理性情绪治疗模式示意图。

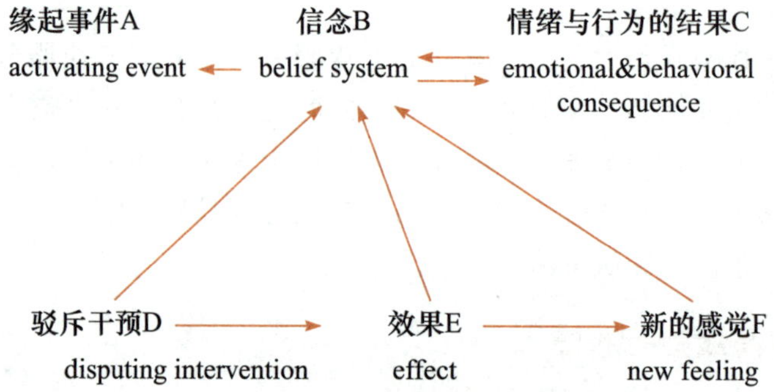

图 5-1 理性情绪治疗模式示意图

（三）理性情绪治疗模式的一般步骤

在老年个案工作中，运用理性情绪治疗模式的一般步骤为：

（1）帮助老年人认识到自身在情绪及行为方面的困扰并非由诱发事件所导致，而是来源于自己的非理性认知。

（2）检查老年人的非理性认知。鼓励老年人探讨自身情绪和行为困扰背后的非理性认知，发现其非理性认知与困扰之间的关系，梳理出存在的非理性信念。

（3）与老年人就其非理性认知展开辩论。帮助老年人与自身的非理性认知进行辩论，明确这些认知的不合理之处及危害，鼓励老年人积极采取行动改变目前的生活状况。

（4）建立理性生活方式。在清晰辨别非理性认知的基础上，帮助老年人找出理性的认知来替代非理性认知，进而逐渐形成理性的生活方式。

（5）巩固工作效果。帮助老年人将建立起来的理性认知积极运用到自己的日常生活中去。

二、叙事治疗模式

老年人喜欢怀旧，因为回忆过去，对人生进行审视与回味是对孤独情感的慰藉与排遣。而顺应老年人这个倾向，采用叙事治疗模式帮助老年人回顾自己的人生，在对自己生命故事的重新建构过程中消除困扰，进行自我整合，对维持他们良好的身心状况具有极大作用。

叙事治疗模式是基于后现代主义理论的心理治疗模式，也是新近崛起的社会工作实务模式之一。这一模式的创始人和代表人物为澳大利亚临床心理学家麦克·怀特（Michael White）和大卫·爱普斯顿（David Epston）。这一模式的含义为通过故事叙述、问题外化帮助服务对象在以往的经历中找到与问题叙述不同的经验，借助独特结果的描述，使服务对象找到更多正面经验，把他们独特的经验发展为自己喜欢的新故事，并在新故事的不断反思中拓展故事发展的空间与可能性，从而替换原来的问题，重构自己的主流故事。

（一）叙事治疗模式的主要观点

1. 人≠问题

叙事治疗模式认为，问题不是个体本身的一部分，问题和人是分开的，问题被看作是人生故事中的一个插曲，是服务对象生命中的不速之客，但不一定是敌人。社会工作者并不是帮助服务对象“去掉”问题，而是和服务对象探讨如何处理人和问题的关系。叙事治疗不把目光聚焦在问题本身，而是放在应对问题上。

2. 每个人都是自己问题的专家

叙事治疗反对社会工作者以“专家”身份自居，在服务过程中，工作者和服务对象是平等的，叙事治疗认为服务对象有自己的资源，是自己问题的专家，强调去病理化的论述。工作者和服务对象共同探讨，挖掘服务对象背后的资源和力量。叙事治疗主张工作者以一种“开放”的立场，通过无条件的倾听，让服务对象的故事自然展开，形成独特的主题，并丰富其生活意义。

3. 较期待的自我认同

任何生活事件都有多元的意义价值，一件事情可能既是消极的又是积极的，将生活事件多元意义的丰厚性展示出来，个体就更可能在其中选出符合自己价值判断的意义，进而感到自己的人生是主动的，改变自身被动面对问题的策略，从而形成适合的、符合自身体验的自我认同。在叙事治疗中，工作者和服务对象一起探讨、挖掘特殊事例，建构一个充满力量的积极故事。

4. 放下主流文化量尺

个人问题的形成，在很大程度上与主流文化的压制有关。当大家都在关注和服从主流文化时，个人生活的丰富性便被忽略了。而很多人对自己的消极结论就是文化大背景的压抑所形成的。换一个背景，原来的结论便不复存在。

5. 寻找生命的力量

叙事治疗能够帮我们把问题和人剥离开，将问题“外化”，解构主流文化对我们的影响。叙事治疗认为每个人都是面对自己问题的专家，都是生命的主人。虽然很多问题还没有找到答案，但是慢慢地去走、去看，我们一定会找到属于生命的力量。

（二）叙事治疗模式的一般步骤

1. 问题外化

许多服务对象把生活中的问题归结于自己或者他人本身，或者人际关系本身，这种想法决定他们解决问题的方向，这样很可能会让问题更加严重，因为他们坚信问题就是他们本身，这是确定的。这种信念，只会让人更深地陷入问题中，难以改变。这是一种对问题内化的理解。这种思维习惯往往来源于我们的文化。

外化是一种治疗方法，通过外化，将问题和人分开，问题是问题，而人是人，在这个过程中，问题成了一个单独的实体，存在于人和关系之外。外化削弱了贴标签和病理化的影响，它有助于减少个体的内疚和对自己的责备。如果一个人认为他本身就是问题，他能做的就很少，因为每一个行为都意味着自我破坏，但是如果一个人和问题的关系划分得很清楚，那改变就很有可能出现。

2. 挖掘特殊实例

叙事治疗模式的目的是发展出一个全新的、积极的故事，替代原来的问题故事，服务对象在新的故事中是主动的、富有力量的。而新的故事，是由原来的问题故事里偶尔出现的“例外”拓展得到的，在这个“例外”中，服务对象没有被问题控制或者说战胜了问题。当问题故事占据服务对象的生活，成为主流故事的时候，“例外”很容易被忽略，而我们的新故事就是从这里开始的，这和传统的治疗方法不同。传统的治疗方法是关注不断出现的问题，而叙事治疗关注偶尔出现的特殊例外，并将其作为治疗的关键。

叙事治疗模式认为生活是不断变化的，苦恼和痛苦不会是一直存在的，总有例外的情况发生，只是我们每个人对待生活常常有一种固定的模式，符合这个模式的体验被我们意识到并重视，不符合的则被忽略。那些不被人注意的积极变化和新的感受是改变的契机，当人们发现并重视它，它就会像滚雪球一样越滚越大，情节越来越丰富，力量就越来越大，最后问题故事就会被新的故事逐渐取代。

3. 丰富新故事

特殊事件被挖掘出来后，要将其整合到新的故事中，使特殊事件更加丰富，把新的故事与过去相连，并延续到未来。社会工作者会让服务对象描述特殊事件的细节，相关的情绪、想法、行动以及意义。让新故事愈加真实强大，取代原来的问题故事。在丰富新故事的过程中，服务对象会感受到自己的力量所在。在接下来重写新故事的过程中，工作者的首要任务是帮助服务对象建构一个“主动进取的自我”，问话常围绕“个人力量”展开。这一阶段非常重要，工作者必须小心呵护刚刚挖掘出来的积极体验，这些体验就像是一些小火星，想让它们成为熊熊烈火要非常小心，这在实际操作中非常不容易。社会工作者不能太着急，不要急于让服务对象体验力量感，这样很可能让他们感到勉强。

4. 见证

社会建构论认为，个体人格和自我的塑造是在与他人的互动关系中形成的，因此一个人自我的重新建构也离不开他人的参与，叙事治疗模式将这种理念纳入治疗中，当治疗进行到一定阶段的时候，在征得服务对象同意的条件下，邀请服务对象的亲朋好友去见证他的改变，这是非常重要的时刻，因为如果有人见证这个过程，新故事就会更加深入地根植于服务对象的生活中，我们把见证人称为外部见证团，团体成员通常来自服务对象的社会关系网络，他们理解服务对象的问题，给予一定的建议和指导，同时让服务对象更清晰地看到自己的改变，获得更多的力量。

三、危机干预模式

进入老年期后，家庭变故、亲人离世、疾病折磨等问题都可能使老年人产生抑郁、焦虑，乃至发展为抑郁症，甚至最终走上自杀的道路。当老年人出现心理危机时，社会工作者需要进行危机干预，帮助老年人摆脱危机，恢复平衡，重新适应生活。

（一）危机及危机干预的概念

1. 危机

危机是个体面临突然或重大生活逆境（如亲人死亡、婚姻破裂或天灾人祸等）时，既不能回避，又无法用通常解决问题的方法来解决时所出现的心理失衡状态。一般来说，确定老年人所遭遇的危机需要符合下列三个标准：首先，存在对心理具有重大影响的事件；其次，这一事件引起急性情绪扰乱或认知、躯体和行为等方面的改变，但又均不符合任何精神疾病的诊断；再次，老年人用平时常用的方法无法应对或应对无效。对于老人来说常见的可能导致危机的事件包括退休、家庭分化、丧偶和失独，等等。

危机这个词包含了两方面含义：一方面，危机是危险的，因为它可能导致老年人严重的病态，包括自杀；另一方面，危机也是一种机会或机遇，因为它带来的痛苦会迫使老年人寻求帮助，若进而摆脱危险或威胁，便会获得个人成长和自我实现的机遇。在危机出现后，老年人身心会出现一系列变化以应对现实生活中的危机情境。危机的发展一般经历四个基本阶段：危机、解组、恢复和重建。危机是危机事件发生的最初阶段，服务对象会运用以前的方法解决这些问题，如果他们尝试失败，而又无法找到回避的方法，危机事件就进入解组阶段。在解组阶段，服务对象有极度情绪困扰，认知和问题解决能力下降，平衡的生活被打乱。第三阶段为恢复，服务对象经历了解组的痛苦后，开始调整自己的行为方式，寻找适应危机环境的新的解决方法。接着他们进入危机事件的重建阶段，服务对象从混乱的生活中重新恢复平衡的生活。

2. 危机干预

危机干预是一种通过调动处于危机中的个体的自身潜力来重新建立或恢复危机爆发前的心理平衡状态的专业工作模式。① 它具有简便有效、经济实用等特点，已经成为近年来常用的个案工作技术。危机干预是一种具有多重功能的干预方法，它能够帮助遭遇危机的老年人减轻情感压力，预防另外的应激发生；它能帮助遭遇危机的老年人组织、调动支持系统应付需要，解决引起危机的特殊因素，并减少慢性适应不良的危险；它还能帮助遭遇危机的老年人恢复身心平衡，使其更加成熟。通常来说，危机干预适用于由于特殊诱发事件而导致心理失衡的老年人，有急性的极度焦虑、紧张、抑郁等情绪反应或有自杀危险的老年人，近期丧失了解决问题能力的老年人，求治动机明确并有潜在能力改善的老年人以及尚未从适应不良性应对方式中做出调整的老年人。

（二）危机干预模式的基本原则

由于危机的突发性强、破坏性大，当老人出现心理危机时，我们应当在有限的时间内及时介入，帮助他们摆脱危机。在进行危机干预时，社会工作者要注意以下原则。

1. 及时处理

危机状态是有时效性的，一般来说持续 1～6 周，在这期间需要寻找合适的方法来恢复，如果无法找到则会导致老年人身心健康受损。此外，危机事件会引发服务对象强烈的情绪反应，表现为抑郁、厌世，甚至会出现一些自我伤害的行为。因此，当发现老年人处于危机中时，社会工作者应当及时处理，尽量减少服务对象对自己及他人的伤害。

2. 限定目标

危机介入的首要目标是以危机调适与治疗为中心，尽可能降低危机造成的危害，

① 易臻真．危机干预理论在社会工作实务中的发展及反思．社会建设，2018（1）．

避免不良影响扩大。需要把精力集中于有限的目标上，社会工作者与服务对象共同协商与处理面临的危机。

3. 灌输希望

在危机中的服务对象，往往有绝望、无助的感觉，因此社会工作者需要及时为老年人灌输希望，增强他们解决问题的动力与信心。

4. 提供支持

问题无法解决，通常在一定程度上是由于服务对象缺乏足够资源，在帮助老年人解决危机时，应当充分利用服务对象身边资源为其提供支持，帮助他们缓解负面情绪，协助其处理危机。

5. 恢复自尊

危机中的服务对象，会因自己无法解决问题而感到无能，造成低自尊。社会工作者需要了解服务对象的自我认知，帮助其恢复自尊，增强自信。

6. 培养自主能力

尽管危机会导致服务对象解决问题能力下降，但并不说明服务对象完全没有能力解决问题，只是受制于资源的不足、非理性的认识等，社会工作者更多的是一个支持者、资源链接者、使能者，他需要协助服务对象找到解决问题的方法，提升并巩固其自主克服危机的能力。

总的来说，危机干预模式采用的是一种心理、社会相结合的服务介入策略，将老年服务对象的内部心理调整与外部资源整合在一起，并且针对危机的消除提供直接有效的服务。

（三）危机干预模式的一般步骤

1. 危机的评估

社会工作者需要了解老年人的问题，如危机的严重程度、老年人的主要表现、家庭和社区拥有哪些资源与支持以及老人采用怎样的应对技巧。工作者需要与老年人及其家人沟通交流，切不可主观判定。要注意的是当老年人出现自杀等危及自身生命的行为时，社会工作者首先要保障服务对象的生命安全，这时可以使用一些谈判技巧，帮助老年人稳定情绪、保证生命安全，在确保老年人的生命安全后再确定问题。

2. 安全的保障

工作者需要关注服务对象的人身安全问题，尽管有些老年服务对象没有表现出自残行为，但可能会有反常现象或厌世言语。社会工作者需要对服务对象的自杀可能性进行评估，同时告知其家人注意老年人的安全。还要注意帮助老年服务对象宣泄情绪，稳定他们的情绪状况，提供支持，灌输希望，在此基础上帮助老人修正认知，获得对危机事件的正确看法，并与他们建立信任关系。

3. 干预计划的制订

在老年人的情况稳定且双方建立起一定信任后，社会工作者要与服务对象共同探讨需要解决的问题，并对问题进行界定，制定工作目标，这些目标往往是有限的。当锁定目标后，双方共同商定危机的解决方案，双方可以尽可能多地制定一些解决方案，并明确各种方案的利弊。

4. 干预计划的实施

社会工作者要帮助老年服务对象正确理解和认识自己的危机，帮助他们疏泄和释放被压抑的情感，与他们沟通与交流，给予必要的关爱与支持，并帮助他们总结和学习过去应对逆境的成功技能和有效方法，减轻逆境遭遇对自己心理平衡的影响，使他们学会用积极建设性的思维方式，改变对问题的看法并减轻应激与焦虑水平。

5. 危机的解决与随访

一般经过四到八周的危机干预，大多数服务对象的心理危机可以得到解决或缓解，此时应及时中断干预，以减少服务对象对社会工作者的依赖。在结束阶段，应注意强化服务对象在干预中学会的新应对技巧，鼓励和支持他们今后采用新的应对方式和社会支持系统独立解决和处理问题，避免或减少危机的发生。

四、认可治疗模式

阿尔茨海默病（Alzheimer's Disease，AD）在老年人群体中是一种常见的原发性失智症，它是以认知功能减损为主要表现的退化性疾病。除认知障碍外，阿尔茨海默病个案也常伴随情绪、行为甚至精神病症状。这些症状不是阿尔茨海默病的主要表征，但在临床上的重要性不亚于认知症状，因为它们会让服务对象产生更多的不适。这些情绪、行为症状常被称为“非认知症状”，主要表现为以下几类：抑郁、妄想（被偷妄想、受害妄想、嫉妒妄想、被遗弃妄想）、错认、幻觉、其他精神行为障碍（情感冷漠、睡眠障碍、饮食问题、重复现象、攻击行为、漫游、病态收集等）。

内奥米·费尔（Naomi Feil）于20世纪六七十年代发明了一种针对患有阿尔茨海默病的老人的认可治疗（validation therapy）模式。认可治疗模式的主要特点是不去强化或消除阿尔茨海默病给患者带来麻烦或苦恼的行为，而是接受这些行为，把它看作是老年人想要表达或沟通自己需要、想法或感受的方式，努力保持与阿尔茨海默病患者的沟通，通过倾听与有尊严的护理和他们建立联系，帮助他们减轻压力，维护他们的尊严，增强他们的幸福感。

（一）认可治疗模式的原则

认可治疗模式最大的特点是从根本上改变了对阿尔茨海默病老人的基本看法，其主要原则包括：

（1）所有人都是独特的，因此必须将其作为独立的个体来对待；

（2）所有人都是有价值的，而不论他是不是处在迷失的状态；

（3）阿尔茨海默病老人的行为背后有其特定的原因；

（4）阿尔茨海默病老人的行为不仅是大脑生理结构变化的结果，而且反映了老年人在一生中所发生的生理、心理与社会等方面的综合变化；

（5）不能强迫他们改变行为，只有他们想改变才可以；

（6）老年人应该被非批判性地接受；

（7）特定的人生任务与每个阶段的生活相联系，不能够在每个阶段完成应有的任务将导致心理问题；

（8）当短期记忆出现问题时，老人会尝试通过早期记忆的提取来恢复记忆平衡；

（9）被老人信任的倾听者所接受、表达和认可的痛苦感受将会消失，被忽视或压抑的痛苦感受会成为力量的源泉；

（10）同理心能够建立信任，减少焦虑与恢复尊严。

（二）认可疗法的技巧

（1）通过询问一些柔和的问题来获得对阿尔茨海默病老人的经历与经验的理解。尽量问一些关于"什么事""什么时候""谁"等问题，不要问"为什么"，因为他们不能反思自己的经历。例如：

老年人：我必须找到我的车钥匙。

照顾者：您的车钥匙……（别提他没车，他已经很多年没开车了）

老年人：是的，我需要回家，我还有很多工作要做呢！

照顾者：您今天忙吗？（不要告诉他现在他在福利院，根本不需要回家）

老年人：哦，是的！我每天都很忙。

照顾者：您喜欢忙吗？（试图找一个他可能接受讨论的话题）

老年人：你开玩笑吧？我没有说我喜欢它，我只是需要像别人一样工作。（他有点沮丧，但似乎忘记了车钥匙）

照顾者：我知道要工作。我自己也要工作。事实上，我正在准备我们的午餐。您愿意和我一起做吗？

老年人：午餐，嗯。都有什么？

（2）在与被照顾者交流时，要模仿他的行为，通过使用他所使用的一些行为、姿势与词语来反映他的状态。如果老人生气了，也需要提高音量模仿他，表现出自己感受到了他的挫折。

（3）回忆。在与阿尔茨海默病老人交流时，不管他说了什么，都要一直跟着他的步调和内容，使用老人所使用的相同的词语与语气来重复他们说过的话。不要问他们是不是记得或提醒他们正在重复自己的话，仅仅讨论他们正在说的即可。

（4）如果可能的话，可以增加肢体接触。牵手、温和的背部按摩可以帮助老年人缓解焦虑，这是人与人交流的重要方式。

第四节　老年个案工作案例

一、针对高龄长者丧偶哀伤辅导的个案工作案例

随着时间的流逝，许多老年人不可避免地面临丧偶，这是一个普遍而痛苦的经历，往往对老年人的身心造成巨大冲击。若丧偶老人无法自我疗愈或在他人的关爱中走出阴影，这种巨大的悲痛可能演变为深深的压抑，对他们的生活、身心健康产生深远影响。此时，社会工作者的及时介入变得至关重要。面对丧偶的痛苦与无助，社会工作者需以专业的方法给予丧偶老人关爱与支持。通过引导他们接纳丧偶的现实、陪伴与倾听、情感转移以及构建社会支持网络等策略，帮助丧偶老人逐渐走出阴霾，重新找回生活的色彩，为这些承受着巨大悲痛的长者提供温暖的关怀与支持。

（一）案例介绍①

吴爷爷，87 岁，丧偶，独居，退休职工。初中毕业后进入工厂，成了一名修理工，55 岁内退，患有关节炎、高血糖、高血压等慢性疾病，日常需要按时服药。3 年前，其患有慢性肾衰竭的老伴在医院做血液透析时，因身体虚弱再加上肾上感染严重，抢救无效不幸身亡。而他没能见到老伴最后一面，这也成了他的遗憾。

（二）案例分析

1. 需求分析

社会工作者对吴爷爷的情况进行了评估：

（1）生理层面：健康管理的需求。吴爷爷的老伴去世后，他经常忘记吃饭，身体日渐消瘦。且他患有关节炎和高血压，失眠多梦，时常感到身体很疲惫，干什么事情都没有力气。

（2）心理层面：一是需要接受老伴离去的事实。吴爷爷原来特别喜欢与人交流，老伴去世之后开始变得沉默寡言。他说："我感觉老伴没有离我而去，她一直在这个家里，她有时会坐在我的床边，有时在客厅的沙发上坐着。"他会在梦中呼喊老伴的名字，醒来发现老伴不在身边，感到十分痛苦和失落。通过吴爷爷的情绪和行为表现，可以看出他对老伴去世的事实并没有完全接受。二是需要合理宣泄悲伤情绪。在吴爷爷的家中，老伴用的东西都被收了起来，看不到她曾经生活过的痕迹；一旦提起老伴，吴爷爷就陷入悲伤，很长时间不说话，情绪比较激动，眼泪止不住地往下流，有时候会自我否定，常常喃喃自语是自己照顾不当才导致老伴离去，对她的去世感到愧疚、自责和难过，这种悲伤抑郁的情绪持续了 3 个多月，给吴爷爷的正常生活造成了极大困扰。三是需要回归正常生活。吴爷爷在老伴去世后，对生活中的任何事情都提不起兴趣。他常常一个人坐着发呆，面容憔悴，生活作息不规律，无法正常生活。

（3）社会层面：巩固和建立社会支持网络的需要。吴爷爷说："老伴是最了解我的人，这么多年来，一直都是她照顾我，儿子、儿媳离得也远，很少过来看我。"老伴去世后，吴爷爷开始封闭自我，性格变得内向，与周围邻居的关系越来越疏远，也没有交情好的朋友，社会支持网络薄弱。

2. 介入

（1）服务目标。

总目标：调整吴爷爷的认知和行为上的困扰和不适感，帮助他适应失去老伴带来的改变，促使他积极地面对生活。

具体目标：帮助吴爷爷接受老伴已经离世的事实；协助他释放压抑的哀伤情绪；鼓励他直面老伴离去的改变，重新开始生活；提高他与人交往的能力，巩固和扩大他现有社会支持网络。

（2）实际介入。

实际服务共进行五次会谈。

---

① "牵手阳光，走出伤痛"高龄长者丧偶哀伤辅导个案 | 社工案例计划，"社工客"公众号，2023-04-08.

第一次会谈，主要目的是建立信任关系，陪伴支持服务对象。为了打消服务对象的顾虑，社会工作者主动介绍了自己的来访目的、服务内容、专业资质，并对他的处境需求进行了分析："我清楚我的来访对您来说比较唐突，您不太希望原本的生活被打扰。但是，我知道您正面临一些情绪压力，这些压力给您的生活带来了很多困扰，您也希望可以消除这些困扰，也许我们一起努力会找到更好的办法，找回失去的快乐。"社会工作者采用积极倾听的方式，抓取服务对象话语中流露的自责、内疚、思念等词语，在其说到情绪激动处、潸然泪下的时候及时递上纸巾。社会工作者没有草率地回应服务对象的情感诉求，选择通过无言的陪伴给予其适度的理解和关心。

第二次会谈，主要目的是协助服务对象承认丧失的真实性。社会工作者发现服务对象比较抗拒老伴的离世，时常心存幻想，否认她离开的真实性。能公开谈论死亡话题的丧亲者家属对死亡的接受度会增加，回避死亡话题会导致丧亲者家属死亡教育的缺失。社会工作者解释说，如果老伴还在世的话还要忍受病痛的折磨，去世也是一种解脱。他回应道："是的，她的病也蛮磨人的，疼得特别厉害的时候会在床上直打滚，如今她再也不用受这样的罪了。"社会工作者接着询问了他对待死亡的看法，服务对象说："其实我也清楚人死不能复生，生命没有轮回。"社会工作者建议服务对象放松身心，均匀呼吸，通过正念冥想的方式与内心的自己交流。他告诉社会工作者，自己最欣慰的是和老伴一起做饭，现在回想起来，这些经历都很幸福，很有意义。通过对老伴离开时情景的回忆，可以增强丧亲事件的真实感，让服务对象可以逐渐接受死亡事件的真实性；通过回忆与老伴曾经美好的往事，翻看生活照，也有利于其正视与老伴离别的过往，慢慢学习用恰当方式表达对老伴的思念。

第三次会谈，主要目的是协助服务对象宣泄悲伤，调整心理状态。社会工作者帮助服务对象宣泄压抑的悲伤情绪，促进其心态的恢复。老伴离世之初，服务对象和家人忙着处理烦琐的丧葬事宜，没有充分的时间去缓冲和思考，难以关注和察觉自己的情绪，丧葬之事过后觉醒过来，其痛苦的情绪席卷而至，深陷其中难以自拔。他说："我有时候感觉喘不过气，想哭又哭不出来，身体会麻木，好像一个木头人。"社会工作者告诉他："面对亲人突然离世，这种打击确实让人感到措手不及，身体感觉不舒服，出现悲伤、失眠、抑郁，这都是正常的。"社会工作者鼓励他可以放心大胆地表达自己的哀伤情绪，过度地回避会延长哀伤的时间，痛苦情绪越积越多，会让人不堪重负，服务对象对社会工作者的观点表示认同，在社会工作者刚要出门结束本次个案服务的时候，他终于放声痛哭起来，这些天来被压抑的情绪此时得到了释放。社会工作者通过与服务对象共同追忆其与老伴生活的点滴往事，让他重新体会与老伴的情感链接，使他认识到丧失后产生的哀伤情绪是正常反应，改变了他对哀伤的压抑状态，促进其情绪的合理宣泄。

第四次会谈，主要目的是巩固其人际及情感网络，适应失去至亲的生活。社会工作者鼓励服务对象向逝者告别，将感情投注到新的关系中。老伴是服务对象在精神和情感上的依附者，她的突然离世使他失去了一位长期亲密的爱人。社会工作者对服务对象因老伴离世而产生的情绪进行共情，帮助其认清老伴已离世，过去的依恋关系已结束的现实，他需要重新振作起来，尝试适应失去老伴之后的新生活。社会工作者协助服务对象制作回忆录，帮他把对老伴的依恋关系转为记忆。同时，鼓励他将情绪与感情重新投入到其他事物或关系上，多和儿子联系，拓展自己的爱好和生活圈。他告诉社会工作者，自己最近遇到不开心的事都会通过看报纸、电视调整心情。他已经把看新闻当成一种自我减压和放松的方式，社会工作者给予他很大的赞许和鼓励。会谈中，社会工作者提到还有一次会谈见面就可以结案了，希望服务对象可以做好结案准备，服务对象考虑到自己的现状，对社会工作者表示已经准备好了，并再三对社会工作者表示感谢。

第五次会谈，主要目的是协助服务对象完成自我修复重建，促使其生活重回正轨。社会工作者向服务对象分享了自己走出哀伤的经验方法："我的爷爷特别疼我，他去世后，有很长一段时间我很消沉，特别喜欢一个人待着。身边的人都劝我要多参加社会活动，一味地封闭自己很容易钻牛角尖。后来，我参加了很多志愿活动，帮助别人让我整个人都开朗了许多，还从中实现了自我价值。"服务对象听完觉得很受用，也分享了自己最近的动态："我最近喜欢上了下象棋，没事儿的时候也会去社区活动室转转，心情也变好了！"参加社区活动不仅丰富了服务对象的晚年生活，而且增进了他同邻居之间的感情，他还认识了新朋友，笑容中透露着其对未来的憧憬和希望。最后，服务对象写了个案成效反馈表，本次会谈与整个个案服务宣告结束。

3. 成效评估

本案例的个案工作服务目标已经完成：在社会工作者的陪伴、支持和关心下，服务对象从失去老伴的痛苦中走了出来，对老伴的离去选择了合理的祭奠方式。他发生了明显变化：失眠多梦、焦躁不安的情况有所减少；食欲变好了，沮丧绝望感消失了，整个人也精神了；对老伴离世的事实在慢慢释怀，不再心存幻想，减少了自我否定和自责，对生活的态度也朝着积极方向转变。服务对象的哀伤处理已经完成，为确保他的哀伤情绪不再反复，社会工作者会在结案后不定期电话访问跟进，引导其乐观地面对生活。

（三）总结

哀伤是因丧亲或丧友产生的自然反应。每个个体的哀伤期长短和强度都不同。若能获得合适的支持性环境，人就能发挥其内在修复能力。哀伤辅导所追求的并非遗忘或放手，而是尝试与逝者建立一种新的关系，并且以健康的方式继续自己的日常生活。对于丧亲丧友者来说，带着希望继续生活下去是可能且具有积极意义的。本案例结合约翰·鲍尔比哀伤辅导模式，在介入过程中运用了积极倾听、正念训练、体会哀伤、体验新生等服务方法和技巧使服务对象的情绪趋于稳定平和，与人沟通的次数也变多了。他正在慢慢地走出哀伤，生活也恢复至正常状态。

二、老年人抑郁情绪缓解的人生回顾个案工作案例

随着我国老龄化进程的不断加剧，由于子女关怀少、老年人心理服务不到位等现实因素导致的问题也在增多。生存、情感、交往、尊重、自我实现需求及年龄、性别等多种原因可能使老年人产生抑郁情绪。同时，抑郁情绪也有反作用，不仅会降低老年人的认知功能，而且可能会损害老年人的形象，间接影响其主观幸福感。在这种情况下，需要引入专业的社会工作服务，有效回应老年人的心理需求，缓解其抑郁情绪。

“人生回顾”的概念由美国学者巴特勒（Butler）最早提出。人生回顾作为一种疗法，其含义及作用可以概括为三个方面：第一，人生回顾是社会工作者通过引导老年人回顾一生中成功和失败的经历，让其重塑完整自我的工作方法；第二，老人不仅要回顾生命中最重要的事件，还要尽可能详尽地讲述人生经历，挖掘快乐回忆，减轻焦虑和内疚心理，解决问题，重新发现生命的意义，实现自我重塑；第三，人生回顾疗法在老年社会工作领域的应用，对改善老年人的抑郁情绪有一定的效果。

（一）案例介绍①

何婆婆，1939 年生，来自四川省成都市的一个村庄，性格和善，邻里关系良好。幼年家穷，小学二年级便辍学当丫鬟，后回乡结婚务农，育有两子两女。丈夫二十年前去世，大姐去世后，何婆婆与弟弟也失去联系。2023 年 4 月，何婆婆中风，基本失去行动能力，在子女轮流照顾数月后入住 X 养老院。何婆婆子女的经济状况良好，但很少看望她，何婆婆感到孤独、自卑，常怀疑自我价值。另外，何婆婆虽然多次表示希望回家，却不愿意主动联系子女。何婆婆不适应养老院的生活，也不愿意了解新鲜事物，平时生活单调，娱乐基本上是看电视，与其他老人缺少沟通，其个人关于饮食等方面的特殊需求也难以得到满足。2024 年 2 月，社会工作者通过外展工作确定何婆婆为服务对象，并在人生回顾疗法的指导下运用社会工作专业方法提供服务。

（二）案例干预过程

1. 服务目标

总目标：调整看待事物的角度，形成自我认同，缓解抑郁情绪，适应养老院的生活。

具体目标：

第一，正视往事，建立过去感悟与当前生活的正向联系，转变思考问题的方向。

第二，建立自信，提高自我效能感，尝试主动与他人交往及参与养老院日常活动，恢复社会支持网络。

2. 介入过程

实际服务分为三个阶段。

第一阶段，口述历史。采用人生回顾疗法服务的第一步是按未成年期、青年期、中年期、老年期的人生阶段引导服务对象进行叙述，客观分析其描述并干预伤痛回忆，帮助老人正视往事，建立过去感悟与当前生活的正向联系，为意义重构作铺垫。在刚开始的交谈中，服务对象对早期记忆的表述为“穷苦”“辍学”“干活”“打仗”。她在话语中将家庭困难归因于自己“没本事”，否定自身价值，认为自己“没用、没人管、造孽”。当前，病痛使她丧失了自理能力，生活改变，接触对象减少，产生了孤独感和自卑感。但从她关于“做农活带大几个娃”的描述中可以看出，她从中年期成功抚养子女的经历中获得了成就感。社会工作者在服务过程中与服务对象建立了良好的专业关系，了解了其状况、挫折与优势，帮助服务对象回顾了她所专注的

---

① 付柳菡．人生回顾疗法在老年人抑郁情绪缓解中的个案应用研究．社会与公益，2020（10）．

伤痛回忆，痛苦和无力感得到发泄，抑郁情绪初步改善。

第二阶段，意义重构。社会工作者在了解服务对象生活经历故事的基础上，通过带领其挖掘负面经历中的积极意义，整合正向事件，提升其价值感和自我认同感，实现生命事件的意义重构。社会工作者在运用同理心回应服务对象的遗憾后，没有受制于其不如意的童年经历，而是运用澄清、对焦等引领性技巧，鼓励她进一步讲述，卸下生命负担，挖掘隐藏的正面感受和事件，强调其对家庭的贡献。何婆婆说："三姊妹一直互相扶持……生活苦但能自给自足……后来生活变好了，修新房子全家都很高兴……女儿出嫁置办了四大件。"分享时情绪更加平静，积极的表达也表明她不再受困于痛苦经历，获得了安慰，认可过往生活中也有美好的经历。过去的重要事件和愉快经历成为她缓解抑郁情绪、实现生命事件意义重构的重要渠道。

为让服务对象认识到特殊的社会环境才是导致个人困难的主要原因，社会工作者还以非批判的态度引导她正视时代背景、回顾往事并阐述意义。何婆婆也表示"我现在也不多想那些（不好的）事了"，她开始尝试在问题视角外看待同一经历，通过进一步叙述降低失败感，获得了更多正面经验，这有助于服务对象今后正确进行外在归因。服务对象开始尝试理解并解决问题，自己认识到："娃娃送我来是为我好……我以后无聊可以看他们（其他老人）打牌。"并表示支持子女工作，开始愿意主动表达需求，尝试做出改变。这有利于服务对象获得安全感和满足感，促进支持网络恢复，重拾生活信心，适应新生活，缓解抑郁情绪。

第三阶段，自我整合。在口述历史、意义重构的基础上，社会工作者进一步帮助服务对象完成老年期的任务，回顾一生是满意的，找到人生的意义，摆脱束缚、获得勇气，达成人生的整合。第一，整合过往生活。服务对象在挖掘负面事件积极意义的过程中表示认可与怀念过去虽然辛苦但自足的生活，学会了转变思考方向，对人生经历的评价转向正面。从手足之间相互扶持的往事中获得的成就感、收获和愉快回忆延续到了当前的生活状态中，成为现在的乐趣。同时，这种过去与现在的正向连接起到了提升其自我认同感和生命意义的作用，成为她提升正面情感体验的重要渠道。第二，重新认识家庭关系。服务对象主动挖掘其他有意义的经历，客观认识到自己一直在苦难中成长，肯定了自己直面困难的勇气和为家庭作出的贡献，提高了对生命价值的评价，自责感减轻；意识到自己仍被亲人需要，感受到了家的温暖，获得了情感支持，孤独感减轻；重新看待儿女送自己进养老院的做法，认为"大家都很忙，做好自己的事就好"，并表示不常见面不会磨灭家人之间的感情。服务对象积极面对当前状况，重拾对生活的信心，获得了情感支持，抑郁情绪减少。第三，适应养老院生活。服务对象开始积极适应生活改变，畅想美好未来。在得知自己未被歧视后，自卑、抱怨减少，沟通欲望变强，主动与社会工作者分享在养老院"养兔子、睡玉床"的趣事；尝试主动与他人交往及参与养老院日常活动，支持网络得以恢复，在实际生活和心理层面均获得了支持，自卑、痛苦等抑郁情绪减轻。第四，建立个人自信。在认识到自己"从不给人添麻烦"，并获得"成功避免受骗"的正面经验后，服务对象修复了自信，减轻了失败感。这种积极情绪也被服务对象延续到了生活中，与社会工作者的交流内容充分展示了人格魅力。最终，服务对象提出了人生整合性的论述——"我现在的生活也是很好的"，巩固了人生回顾疗法在缓解其抑郁情绪方面的服务效果。

3. 成效评估

经过三个多月的服务，个案服务目标基本完成。服务后，何婆婆开朗了许多，愿意主动与人交流，且适应了养老院生活，保持积极的生活态度；对人生经历的评价逐渐转向正面，意识到苦难的积极意义，在困境中发展自我，提升了应对各阶段生活压力的能力；意识到自我潜能和价值，实现了自我整合；抑郁情绪有很大缓解，消极情绪问题基本解决。总的来看，人生回顾疗法有效帮助何婆婆调整了看待事物的角度，形成了自我认同，缓解了抑郁情绪，进而适应了养老院的生活，心理状态也发生了积极转变，服务效果得以巩固。

（三）总结

老人在进入养老院这个陌生环境时，由于受身体、环境适应、情感满足、心理情绪等问题的影响，容易产生抑郁情绪。上述个案工作表明，在社会工作服务中引入人生回顾疗法对缓解老人的抑郁情绪具有一定的成效。

人生回顾疗法注重谈话的作用，不强调服务对象当前的问题，更关注在与服务对象对话的过程中对过往经历与情感体会进行回溯，在重建观念的过程中实现服务对象情绪的良性转变。

首先，作为专业社会工作者，既要针对每次服务的具体情况开展工作，提升相应的专业技巧，抓住服务重点；也要学习心理学等相关专业的知识，加强素质建设，以灵活处理服务对象在身、心、社等方面存在的综合问题，与服务对象建立良好的专业关系，使其更好地接纳社会工作者、分享故事。

其次，社会工作者还要做到在与服务对象产生共情的同时保持情感中立，不过分代入个人价值观，促进服务对象自主思考，在降低负面事件对服务对象的情绪影响的同时促进其问题的外化。

再次，社会工作者还要正确认识服务对象的个人潜能，尊重服务对象的意见，调整服务环节与访谈方式；正确采取语言、非语言技巧等多种方式，把控好访谈话题与叙事节奏，鼓励老人表达内心想法，让其有自我思考和平复的空间，增强服务对象参与积极性和责任感，提升其对服务的满意度，从而有效实现服务目标。

本章思考题

1. 个案工作的服务对象是什么？在服务过程中如何确定服务对象？
2. 在个案工作过程中的资料收集阶段，社会工作者需要收集哪些方面的信息？
3. 试述危机干预模式的原则和一般步骤。

拓展阅读

1. 中华人民共和国民政部．社会工作方法 个案工作（MZ/T 094－2017）.
2. 陈飞虎，赵广平．个案概念化：发展、困境及整合模型．心理技术与应用，

2021 (8).

3. 周爱华，廖绪．叙事疗法在老年社会工作的应用：以香港慢性病患老年人为例．社会工作，2019 (3).

4. 维姬·戴克拉克·鲁宾．认可疗法家庭照护指南．聂永慧，等译．北京：北京联合出版社，2021.

第六章

老年小组工作

导入案例

“小满未满，小得盈满”——长者生命教育小组

为了帮助高龄老人更好地适应机构生活，提高生活质量，上海市第四社会福利院社工部积极探索长者生命教育社会工作服务模式，运用生命教育、缅怀往事理论等专业理论，介入机构高龄长者生命教育问题。2021 年 4—6 月共计开展了八次生命教育小组活动，通过游戏、园艺、人生剧场、视频赏析等方式，创设情境，让组员自由表达自己的感受，帮助组员减少抑郁情绪发生，增强愉悦感，增进与人沟通的能力，提高生活质量，体悟生命意义，树立正确的生死观，乐享机构晚年生活。

资料来源：徐启华．上海市老年社会工作优秀案例汇编，2023.

老年是人生中的必经阶段。高龄老人离疾病、衰老与死亡更近，也更容易感受到焦虑和紧张。在中国文化背景下，死亡是需要尽可能避免触及的话题，但是，这样会加重老年人对死亡问题的偏见，缺乏直面死亡的勇气。社会工作者采用小组工作方法，帮助高龄老年人组成支持小组，促使他们坦然面对衰老、疾病所带来的变化，建立正确的生死观，更好地适应老年生活，这样的专业性工作便是老年小组工作。

针对老年人身体机能逐渐衰退、慢性病多发的生理特点，老年小组工作通过慢性疾病的支持性小组或者老年自助性小组等形式，使老年人积极面对衰老和慢性疾病，能够自我关注和预防，在需要时能够找到可寻求帮助的对象；对于老年人在个人认知、社会适应和人际关系方面的问题，可以通过现实辨识小组、社交与娱乐小组等形式，达到缓解老年人心理症状的目的，为感受到孤独无助的老年人提供社交的平台，使他们获得被理解和支持的感受，建立良好的社会关系。老年小组工作是老年人社会工作中一个重要的专业工作方法，在维护老年人身心健康、促进老年人社会功能恢复及提升等方面发挥着巨大作用。

第一节　老年小组工作的内涵

一、老年小组工作的概念

小组工作以小群体的方法帮助个人和家庭面对生活中的困难并促进个人成长，老年小组工作是小组工作在老年服务领域中的应用。我国学者仝利民认为，老年小组工作是针对社区内或机构内的老年人的心理、生理、社会适应等方面的问题，通过提供不同目标模式的小组方案进行辅导与治疗，增进老年小组成员的相互支持，改善其态度、人际关系和应对实际生存环境等的社会生活功能，以及满足老年人工具性和情感性需求的过程。① 范明林和张钟汝指出，老年小组工作是在社会工作者的协助和指导下，利用老年组员之间的互动和小组凝聚力，帮助老年组员学习他人的经验，改变自己的行为，正确面对困难，恢复自己的社会功能和促进自己成长的专业服务活动。② 从以上定义可以看出，老年小组工作蕴含着以下重点：第一，在本质上，老年小组工作是一种直接的助人方法或手段，也是一种工作过程。第二，在服务对象上，老年小组工作应该涵盖健康老年人所组成的群体，以及面对问题和困扰的老年人及其家属组成的群体。第三，在过程上，老年小组工作是工作者与团队成员以及团队成员之间面对面的互动过程。第四，在功能上，老年小组工作具有满足老年人工具性和情感性需求，帮助老年人进行能力建设、促进社会适应等功能。在对已有老年社会工作定义的介绍的基础上，本教材将老年小组工作界定为在小组工作者的带领下，通过一群具有共同需求和/或问题的老年人的持续性互动，形成一定的小组动力和意图性的小组经验，从而实现老年人社会功能的完善与提升及与环境的良好适应，促进老年人的社会参与及社会和谐的专业工作方法。

二、老年小组工作的原则

（一）民主原则

在老年小组工作开展过程中，社会工作者应创造有利于小组组员参与和投入的小组氛围，鼓励和引导老年人组员自由充分地参与小组决策和活动，并以培养组员的民主意识和能力作为小组工作开展的重要目标，因为只有这样，才能让个体化的老年人产生小组凝聚力和小组动力，促进老年人共同问题的解决。

（二）互助原则

小组带领者应在小组工作开展过程中的不同阶段，尊重小组发展规律，通过专业技术促使老年组员彼此关注，加强组员之间的积极互动，协助他们建立互助性和合作性的同伴关系，促进小组认同与归属，使小组成员能够开放自己、表达自己，为小组目标的实现做出自己的努力。

（三）增能原则

通过设计和带领老年人小组活动，社会工作者推动老年人积极参与，逐渐与小

---

① 仝利民．老年社会工作．上海：华东理工大学出版社，2006.

② 范明林，张钟汝．老年社会工作．上海：上海大学出版社，2005.

组成员建立积极纽带，共同营造小组文化，使老年人学会承担应有社会角色，发展个人潜能，成为一个社会适应良好的人。

（四）个别化原则

每一个老年人均享有发展个性的权利和机会，在小组活动中，社会工作者应当尊重老年人组员的独特性和特别需求，而不是使用一般或统一的服务方法回应他们的独特需要。要有针对性地设计适合老年人的干预方案，具体的目标要因人而异。

（五）差别化原则

针对老年人的小组除应该具备小组应有的特征外，还应该根据老年人的年龄特征设计出符合老年人特定需求的小组活动，也要根据参加小组的老年人特征，差别化地对待每个小组。如针对健康而活跃的老年人以社交与娱乐小组为主，而针对患有慢性病的老年人则以教育小组和支持性小组为主。

三、老年小组工作者的角色

（一）引导者

老年人小组需要有明确的目标与方向，否则，小组不可能达成任何成效。社会工作者要在开始阶段引导老年人小组的产生并推动小组形成小组动力，一旦动力形成，还要引导小组朝着目标发展。作为引导者，社会工作者还要不断地澄清小组目标，为小组指明前进方向。

（二）促进者

社会工作者需要对小组活动中发生的事件做出及时回应，并培育出小组中老年人之间信任、温暖的气氛和老年人组员间朝向小组目标的正向互动行为。在小组活动的带领中，社会工作者要注意不要让老年人产生对工作者的依赖，否则容易使小组失去活力。

（三）调解者

参与小组的老年人来自不同环境，拥有自己的独特性，每个人都有自己的目标，难免在小组中出现矛盾与冲突。矛盾与冲突在小组工作的初期和中期尤其容易出现，这时，社会工作者要适时地进行调解，化解矛盾，调和小组成员情绪。

（四）代理人

在老年人小组中，社会工作者往往需要扮演代理人角色。在小组内，社会工作者作为机构的代理人可以为老人提供所需要的资源与信息；在小组外，社会工作者还可以作为小组成员的代理人与其他机构、组织或小组沟通协调，为老年组员争取所需要的资源和信息。

（五）评估者

在小组活动过程中，社会工作者一直是一个评估者，在小组招募和开展初期，工作者需要评估组员需求；在小组开展的中期，工作者需要评估小组成员的成长与改变、小组工作进程快慢等；在小组实施后期，工作者则需评估小组目标达成情况，并根据评估结果总结工作得失。

第二节　老年小组工作程序

小组是一个有机体，具有动态的变化过程，会呈现出一种有一定顺序且连续的变化模式，老年人小组也不例外。一般来说，老年小组工作依据其发展阶段可以分为小组筹备期、小组形成期、小组转折期、小组成熟期和小组结束期。

一、小组筹备期

在老年社会工作者着手准备成立一个老年人小组的那一刻，老年小组工作就已经正式开始了，虽然有人认为第一次小组活动才是小组的开始，但这个观点是错误的，可以说，小组筹备期是老年人小组历程中最为关键的阶段。

这一阶段的首要任务是制订老年小组工作计划。老年小组工作是一项专业活动，是有计划、有目的的专业行为。社会工作者要在小组工作开始前，理清思路，做好规划，制订好行动计划。小组带领者可以通过制订相应的工作计划来明确工作思路，把控工作方向，管理工作节奏。在更细致的层面上，工作计划可以达到有针对性地满足组员的需求以及期待，充分调动可运用的资源，确保老年小组工作质量，提高工作效率的目的。

知识链接

老年小组工作计划的主要内容应包括：

1. 小组的名称以及主题；
2. 小组的目标，包括小组的总体目标、参加小组的老年人或其家属的目标、小组带领者的目标、服务机构的目标；
3. 小组采纳的理念、使用的理论；
4. 小组的类型；
5. 小组成员的招募方法和遴选标准；
6. 小组聚会的要素：时间、时长、频次、地点、设施；
7. 小组聚会的内容安排；
8. 服务机构：机构资历、可提供的资源；
9. 其他外界资源；
10. 小组评估：评估的方法和标准、衡量的因素；
11. 意外情况和紧急预案：老年人护理方法及防范人身安全事故；
12. 小组的经费预算。

在为小组制订好行动计划后，便要招募小组组员。在招募老年小组组员的过程中，招募方式往往有两种，即公开招募和私下招募，这两种方式的区别在于老年人是主动还是被动参与此老年小组。公开招募可在传统媒体（电视、广播、报刊等）或新媒体（微信公众号、微信朋友圈、微博等）上发布信息，也可由组建该小组的小组带领者在机构、社区中张贴海报或公告，等待老年人或其家庭成员联络；而私下招募主要根据机构现有名单通过通话或者面谈了解老年人参与小组的意愿。招募时应提供小组名称、工作目标、小组开展的时间和地点、开展小组的机构和带领者的联系方式等基本信息。由于并非所有老年人都适合参加同一个老年小组，老年小组带领者应当根据小组的特性或者目标来遴选组员。

申报与协调资源是这一阶段中必不可少的任务，小组的顺利开展并非只依赖一位带领者或者一个带领者团队，服务机构的资源与老年小组相关的其他资源同样不可或缺。向与老年小组相关的部门、机构或组织申报资源，充分调动开展老年小组的场域内的一切资源能够提升小组工作效果。在小组筹备期，与其他的相关部门、机构或组织进行一些沟通与联络，获得其同意和接纳，乃至资源支持也至关重要。

在此阶段，还要进行活动场地及设施的选择。与其他年龄服务对象所组成的小组不同的是，在老年小组中，活动场地以及设施的选择需要遵循安全性和便利性原则。在选择活动场地时，工作人员应尽量选择距离所有老年人都不是很远，路途中不会产生意外的活动场地，若是在社区中开展小组活动，以选择社区老年活动中心为佳。在小组活动开始之前，小组带领者应站在老年人的角度或邀请老年人志愿者到活动场地进行一遍预演，确保场地中没有潜在危险因素，并且检查活动场地的大小以及舒适程度。设施的选择也要从老年人角度出发，比如考虑到某些老年人的听力衰退，场地中的音响设备音量应稍大一些，而在小组工作者组织聚会的过程中，也应使用麦克风。

二、小组形成期

老年人小组的形成期是指从第一次小组活动到小组形成这段时间，这也是组员对小组产生认同，社会工作者与组员、组员与组员之间形成相互关系的最初阶段，是小组工作顺利开展的基础。

小组形成期一般由前几次小组活动构成，而其中第一次小组活动尤为重要，因为在这次活动中要完成以下任务：

首先，社会工作者要能够有效地开始一个小组。好的开始是成功的一半，小组带领者要在第一次小组活动中为小组确定好风格与基调，这会对随后小组活动的开展产生决定性影响。小组带领者要向小组中的老年人表达出尊重、真诚和接纳，不仅如此，他还要能够带动小组的轻松愉快氛围，并能够有效推动小组向纵深阶段发展。

接下来，小组带领者要协助组员相互认识。由于老年人记忆衰退的特点，老年小组组员的相互认识阶段会历时较长，需要不断重复和强化。成员的自我介绍可使用一些更加鲜明的方式，比如通过画自画像的方法自我介绍，通过配对沟通互相介绍，等等。

澄清小组和组员的目标是第一次小组活动中的重要任务，有了对目标的清晰解读，小组才会有方向。在小组工作实施过程中，工作者必须始终围绕小组目标，并多次将它清晰地传递给组员。例如老年人的慢性疾病支持性小组，它的目标并不是预防或者治愈慢性病，有些老年人很容易将其理解为治疗小组，但其实它的目标是给身患慢性病的老年人提供多方面支持。

小组契约是小组带领者和小组成员共同商议通过且愿意遵守的一种约定，可以通过口头约定或者书面约定两种形式实现。在实务中，由于口头约定被遗忘的概率较高，往往都是通过订立书面小组契约的方式构建小组契约。小组契约是小组成员都认可的一种秩序，内容主要包括小组程序和组员目标两个部分，小组带领者可在小组聚会前起草契约的一部分，带领小组成员对这一部分契约内容进行修改，并且共同商议添加新的契约条例，通过这种方式订立的小组契约才是有公信力并且小组成员和带领者都愿意遵守的。

样例展示

小组契约

作为小组成员，我同意：

1. 参加每次的小组聚会，不迟到、不早退。
2. 保证每次小组聚会准时开始，准时结束。
3. 小组聚会共______次，每次______个小时，星期______下午______点开始，地点在______。
4. 遵守保密原则。

组员签名：

工作者签名：

日期：

资料来源：赵芳．小组社会工作：理论与技术．上海：华东理工大学出版社，2015：137.

讨论保密原则也是小组形成期，特别是第一次聚会的重要任务。初次参加小组的老年人若不了解保密原则，可能会倾向于将小组中他人分享的私密话题与组外的他人分享，就不能实现“在小组中产生的留在小组中”，被传播私密信息的组员可能会对小组产生排斥心理，从而影响小组成员之间的关系，产生冲突。只有在小组成员的重大切身利益受到威胁或者伤害时，其他小组成员和小组带领者才能够违反保密原则。

在此阶段，协助小组营造出相互信任的小组氛围尤为重要。小组组员往往会表现出焦虑、紧张、不安的情绪状况，倾向于保护自己，对是否参与小组的话题和分享有迟疑的反应。之所以会产生这样的情况，是因为小组组员对小组带领者和小组其他成员仍有不信任感，由于老年人在过去的人生经历中形成了固定的思维、行动模式，在老年小组中建立具有信任感的环境更为艰辛。为了营造相互信任的小组氛围，首先，小组带领者可从自身做起，具有得体有趣的言辞、开放包容的心态以及接纳尊重的理念的带领者可以为小组成员提供安全自在的环境。其次，小组带领者应珍惜每次组内成员沟通和交流的机会，平等交流的话语环境能够使小组成员更好地融入小组，更能促使小组组员表达个人的不确定感和不信赖感，对此的探讨可以开启通往相互信任的小组气氛的道路。

三、小组转折期

小组初步形成到进入工作阶段这段时间被称为转折期，老年人之间的关系比之前更亲密，也对小组有了初步的认同感，但是组员之间的权力竞争和潜在矛盾也会慢慢浮现出来，这是一段很艰难的时期，如果处理不好，小组可能进入停滞期，导致其发展止步不前。在这个阶段，主要有四方面的任务：处理问题组员、处理抗拒行为、处理小组中的冲突，以及保持组员对整体目标的认识。

进入转折期后，小组带领者会发现不投入的组员、沉默的组员、有攻击性的组员、做替罪羊的组员、表达感受困难的组员、进行权力垄断的组员等。小组带领者可以运用适当策略和技巧来促进这些组员的行为朝向建设性方向发展：第一，让问题组员看到自己的问题；第二，收集资料，努力了解问题组员行为背后的目的；第三，提供机会，鼓励问题组员表达自己；第四，带领者或其他组员以敏锐、诚实和关怀的态度给予反馈；第五，支持被回馈的人对他人的意见再回馈；第六，提供让组员自己改变的机会。

知识链接

针对表达困难组员的工作技巧

1. 鼓励组员表达感受。

“您说了那么多，我想我们了解了事情的经过，您可不可以告诉我们，您当时的感受是什么？这很重要。”

2. 帮助组员确认此时此刻的感受。

“闭上眼睛，想想刚才发生的事，然后说出您的第一感受是什么？”

在小组中，有些老人会通过投射和移情重新体验到以往的情感冲突，从而产生抗拒。这可能会表现为分享停留在表面，无法深入，也可能表现为使用概括性的语言来表达，还可能表现为总是问别人问题，以避免小组把焦点放在自己身上，等等。带领者一方面可以通过鼓励小组成员表达自己感受的方式来引导组员表达，也可以通过对表现出抗拒行为的老人进行有针对性的回应来引导他们探索自己并认清自己在小组中的角色。

小组中的冲突源自组员以个体或次小组的形式向其他组员或者工作者挑战。在处理组员和组员之间的冲突时，小组带领者应作为一个协调者鼓励双方公开真诚地在小组中讨论和分享感受，共同面对和解决问题。同时，社会工作者承担的教育角色要求工作者在冲突解决过程中澄清组员参与小组的目的是探索和获得个人成长，而不是追求在小组中的权力或者改变他人。小组中也会出现组员和带领者的冲突，比如老年人会认为自己与小组带领者相比，有更丰富的社会经验，在某些问题上有更正确的见解，从而质疑带领者甚至产生对抗行为。小组带领者应该保持接纳的态度，通过倾听来了解组员的不满源于何处，然后真诚地面对组员提出的问题，接着也可邀请其他组员对该话题进行分享和讨论，检查是否在带领小组的过程中确实有此情况，最后根据小组反馈和意见改进工作方法。

在小组转折阶段中，过于重视组员之间矛盾的解决会忽视小组的整体目标，导致小组进度变慢或者从原定的道路中偏离。保持组员对整体目标的认识可从两方面入手：一是在小组聚会活动的设计上遵循目标要求；二是在小组中组员和带领者分享期待。每一次小组聚会的活动都应设计得紧贴小组阶段目标，一步一步地向整体目标推进，在明确的活动中，小组内的关系结构会产生多样性变化，因此，冲突对抗应该是在向目标靠拢的活动过程中产生的。而通过分享环节了解组员期待是检验组员对整体目标认识的一种有效方法，通过沟通与交换，组员与小组带领者的期待会产生交会与共鸣，同时也能促使小组带领者对下一次聚会的目标做出一定程度的调整，达到在不偏离整体目标的基础上兼顾组员的个人目标，让小组成员能够和小组共同发展与成长。

四、小组成熟期

在经历过小组形成期和转折期的矛盾、冲突与探索后，小组内部已经形成了一个良性的人际互动模式，小组内气氛安全、温暖、可靠，组员间沟通增多并且趋向于没有保留且自由地表达，组员对小组带领者的信任感增强，认同小组的整体目标且愿意为之付出行动，组内所有个体都建立起相对比较紧密的情感联系，这时，小组便进入了成熟期。

此阶段的一个重要任务是维持小组凝聚力。小组带领者可以从以下几个方面维持小组凝聚力：第一，促进老年人之间的积极互动和沟通，鼓励老年人倾听和尊重他人意见；第二，协助老年人达到小组共同目标从而获得成就感；第三，注重发展老年小组中成员之间非对抗性、无威胁性的关系。

处于成熟期的老年人小组中，组员能够积极自我表露，探索个人的价值、态度、感受和行为，而通过他人反馈，组员能够更好地反省自己，“三人行必有我师”便是这个道理。此时，小组带领者应协助组员在多样的回馈当中探寻对个人认知有参考价值和有意义的回馈。这样的互动有助于组员更好地探索和反省自我，更科学和客观地认识周遭的事物与环境，逐渐建立起一个完善的系统，同时也为接下来的行动奠定必要的基础。

组员在小组成熟阶段通过个人的思考与探索、小组其他成员的反馈等，对个人和环境产生了全新领悟，然而仅仅有思想上的成长和发展还不够，小组带领者还应协助组员意识到组员个人要对自我改变负责，方式是通过切实行动获得实践经验。小组带领者应鼓励小组成员尝试新的挑战和体验，并且在小组成员进行每一次尝试时给予及时恰当的肯定，增强小组成员行动的信心，使其更有信心尝试，为在未来将小组中的经验应用到日常生活中做准备。

小组的成熟阶段是小组真正开展工作的阶段。在这个阶段中小组带领者应按照小组工作计划的目标要求开展相应的小组聚会活动或分享主题，在组员获得新的认知和完成一定程度的行动的基础上，协助组员澄清和面对拟解决的问题，分解问题的各个环节，探索解决问题的方式，寻找最合适的解决方案。在协助组员解决问题的过程中，小组带领者的一个非常重要的角色是资源协调者。带领者通过链接小组所在的社会机构或组织的资源、获取的外部资源，合理选择和规划适宜资源，将为组员解决问题提供极大助力。

五、小组结束期

小组结束期是小组历程的最后阶段，它并非可有可无，而是对小组工作成效有决定性影响的重要部分。小组带领者要扮演评估者、使能者、代理人和示范者的角色，他的主要任务有处理组员的离别情绪与感受，协助组员保持小组经验，做好小组评估，以及处理遗留工作并安排跟进。

在老年小组结束之际，组员会经历一系列复杂的情绪和感受，组员的失落感会被唤醒，小组的分离甚至会使其联想到过去与亲人的分离或者将来个人生命的逝去，小组带领者需要考虑此种情况并强化分离的积极意义。

知识链接

处理组员分离情绪的技巧

1. 小组带领者在招募小组的通告上写明小组结束的日期，在小组即将结束时提醒小组成员结束的日期。

2. 小组带领者真诚公开地分享个人面对分离的经验和感受，通过切身的经历说明分离并非易事，即将分离时出现复杂的心态是自然的。

3. 小组带领者引导小组成员分享个人的具体感受，鼓励小组成员将对小组分离的感受与生活中的其他经验相联系，帮助小组成员探索以往的其他经验对这次小组的分离有何参考价值和意义。

4. 小组带领者应使小组成员意识到自己在小组中的变化与进步，提升个人价值感。带领者也应肯定所有小组人员在小组中做出的行动努力，说明这样的行动对生活的价值和意义，鼓励其将已获得的经验转移至生活的其他问题处理上。

5. 若小组中仍有未能解决的问题和未能完成的任务，应另外设定时间解决，小组带领者也应协助小组成员确定对未来的目标和计划，帮助小组成员做准备。

小组结束期应包括总结小组经验的阶段，小组带领者应协助小组成员发掘个人的收获和成长，以及在小组中习得或受到强化的有益经验。小组带领者可以让小组成员回忆他们在小组中的感受和体验，以及寻找解决问题的方法和完成任务的手段。小组带领者可以通过“您认为您在小组中获得了哪些成长?”“小组给您提供了什么实践经验?”“小组达到了您的何种目标?”这种类型的提问来鼓励小组成员对小组经验进行思考。除了回顾与总结，小组带领者还应强化小组成员在小组中的学习成果，可通过设定一些特定情境要求小组成员尝试练习和实践解决问题的行为。这个阶段的任务是“将小组中产生的经验带进生活”，例如基于小组成员的沟通与交流产生的互动模式会成为弥足珍贵的社交经验，在小组中解决矛盾和冲突的经验也能被应用到生活中某些冲突情境。

小组评估是检验小组成效、小组是否达到最初确定的目标的重要程序，通过小组评估，小组带领者才能了解个人在此小组中是否发挥了最大能力，若未达到标准，在下一个小组中应如何改进。根据评估的主体不同，小组评估可分为组员对小组评估、小组带领者对小组评估、机构评估与外部监督部门评估。

在小组的结束阶段，还要对小组应完成却未能完成的事做总结，并安排尽快解决，即使没有时间解决也应加以确认，并试图在剩余时间内尽可能做到效率最大化的规划和安排。因时间关系无法完成所有任务时，应将剩余的事项根据轻重缓急分类，比如属于个人事务的就应终止讨论。跟进和转介也是小组结束期要完成的工作。

第三节 老年小组工作模式

小组的差别取决于小组目标和小组成员特征。相较于其他人群，老年人具有特定身心特点，在小组工作过程中需要顾及这些因素，挑选适合老年人的小组工作方式对老年人的帮助会更大。现实辨识小组、动机激发小组可以用于认知能力明显有限的老人，身心功能较好的老人可以参加正规的治疗小组、社交与娱乐小组等。本节将着重对较为适合老年人的小组工作模式予以介绍。

一、现实辨识小组

近年来，随着我国人口老龄化的加剧、老年人寿命的延长，患有痴呆症的老年人的数量也呈上升态势。延缓老年人的认知老化，预防老年痴呆症的发生尤为必要。现实辨识小组是老年人，特别是存在轻度和中度认知障碍的老年人比较需要的一种小组形式。现实辨识小组隐含的假设是，如果向老年人提供持续的刺激和适当的环境提示，帮助他们重新搞清楚自己目前身在何处，可能会有助于阻止老人的记忆力丧失。

一般来说，现实辨识小组最适合轻度到中度认知障碍的老人。能够意识到自己对时间、方位或人的辨识能力下降，但仍有能力动员起足够的认知技能，运用环境提示实现认知功能的老人最适合参加现实辨识小组。小组成员在认知能力上应该处于同一水平。现实辨识小组的理想人数为 5～7 人。在时间安排上，每天可以安排 1～2 次小组活动，每次 30 分钟。

现实辨识小组会将多种活动组合在一起，目的是用实际的辨识活动刺激老人，让他能分辨时间、方位或者人。现实辨识小组的活动内容丰富多样，小组可以将多种活动组合在一起，以达到通过实际的辨识活动刺激老人各项官能的目的。现实辨识小组不可或缺的重要工具是导向板、活动挂图或者黑板，上面列出当前的时间、季节、天气情况、即将到来的节日和活动、小组聚会的地点或者其他的环境线索，帮助老人增强辨识能力。在聚会活动开始之初要引导老年人一起回答关于日期、季节、天气等问题，鼓励老年人自主寻找环境中可提高认知水平的线索、细节。接下来，小组聚会的活动内容可以包括制作手工艺品、听音乐、唱歌、做一些简单的四肢伸展活动、做一些简单的智力活动等，这些活动的目的是通过对老年人触觉、视觉、听觉等感官的刺激，调动老年人的认知能力，避免认知水平的继续退化，延缓记忆能力的丧失。

实践操作

夹豆子

1. 请 4～5 位老人坐在桌前，发给每人一个盘子，盘中盛有适量大米，少量黄豆、红豆等，筷子一双。

2. 社会工作者指导老人用筷子将豆子按颜色分别夹出，放在桌上准备好的容器内（限定 5 分钟内完成）。

3. 一轮活动结束后，统计每位老人所夹豆子的数量，多者给予表扬，少者给予鼓励，然后进行下一轮次或者进行多轮，最后总结每人的数量。

4. 无论老人夹豆的数量多少，社会工作者都要给予表扬和鼓励，从而更好地调动老人的积极性和参与兴趣。

5. 此项活动一般进行 40 分钟，或根据人数而定。

此活动能够锻炼老人对日常生活物品及颜色的分辨能力，尤其对手指运动能力锻炼康复效果明显。通过小组活动方式，还可以减轻老年人的孤独感，增强老人间的和睦关系及参加活动的兴趣。

在现实辨识小组中，带领者有两种主要角色，一是支持者，二是教育者。小组带领者需要支持老年人积极面对其现有的认知能力和记忆水平，避免以对待小孩的方式或过高的标准对待老年人，这样会使老年人产生焦虑不安及压迫感。支持的意义不仅仅在于帮助老年人积极面对现状，另外也要向老年人传递信心，让其意识到自己有通过认知技巧提高认知水平的能力，鼓励老年人和认知水平与记忆能力的退化作斗争。教育者的意义在于，小组带领者通过指导老年人学习运用科学中已经验证的对提高老年人认知水平有帮助的技巧，引导老年人重新获得对环境的把握能力，其细节因素包括认识到自己身处何时何地、自己身边有哪些亲近的人等。以上教育属于认知能力方面的教育，另外还有心理应对方面的教育。为了避免老年人焦虑不安和窘迫感的产生，小组带领者也应该通过暗示、澄清等技术手段使老年人习得应对目前生活现状的方法。

二、动机激发小组

老年人中会有一部分人因为各种原因缺乏参与动机，而通过一定方式激发老人的动机可以帮助他们重新获得有能力把握生活的感受，并学习新的角色和技能，重返主流社会。开办动机激发小组的目的是在尊重老人自决的前提下，为他们提供机会，重新肯定他们毕生的能力和技能，或者让老人发展出新的兴趣。

往往最需要参加这类小组的老人却是最没有动力加入小组的人，通过挑选相互了解的人或有共同兴趣的人做组员会减少一些老人对加入小组的犹豫。在选择组员时，工作者需要非常了解每一位老人，能够开展对可能成为组员的老人有感召力的小组活动，运用所掌握的老人的情况去激发每个人的兴趣。通常，工作者可以通过跟老人建立温暖的个人关系，让他同意至少参加一次小组活动，并从中获得乐趣，进而愿意继续参加小组活动。综上所述，动机激发小组的成员应当是缺乏对生活的兴趣，并且各方面生理机能正常，有一定的听力和表达能力，能参与小组活动的老年人。一个动机激发小组一般由 10～15 位老年人组成。

在动机激发小组的活动安排上，应该关注那些让老年人逐渐脱离社会的真正原因，有可能是健康问题、社交问题等。动机激发小组需要鼓励老年人将过去的愉快记忆同对现在和将来的渴望产生联系。重新激发老人自我价值的活动首先要能为老人提供乐趣，其次要为老人提供生活的目的。老人愿意参与能够刺激他们感官的活动，比如实际动手做一顿饭而不是谈论做饭的方法，因为实际动手做一顿饭能够刺激他们的感觉，诸如此类的活动可以让老人对动机激发小组产生兴趣，从而通过动机激发小组找到生活的目标。另外一种能够极大地刺激老人的生活动机的工具是智能手机或者计算机，当今的互联网中有很多信息，一定也会有吸引老人，让老人感到有兴趣、有乐趣的信息，一旦老人接触了数码产品，接触了互联网，他或许会很快转变对生活的态度。

在动机激发小组中，带领者主要扮演观察者和使能者角色。小组带领者的观察者角色主要表现为观察每一位小组成员的反应，找到符合小组兴趣的活动，避免选用使老人感到不愉快和焦虑的话题。使能者的意义在于，小组带领者会在活动中发掘适合老年人的话题，尝试引导老年人重燃对目前和未来生活的兴趣，使其感到生活是有希望的，并且通过增加社交活动来增强老年人的个人价值感。

三、社交与娱乐小组

如果说动机激发小组是为了重新点燃老人对与他人接触的兴趣，并从团体活动中找到乐趣，那么社交与娱乐小组则是为那些想保持社会接触的老人寻找同路人，寻找学习新东西的机会，或者和其他老人分享自己的兴趣。

这些小组的着眼点主要是使老年人获得乐趣。社交与娱乐小组的成员如果有多种才艺并具有多样化兴趣，且个人能力水平差不多，小组活动就会搞得很成功。在选择小组成员时，小组带领者还需要关注老年人的个性，调配好健谈与不爱说话的老年人的比例，若有过多乐于表达自己的成员，可能会导致小组中矛盾的产生和权力的争夺，若有过多内向的成员，就会导致小组整体氛围较为被动，不利于小组的发展。

社交与娱乐小组对活动类型没有限制，它完全取决于小组中老人的兴趣。活动可以简单到每周玩一次麻将，也可以是组织大家一起唱歌。具体来说，可以根据组员所具备的才艺、技能来选择小组的主题和活动，也可以根据老年人的兴趣和老年人对参加小组的目标来选择活动。小组最初的主题可能是小组带领者为目标老人设定的，但是在实际开展过程中却发现老人对这些活动不感兴趣，进而发展出其他主题活动，这样的情况可能会在社交与娱乐小组中出现。

在社交与娱乐小组中，带领者的角色指导性较弱，催化性较强。带领者可能要给小组计划和安排一些基本活动，并在小组刚开始的建立关系阶段起辅助推动作用，鼓励小组成员共同协商与寻找感兴趣的内容和话题。随着小组形成团队精神后，团队领袖自然涌现，这时小组带领者主要起到监督和协调功能。此外，小组带领者也不能忽视小组成员之间的矛盾，他们需要作为调停者调解可能发生的言语或者肢体冲突，化解矛盾，推进组员之间的沟通，并且鼓励组员自行解决在小组中产生的矛盾，通过这个方式让小组成员获得解决冲突与矛盾的直接经验。

四、支持性小组

支持性小组是老年小组工作中常用的小组类型之一，它主要针对那些具有共同经历的老年人。尽管所有类型的小组都会向老人提供某种社会支持，但是支持性小组专门用来帮助老人应对与年迈联系在一起的艰难的生活转变，如丧偶、患慢性病或者是令人困扰的家庭关系等。一般来说，小组把能够成功应对生活挑战的老人和刚刚经历危机的老人组合在一起，有助于帮助那些常用习惯化方式解决问题的老人找到更好的调适方法。参加小组的老人最好自己愿意并且能够跟他人谈论个人感受，也能够听得进别人的话并能够投入小组活动中。对于刚刚经历过危机或创伤的老人，应当等其情绪和认知恢复到正常水平，且能够倾听他人分享经历、投入小组活动时，再参加小组，这样才能够使小组的效果最大化。在小组成员的选择上还应考虑小组成员的性格特点，若是不愿意与小组其他成员分享自己的私密经验、不能够开放地谈论个人情感的老年人，不适合参加支持性小组。

支持性小组的成功与否取决于小组是否能够形成温暖的、相互尊重的气氛，以及小组成员能否在小组中讲出自己的“故事”。宣泄个人内心深处的负面情绪，谈论自己对于生活转变的感受可以帮助老人找到合适的应对方法。而在谈论过程中，其他小组成员充当参谋，给遇到问题的老人提供反馈经验可以为当事者提供宝贵的支持。支持小组的作用不只是让老人宣泄不好的感受，它还帮助成员找到一些方法超越这些感受，调整适应改变了的生活。在小组结束之后，小组中的互助可以渐渐演变成小组外的正式与非正式助人网络。

在支持性小组中，小组带领者最重要的角色是促进者。在小组形成初期，带领者要鼓励组员建立情感纽带和提供支持，促进他们相互帮助。进行一些破冰活动对于支持性小组来说极其重要，因为某些小组成员可能沉浸在悲伤、痛苦中无法自然地与其他小组成员建立联系。另外一个重要角色是调解者，在支持性小组的工作阶段中，小组成员之间的互动水平会很高并且情绪相当饱满，在这种情况下，充分的情绪在产生矛盾与冲突时就会对老人造成严重伤害。在小组交流的过程中，小组带领者要时刻关注是否会产生意外情况，避免情绪迸发而导致的负面结果。

五、园艺治疗小组

园艺治疗是一种“有目的性地使用植物、园艺相关的活动或观赏自然景观，促进个案的身体、精神和心灵的健康”的辅助性康复疗法，在国外已有悠久的运用历史与丰富的实践积累。老年人群体被研究证实是最适合园艺治疗进行干预的群体，相较于其他群体，介入效果也更加显著。园艺治疗对老年人的生理、情绪、认知和社交均有较显著效益，它不仅可以提供生理功能的康复条件，也可借由学习新的园艺技巧及感官刺激来强化认知功能，并在园艺过程中与他人接触增加社交，在情感状态方面也有显著改善效果，促使老年人情绪稳定，感到愉快，并且感悟到生命意义。园艺活动材料的选择以及具有创意性的园艺可以为老年人提供增强自信与自尊、情绪宣泄及增强希望感的平台，最终提升其生活满意度。①

作为一种在理念上与传统小组模式完全不同的小组类型，近年来，园艺治疗小组已经在社区、养老院、残疾人护理中心、精神病院等机构中被广泛采用。通过实际接触和运用园艺材料，维护、美化或者创造盆栽、园林等，小组成员得以接触到自然，使心态更为平静、生活压力获得缓解，从而达到纾解负面情绪、治疗心理疾病的效果。适合园艺治疗小组的老年人范围较为广泛，无论身体是否健康，居住在社区中或养老院中的老年人都可以成为园艺治疗小组的组员。

我国老年人有在社区中种植常用蔬菜的习惯，对于这些老年人来说，园艺治疗小组非常具有吸引力，并且符合他们的兴趣。园艺治疗小组中能够进行的活动有很多，如果空间不够，没有真实的大自然田野的话，可以在室内进行如插花、种植盆栽、照料花卉等活动；若有足够的大自然空间，可以通过庭院花卉种植、播种、扦插、浇水施肥等方式进行园艺活动。此外，小组带领者也需要注重小组中老年人关于园艺活动的感受与经验分享。

园艺治疗小组一般分成四个阶段：第一个阶段是把小组成员带离他原本所处的痛苦环境，让他到疗愈花园与植物进行对话；第二个阶段是让小组成员沉浸在大自然中，与植物亲密接触，重新找回自己与大自然之间的连接；第三个阶段是让小组成员通过观察与栽种植物，启动内在自愈力，开始真实面对遇到的问题；第四个阶段是更深刻的觉察阶段，此时达到“天人合一”的境界，小组成员会重新找回幸福的感受。

第四节　老年小组工作案例

一、认知障碍老年人桌上游戏治疗小组②

认知障碍作为老年生活的重要“杀手”备受关注。这是一种进行性发展的致死

① 李诗文．园艺治疗在老年小组工作中的运用：以上海市S福利院为例//上海大学社会学院社会工作系.都市社会工作研究（第4辑）．北京：中国社科文献出版社，2018.

② 杜今，张红宇，马超．“智·爱游乐园”：认知障碍患者桌上游戏治疗小组服务案例．中国社会工作，2022（12下）.

性神经退行性疾病，发病突然，起病潜隐，病程缓慢不可逆，常伴随各项功能退化及精神行为障碍。目前，针对该类疾病的药物治疗效果欠佳，多采用以认知刺激疗法、运动疗法、游戏疗法等为代表的非药物干预延缓疾病的进展，改善患者的认知功能，缓解患者的精神行为症状，提升患者对自身状态的积极感受。

研究表明，游戏疗法对老年认知障碍患者的记忆力、注意力、执行能力等方面具有积极作用。① 作为游戏治疗的主要实施媒介之一，桌面游戏因操作简单、不受空间场地限制、参与度高而被广泛运用于临床实践。因此，社会工作者为老年认知障碍患者开展桌上游戏小组服务，以帮助其减缓认知衰退进程并搭建互助交流平台。

（一）案例介绍

陈先生退休前是一名会计，也是单位的骨干，退休后被单位返聘。有一天下班后，陈先生很晚都没有回家，家人到单位找到陈先生后，发现他拿着自己的衣服不知如何是好，不知道该先穿哪一个部分。陈先生平常生活严谨，做事井井有条，工作账目也整理得细致清晰，也没有出现其他生理问题的症状，家人对他忘记了穿衣服的步骤感到非常困惑，带他至医院检查，被医生认定为阿尔茨海默病早期，需要进行一定程度的认知训练以及家人的陪伴缓解症状。

张阿姨近些年一个人在家中生活，子女和孙辈偶尔到家中探望她。有一次张阿姨陪着孙子玩的时候，儿子发现孙子每和她说一句话，过几分钟之后张阿姨就问“你刚才说什么了吗”，联系张阿姨之前有过几次忘记带家里钥匙让儿子拿钥匙来开门的事件，张阿姨的儿子认为这可能是阿尔茨海默病的症状，遂带张阿姨到精神卫生中心做简易智力状态检查量表（MMSE）进行鉴定。根据张阿姨的认知水平，医生认为张阿姨的表现是阿尔茨海默病早期症状。

（二）案例分析

1. 需求分析

由社会工作者设计访谈提纲对确诊为认知障碍的老年人组员进行需求评估，内容包括组员认识能力、生活情况、情绪状态、感兴趣的游戏内容以及对小组的建议和看法等。结果显示，组员最需要锻炼的能力为记忆力及注意力，其次为反应能力、协调能力、理解能力、逻辑能力等。随后小组游戏设计将依照组员需求进行。

2. 介入

（1）服务目标。

总目标：采用桌上游戏的方式，通过常态化的小组服务，帮助认知障碍患者减缓认知衰退进程，正向强化患者的积极行为及转变，使其重获自我掌控感和自我认同感。

具体目标：

第一，运用桌上游戏的方法，通过恒常且定期的训练和服务，帮助认知障碍老人减缓认知衰退进程，减少因疾病带来的情绪及行为问题，提高其自我效能感；

第二，通过带领认知障碍老人进行认知游戏训练，向其传递认知训练知识与技巧，使其养成定时训练习惯，能够在日常生活中继续进行认知游戏锻炼。

---

① TORIL P，REALES J M，BALLESTEROS S. Video game training enhances cognition of older adults：a meta-analytic study. Psychology and aging，2014，29（3）：706－716.

（2）实际介入。

具体内容见表 6-1。

表 6-1　具体训练内容

节数	训练内容	活动目标	具体活动内容
第一节	反应能力	1. 建立小组契约 2. 活跃小组氛围 3. 体验游戏道具 4. 锻炼反应能力	1. 欢乐开场，自我介绍 2. 相互认识，建立规则 3. 暖场游戏：逢“7”必过 4. 游戏道具初体验：积木叠叠乐、对对碰 5. 组员分享，小组总结
第二节	协调能力	1. 调节情绪、缓解压力 2. 锻炼协调能力	1. 上节小组回顾 2. 暖场游戏：“三园游戏” 3. 游戏锻炼：左右开弓、夹珠子 4. 组员分享，小组总结
第三节	记忆力	1. 舒缓情绪 2. 营造互动氛围 3. 锻炼记忆能力	1. 上节小组回顾 2. 暖场游戏：“你我的红歌” 3. 游戏锻炼：记忆棋、数字卡牌 4. 组员分享，小组总结
第四节	注意力	1. 调节情绪与压力 2. 锻炼注意力	1. 上节小组回顾 2. 暖场游戏：“猜猜什么不见了” 3. 游戏锻炼：数字游戏、找不同 4. 组员分享，小组总结
第五节	理解能力	1. 活跃小组气氛 2. 搭建沟通平台 3. 锻炼理解能力	1. 上节小组回顾 2. 暖场游戏：“你画我猜” 3. 游戏锻炼：猜老照片、图形解谜 4. 组员分享，小组总结
第六节	推理能力	1. 调节情绪与压力 2. 锻炼推理能力	1. 上节小组回顾 2. 暖场游戏：逢“7”必过 3. 游戏锻炼：汉诺塔、数独 4. 组员分享，小组总结
第七节	记忆力	1. 营造互动气氛 2. 搭建沟通平台 3. 锻炼记忆能力	1. 上节小组回顾 2. 暖场游戏：“你我的红歌” 3. 游戏锻炼：记忆棋、数字卡牌 4. 组员分享，小组总结
第八节	注意力	1. 营造互动气氛 2. 缓解压力 3. 锻炼注意能力	1. 上节小组回顾 2. 暖场游戏：“你我的红歌” 3. 游戏锻炼：数字游戏、找不同 4. 组员分享，小组总结

3. 成效评估

社会工作者开展的认知障碍老年人桌上游戏治疗小组成效显著，能在帮助组员进行认知训练的同时有效调节其情绪压力，并使其获得积极感受，增强自信心。通过 MMSE 及画钟实验前后测量表数据的比较与分析，其总体分数呈上升趋势，说明组员认知功能得到改善。此外，组员对游戏小组的主观感受良好，对开展的小组满意度较高。社会工作者在小组日常观察和组员的反馈中还了解到，有部分组员能够在家练习健脑操以及在小组中学到的一些健脑游戏。这说明小组成果得到巩固，并且组员掌握了更多的认知训练技巧，能在小组结束后自行进行训练。

（三）总结

随着我国人口老龄化进程加快，老年认知障碍患病人数与日俱增。该疾病不仅严重影响老年人的生活质量，也给家庭和社会造成巨大负担与压力。针对该疾病的治疗主要采用药物治疗加非药物干预的方式进行，桌上游戏治疗作为非药物干预的方式之一受到广大老年患者的喜爱。本案例中，通过组建认知障碍老年人桌上游戏治疗小组，针对老年认知障碍患者不同认知域锻炼的需求，通过恒常且高频率的服务，减缓老年认知障碍患者认知衰退进程，正向强化其积极行为和转变，帮助其获得更多积极感受，重建自我认同感。

在进行小组干预过程中，要能够根据组员需求灵活调整活动内容，活动的设计需要贴合实际，“以人为本”。由于组员大部分为高龄且存在一定认知障碍，对于一些稍微复杂的游戏训练（如数独）很难听懂规则并实施，因此游戏设计要尽量简单明了、通俗易懂。在开展小组的同时，要及时关注组员心理状态。例如部分组员在与社会工作者交流时提到自己“老了不中用了”“活着没意思，净给家人添麻烦”，遇到类似情况，社会工作者要积极对其进行心理疏导，缓解其情绪压力，并且在小组中会适当照顾其情绪，让其更好地融入小组，感受到尊重与关爱。

二、老年人数字增能小组案例[①]

老年群体的数字融入是当今老龄化与数字化两大社会背景之下的重大命题。新冠疫情更将老年群体面临的数字鸿沟问题推向了大众视野。疫情防控期间出行健康码、预约挂号等网上操作，对操作困难的老年人没有做特殊考虑，“老人因不会出示健康码被公交拒载”“老人因未按照防疫要求线上预约挂号而无法现场挂号看病”等新闻屡见不鲜。如何帮助老年群体减少因“数字鸿沟”带来的诸多不便，保障老年人生活质量，亟待解决。

（一）需求分析

华东师范大学社会工作团队针对 XH 街道 60 周岁及以上社区居民，通过使用问卷调查法、观察法和访谈法对老年人的数字防疫需求和现有资源进行评估。调研发现，90%的老人认为自己使用智能手机的水平一般或不大熟练，且关于防疫的智能手机操作十分陌生，与此同时，有 88% 的老人认为虽然对使用手机没有信心，害怕未知风险，但有必要使用智能手机。在社区现有服务方面，社区虽然开设了教授智能设备的相关培训班，但该课程每月仅有一次，服务的专业性和质量欠佳，讲解速度快、讲解内容不系统，老年人普遍学习成效不佳。由此可见，老年人对于提升自身智能手机操作技能的需求迫切存在，提升使用智能设备自我效能感的隐性需求

---

① “数字防疫 与老同行”公众号。

突出。同时，老年人所在社区现有资源无法满足。

（二）服务设计与实施

1. 服务目标

该小组的目标是通过老年社会工作专业方法，以“智能手机＋数字防疫”为核心，帮助老年人掌握智能手机的常规操作，提升老年服务对象的智能科技自我效能感，实现老年人数字增能。

2. 服务方案

为确保干预的最终效果，社会工作者与组员确定活动具体开展时间后，按照干预方案的逻辑模型以及小组的实际需求，设计了由 6 次小组干预活动构成的具体实施计划，见表 6-2。

表 6-2　小组干预活动

节数	主题	活动目标	具体活动内容
第一节	一起跨过这道坎	互相认识，打破组员之间尴尬氛围，促进组员互动；明确小组规则，建立初步关系；澄清“数字鸿沟”，并聚焦小组成员的沟通问题	1. 自我介绍 2. 成员相互认识与破冰游戏 3. 小组契约 4. 填写前测问卷 5. 社工对组员的困惑进行总结 6. 布置家庭作业
第二节	疫情信息我知道	了解全球和国内疫情形势，学会查询我国疫情中高风险地区和获取官方权威的防疫知识，并熟练操作	1. 暖场活动 2. 课程回顾 3. 信息渠道交流讨论 4. 主题活动：“官方渠道，我知道” 5. 小组互助学习 6. 回顾与总结 7. 布置家庭作业
第三节	“码”上生活	认识并熟悉“二维码”，学会并熟练掌握查询“健康码”和“行程码”方法	1. 课程回顾 2. 主题活动：走进二维码 3. 主题活动：找到健康码和行程码 4. 小组互相学习 5. 回顾与总结 6. 布置家庭作业
第四节	网上就医我能行	熟练使用“健康云”App 进行就医预约挂号和在线问诊等相关操作	1. 课程回顾 2. 主题活动：分享你我他 3. 主题活动：我有“健康云”，健康伴我行 4. 小组互助练习 5. 回顾与总结 6. 布置家庭作业

续表

节数	主题	活动目标	具体活动内容
第五节	“疫”起来淘宝	学会网上购物（口罩、消毒酒精、药品等）的相关操作	1. 课程回顾 2. 暖场游戏：正话反说 3. 网购知识科普 4. 网购学习操作 5. 小组互助学习 6. 回顾与总结
第六节	“疫”起展望数字明天	回顾整个小组活动，让组员意识到自己的成长与改变，处理离别情绪，结束关系	1. 回顾整个小组活动内容 2. 主题活动：“数字防疫，我能行” 3. 组长分享感悟与成长 4. 社工总结 5. 填写后测问卷

3. 介入过程

第一，小组初期。“一起跨过这道坎”是小组初步形成的阶段，主要任务在于社会工作者阐明自身的身份角色和工作内容；明确小组目标、规则，以及促进组员、社会工作者之间的基本了解和信任；澄清数字鸿沟，并聚焦小组成员的共同问题，产生共鸣，加强小组凝聚力。

活动开始，社会工作者自我介绍，虽然和组员们第一次接触，但是整个小组氛围非常活跃；接下来“姓名卡”和“击鼓传花”使这次活动达到高潮，小组成员认真地介绍自己，共同推举组长，并一起制定小组契约。接着，社会工作者向组员澄清“数字鸿沟”的含义，并鼓励组员，组员们被社会工作者鼓舞，更加坚定了自己学习智能手机的信念和信心。社会工作者邀请组员分享在使用过程中遇到的困难，引起其他组员的共鸣，然后社会工作者针对组员提出的一些基本操作困难，和组员一起练习基本操作。最后，组员依次分享自己的感受和需求，社会工作者总结回顾本次活动、布置家庭作业，建立微信群聊进行打卡，同时告知下次活动时间。

第二，小组中期。“疫情信息我知道”、“‘码’上生活”、“网上就医我能行”和“‘疫’起来淘宝”四次活动构成了小组中期，主要任务是通过社会工作者智能手机操作的教授、言语鼓励，以及小组成员之间的互相支持，形成积极良好的小组氛围，以提升组员的智能手机操作技能和智能科技自我效能感。在这四次活动中，首先，可以明显地看出组员们的积极性和主动性逐渐增强，主要表现在活动前主动向社会工作者演示操作，活动中积极配合社会工作者进行操作并积极求助，活动后请求一对一辅导以加深记忆。其次，小组成员间的互动频率增多，基础较好的组员主动与基础较弱的结对帮扶，不仅建立了同辈支持网络，也使帮扶方产生一定的成就感，被帮扶方从代替经验中获得直接经验，对组员智能科技自我效能感的提升有很大帮助。

第三，小组末期。“‘疫’起展望数字明天”是小组最后一次活动，主要是回顾整个小组工作的内容，缓解离别情绪，总结和展望未来，填写后测问卷等。社会工作者通过“‘数字防疫，我能行’老年人智能手机操作技能比赛”的形式带领小组成员回顾以往活动内容，同时以排名奖励的方式使组员获得成就感，增加组员使用智能手机的成功经验，进而提升在使用数字智能科技方面的自我效能感；通过组员分享自己的收获和感受，说出在未来使用智能手机方面的期望；社会工作者进行总结并展望未来，鼓励组员们在小组活动结束之后继续学习使用智能手机，努力成为数字时代的“智慧老人”。

4. 成效评估

该教育性小组的实施取得了良好效果。在技能干预效果方面，所有服务对象都表示自己使用智能手机的熟练程度得到了提升。实时疫情信息查询、查询健康码以及使用手机预约等相关智能手机防疫操作，在干预过后掌握人数增多。其中，关于手机预约就医、挂号的操作，成效最为明显。在智能科技自我效能感方面，干预使服务对象的智能科技自我效能感有显著提升作用。该小组还产生了较大社会影响，通过“数字防疫，与老同行”公众号的宣传，得到了社会工作者同仁的认可；社区中的公益广告海报张贴为老人数字友好型社区建设营造了良好氛围。

（三）总结

在疫情防控和老年数字鸿沟相互交织产生的结构性问题凸显的背景下，该小组服务案例深刻挖掘老年群体在疫情防控背景下的社会需求，综合运用社会工作专业方法，推动疫情防控背景下数字包容社会建设。服务内容基于“智能手机＋数字防疫”主题，以数字增能为主线，通过社会工作者讲解和辅助、老人实际操练、情景模拟、手机知识比赛等多种形式，使老年服务对象掌握从智能手机的入门操作到进阶的疫情防控应用操作等内容，层层递进，环环相扣。经评估，老年人与疫情防控相关的智能手机操作技能得到提升，智能科技自我效能感和数字支持力量得到加强，在一定程度上实现了老年人数字增能。此外，该案例还产生了一定的社会影响力，作为典型案例被新闻媒体宣传报道。

三、社区精神障碍患者老年照顾者支持性小组①

近年来各类精神障碍的患病率不断上升，精神障碍患者的康复问题引起广泛关注。目前我国精神障碍康复模式以居家康复、社区康复为主，这也使得患者的家庭照顾者（家属）面临沉重的照顾负担。大量研究显示，精神障碍患者照顾者所面临的负担是多方面的，这些压力来源于生理、心理、社交、经济等方面。尤其是老年照顾者（60 岁及以上），他们往往会因为能力与资源的不足，面临更多的困境与问题，成为“隐身”的弱势群体。为了提升精神障碍患者的老年照顾者的照顾能力，缓解照顾负担，上海市精神卫生中心社工部与 P 区 CZ 街道开展试点合作，围绕社区精神障碍患者的老年照顾者开展服务，开发了针对社区精神障碍患者老年照顾者的团体干预方案，为这一群体提供更多的帮助与支持。

（一）需求分析

通过海报招募与街道推荐方式，共招募到 20 名老年照顾者，其中男性照顾者 5 名，女性照顾者 15 名；在年龄分布方面，成员年龄为 60～83 岁，平均年龄 71.38±

① 沈昶邑．“优秀项目｜社区精神障碍患者老年照顾者能力提升培训项目”．敬老之家公众号，2023-04-01.

5.29 岁，其中 60～70 岁 8 人，70～80 岁 10 人，80 岁以上 2 人；所有成员均已退休；在与患者的关系方面，作为父母的照顾者共有 12 名，另外 8 名照顾者是患者的配偶。小组成员筛选的纳入标准为：照顾者的年龄在 18 岁以上；直接照顾患者超过 3 个月以上；能够听得懂上海话/普通话；尽量能够完整地参与 6 次小组活动；在照顾过程中存在一定问题。排除标准为：本身存在严重精神障碍（如精神分裂症、双相情感障碍等）；本身存在严重躯体疾病（无法参与完成）。

社会工作者采用问卷与焦点小组访谈的形式对服务对象进行需求调研。评估结果发现老年照顾者的社会支持水平较低，照顾者负担沉重。他们更倾向于独自解决问题，病耻感是导致他们不愿寻求外部支持的原因。而在照顾者负担上，五个维度因子分（均值 / 题目数）中，时间依赖性负担因子分最高，之后依次分别为生理性负担、心理性负担、发展受限性负担与社交性负担。基于访谈结果相一致，需要提升社会支持水平，缓解照顾负担。

老年照顾者希望了解以下三个议题：资源与信息、患者照顾与自我管理、疾病与药物知识。资源与信息中，照顾者希望能够了解更多政策、法律以及照顾机构信息；在患者照顾与自我管理中，照顾者更希望了解一些情绪管理与减压技巧，以及一些照顾技巧，如与患者的沟通技巧与常用手机 App 的使用方法；在疾病与药物知识中，照顾者主要希望了解精神与认知障碍这两种疾病，尤其是认知障碍，以及服药过程中的饮食注意事项（包括多种药物共用时的注意事项）、如何进行药物调整等问题。

（二）服务设计与实施

1. 服务目标

总目标：通过同伴支持小组的形式帮助老年照顾者建立新的支持与互助系统，介绍疾病康复知识，改变老年照顾者照料困境，对老年照顾者提供心理支持，进而促进精神障碍患者及康复者的改变，预防精神障碍患者疾病复发，促进其家庭社会功能的进步。

分目标：

第一，通过为期 2 个月的培训，建立照顾者自助互助组织，培养照顾者互助和自我改变能力；

第二，搭建精神障碍患者照顾者支持平台，建立网络沟通平台，促进线上线下“双互动”形式；

第三，精神健康与心理健康知识系统化培训，教授团体带领技巧，培养照顾者领袖，促进其自助团体长期发展，并能适当配合精神疾病防治人员工作；

第四，帮助精神障碍患者照顾者发掘和寻找优势资源，解决其照顾困境问题，促使家庭的社会功能趋于正常。

2. 服务方案

为确保干预的最终效果，社会工作者与组员确定活动具体开展时间后，按照干预方案的逻辑模型以及小组的实际需求，设计了 5 次小组活动。小组采用同伴支持小组的形式，由 2 名上海市心理康复协会的社会工作者带领，小组方案包括 4 个主题，见表 6-3。

表 6-3 小组活动方案

主题	目标	内容	主题模块次数
第一次见到你	1. 引导小组成员相互认识，建立初步关系 2. 澄清成员的问题与对团体的期待，形成小组目标 3. 形成团体契约	1. 小组工作者自我介绍以及介绍小组信息 2. 引导组员进行自我介绍，分享自己的目标与期待 3. 讨论并形成团体契约 4. 分享初次见面感受	1次
认识疾病	1. 以疾病为切入口，通过开放性分享，引发组员间的共鸣，促进组员之间的联结 2. 拓展组员对于疾病的认识，发掘苦难的积极意义 3. 探索与发掘组员的个人与家庭问题	1. 讨论照顾精神障碍患者对于自己生活以及家庭的影响 2. 提供更多精神障碍相关信息 3. 精神障碍药物介绍	1次
适应与成长	1. 通过小组成员的经验，学习解决问题技巧 2. 推动组员间互助行为发生，逐步建立并强化成员间的互助支持关系	1. 护理技巧 2. 介绍情绪管理技巧 3. 饮食与睡眠	2次
资源与信息	1. 发掘身边的内部与外部资源 2. 巩固成员间的互助支持关系 3. 做好小组结束的告知	1. 介绍相关政策、法律信息 2. 寻找支持资源	1次

3. 成效评估

同伴支持小组的开展使照顾者的社会支持与照顾负担情况得到明显改变。照顾者干预后的总体社会支持评分明显高于干预前。照顾者的整体照顾负担有明显降低，其中干预前后，照顾者的心理性负担、社交性负担、时间依赖性负担显著降低。团体成员对于小组活动持满意态度，5 项评价指标均在 4 分以上。本小组发掘出 2 位家属志愿者，在团体活动前的联络、团体中的协同领导等方面发挥较大作用。小组成员们还发起组建了"温馨老友俱乐部"，当前 11 名家属成为俱乐部第一期成员。本小组还完成《同伴支持与自助小组操作手册》《身心健康与自我成长》两本操作手册的制作。

（三）总结

本案例采用同伴支持小组形式，通过指导家庭照顾者开展疾病自我管理，推动照顾者之间的分享互助，实现照顾者之间的支持，推动照顾者本人增能。同伴支持小组的一个显著特点是具有成功应对能力的老人作为小组带领者来推动小组成员的积极改变。另一个显著特点是小组结束后，在小组中形成的人际关系可以迁移到日常生活中，使小组中获得的经验与人际关系可以持续发挥作用。该小组案例充分体现了支持性小组在老年人群体中运用的整体过程和所发挥的效用，是一个较为成功的支持性小组案例。

本章思考题

1. 老年小组社会工作的基本原则是什么？老年小组带领者应遵循的社会工作价值观是什么？

2. 在带领可能会面临临终告别的老年人小组时，小组带领者应该采取怎样的小组工作技巧？对小组成员进行怎样的活动才能缓解悲伤？

3. 评估老年人是否适合参加小组活动的标准是什么？

4. 适合老年人的小组活动模式有哪些？在开展老年小组工作时需要注意的事项有哪些？

拓展阅读

1. 中华人民共和国民政部．社会工作方法 小组工作（MZ/T 095－2017）.

2. 佃乾乾．老年社会工作介入策略实用技巧．中国社会工作，2020（6）.

3. 范逸琦，安秋玲．机构老年痴呆症患者的音乐干预研究：以上海N福利院为例．社会建设，2016（6）.

第七章

老年社区工作

导入案例

与垃圾为伴的姜大爷

70 岁的姜大爷是一位独居老人，生活基本自理。因收入微薄，靠捡拾垃圾补贴家用。他习惯于将捡来的垃圾杂物堆积在家中，家中没有空间便占用楼道堆放。长此以往，楼道中臭气熏天，蚊蝇纷飞，老鼠也频繁出没。邻居们不敢开窗通风，苦不堪言。尽管物业、邻居们时常清理楼道，但姜大爷固执己见，往往是前脚收拾完，后脚他又堆了出来，这让同楼居民和小区物业都非常无奈。由于老人独居，居委会联系上了老人的女儿，她表示，父亲年事已高，自己也不敢强行阻拦，如今即便是自己，想要进屋内也不容易。

随着人口老龄化问题加剧，老年人口不断增加，社区中老年人的比例也在不断提高。社区作为老年人生活的重要场域，对老年人的生活质量有着极大影响。如今虽然很多社区的硬件条件越来越好，但面对社区老年人的多元化需求，社区中的服务却远远没有跟上，这会引发很多社区问题。此外，冷漠的邻里关系，让社区成了一个冷冰冰的地方。针对这些问题，我们可以通过老年社区工作进行解决。社区工作是一种重要的社会工作方法，它以社区为载体，帮助社区中的老人发挥潜能，通过老年人积极参与集体行动来改变社会对老人的认知，争取与巩固老年人的权益，改善老年人的社会生活环境，提升他们的生活质量。本章将从老年社区工作的内涵、老年社区工作程序、老年社区工作模式以及老年社区工作案例等方面进行介绍。

第一节　老年社区工作的内涵

一、老年社区工作的相关概念

（一）社区工作的含义与功能

1. 社区工作的含义

社区工作是社会工作的基本方法之一。它不同于个案与小组工作，不直接解决个人与家庭问题，而是以整个社区为工作对象，通过组织社区成员参与集体行动去界定社区需要，合力解决社区问题，改善居民生活环境与生活质量，使社区居民在社区参与中提升能力，并促进社区发展。一般来说，社区工作被定义为一种社会工作专业方法，它以社区与社区居民为服务对象，通过发动社区居民参与集体行动，确定社区的问题与需求，动员社区资源，争取外力协助，有计划、有步骤地解决或预防社会问题，调整或改善社会关系，减少社会冲突，培养自助、互助及自决的精神，加强社区的凝聚力，培养社区居民民主参与意识与能力，发掘并培养社区领导人才，以提高社区的社会福利水平，促进社区进步。①

2. 社区工作的功能

（1）社会福利功能。社区工作立足于居民的福利需求，开发与利用社区的社会福利资源，以解决社区问题，改善社区生活，促进社区进步。

（2）社会服务功能。社区工作聚焦国家无力满足或无法直接提供的，而企业又不愿意以非营利形式去满足社区居民要求的那些非市场的、社会领域的服务。

（3）社会行动功能。社区工作的主要帮助对象是社区中的弱势群体。此外，当整个社区的利益受到损害时，帮助对象就是整体居民。

（4）社会稳定功能。社区在维护社会稳定、解决社会问题、化解社会矛盾、控制各种非稳定因素上具有特殊地位与作用。这表现在社区管理与组织具有的社会控制作用及运作机制。功能发挥程度取决于社区是否拥有一套社区社会救助与社会福利服务的体系与解决社会问题的机制。此功能蕴含在社会文化建设、社区服务、环境卫生等各项社区实业计划与社区生活中。

（二）老年社区工作的含义

老年社区工作是指以社区为载体，以社区中的老年人及其他社区成员为对象，通过组织社区中的老人有计划地参与集体行动，解决老年人的社区生活环境问题，满足社区老年人的需要，达到改善环境、提高生活质量的目的；并且使老年人在参与过程中建立社区归属感，养成自助、互助及自决精神，增强社会参与的意识与能力，发挥潜能，从而建立一个不分年龄、人人共享的和谐社会。②

对于这个概念，我们可以从这几个方面理解：在本质上，老年社区工作是传统社会工作的一种方法与过程；在对象上，老年社区工作的对象主要是社区中的老人以及其他社区成员；在过程上，老年社区工作强调社区老年人的社会参与，通过参与，培养其认同感与归属感，提升老人能力；在功能上，发挥老年人潜能，培养其解决问题与自我实现等方面的能力；在目的上，帮助老年人提升社会参与意识与能力，提高对社区及社会的责任感，合力营造一个和谐社会。

二、老年社区工作的特点与目标

（一）老年社区工作的特点

1. 分析问题的视角更趋向于结构取向

老年社区工作认为问题的产生并不完全是老年人的原因，而是与社区环境、制

① 赵学慧．老年社会工作理论与实务．北京：北京大学出版社，2013.

② 仝利民．老年社会工作．上海：华东理工大学出版社，2006.

度以及整个社会有关。社区工作应当从结构取向出发，重点考虑制度、环境如何影响老年人的社会功能。

2. 介入问题的层面更宏观

老年社区工作认为问题解决的责任不应全在老年人身上，政府、社区均有责任提供资源，协助处理与解决问题。因此，社区工作较多涉及社会层面，涉及社会政策分析以及社会制度的改变，注重资源与权利的分配。

3. 具有政治性

老年社区工作往往涉及资源、权利的分配，具有一定的政治性，是具有中国本土化特征的工作方式。很多时候，社会工作者会采取多种措施为老年人争取合理的资源和权利。

4. 富有批判与反思精神

老年社区工作需要社会工作者从社会结构、社会政策、制度与资源分配角度来处理社区老年人问题，维护社区中老年人群体的权利，并试图找到问题症结，从而引发对现存社会制度、结构与政策的反思。

（二）老年社区工作的目标

根据罗斯曼（J. Rothman）对于社区目标的分类以及老年人问题的特殊性，我们可以将老年社区工作的目标分为两类：任务目标与过程目标。任务目标是指解决社区中一些特定的老年人问题；过程目标是指在解决老人问题的过程中，促进老年人以及其他成员能力的提升。具体来说，老年社区工作的目标包括以下几个方面：

第一，减少老年人与社会的疏离，促进老年人的社区参与，增进老年人对社区的归属感。

第二，消除老年人自卑、无能及无助的心态，改善老年人与社区其他成员的关系，促进老年人及其他社会成员积极自助与互助，使他们积极地参与到解决自己问题的活动中来。

第三，完善社区照顾，争取及巩固老年人权益，改善社区生活环境，为老年人，尤其是留守、空巢、失独、病残、失能、高龄老人提供生活照顾、精神慰藉、情绪疏导、危机干预、关系调适、社会参与等服务，提升其生活质量。

第四，改变社会上对于老年人形象的负面认识及老年歧视，帮助老年人建立积极的人生观。

第五，激发老年人潜能，提升他们解决问题的能力，培养老年人的自助互助精神，提高社区老年居民的社会意识，让他们发挥自身的能力，为社区做出贡献，实现自身价值。增强老年人的政治意识，加强老年人的社会与政治影响力。

第六，引导社区养老支持从碎片化的养老服务供给走向以老年友好为总目标的新方向，加快建设居家社区机构相协调、医养康养相结合的养老服务体系，全面发挥社区在老年人服务领域的功能。

第二节　老年社区工作程序

老年社区工作是一个解决社区问题、满足社区需求的过程，它主要包括需求评估、服务策划、服务执行及服务评估与改进等步骤。本节将具体介绍每一步骤的主要任务与注意事项。

一、需求评估

当社会工作者要在一个社区内开展老年社区工作时，首先要做的便是进行社区调研，对社区老年人的问题与需求进行评估。

（一）调查走访

开展社区工作的第一步，不是马上调查资源，而是进入社区。社区工作的对象是整个社区，社会工作者进入社区之初需要让社区中的团体、组织与居民了解自己并与社区建立良好的专业关系。社会工作者可以通过以下几个方式进入社区：积极参与社区重要活动；主办社区活动；积极介入社区事务；经常出现在社区居民中；报道社区活动；等等。

在进入社区后，社会工作者要从以下几个方面对社区基本情况进行了解与分析。

1. 社区的地理环境

社区地理区域面积与地理环境资料一般可以通过政府或社区居委会得到，主要包括区位与边界、环境设计与土地使用、交通、基础设施、社区服务、商业服务与经济情况。需要注意的是，所谓的社区范围，对居民而言有不同的意义，居民更多是从生活范围、重要地标或历史记忆等角度来界定自己的社区范围。

2. 社区内的人口状况

它主要包括社区的总人口数、性别比例、年龄分布、居住群体特征等。社会工作者可以通过居委会干部了解这些信息。另外，社会工作者可以通过家庭调查实际了解社区中的人口状况、邻里关系与居民互动情况。

3. 社区内的权力结构

了解社区中的权力结构，对于社会工作者未来开展工作具有重要意义。社会工作者可以通过居委会了解社区内部的各类组织情况，包括共建单位、物业、业委会、社区自组织等，并了解与分析社区的权力结构。通常，这些组织中的领导者对于社区都有重要影响力。访问居民领袖、居委会书记和主任，参与社区内的重要会议与活动都是了解社区内部权力结构的重要渠道。

4. 社区的文化特色

每个社区都有自己的发展历史，了解社区在发展中形成的文化特色很有必要。社区文化包括以下几个方面：社区中有哪些文化价值、传统或信念？哪些习俗或活动是居民普遍重视的？社会工作者可以通过访问社区中的长者，或者查询社区相关资料获得了解。了解社区文化有助于激发居民的参与热情，也有助于深入了解社区。

（二）描述和界定社区问题与需求

在了解了社区的基本状况后，社会工作者需要对社区的问题与需求进行描述与界定。对社区问题与需求的分析调查非常重要，它对判断服务计划的可行性以及决定服务目标的优先次序有重要意义。在对社区问题与需求的评估中，需要注意的一点是，我们的目标是要找出社区的问题与需求，发现目前服务与需求之间的距离以及社区不能获得服务的原因。只有这样才能对社区的问题与需求有较为全面的认识。

1. 社区问题分析

（1）描述问题。

任何社区问题都是客观事实与主观认知共同作用的产物，一方面是社区中确实存在某种现象，另一方面是社区成员对这种现象表示了不满或担心，希望改变这种现象。社会工作者在表述现象时不应只关注客观状况，还应该关注成员对现状的感知与觉察，明白居民对问题的认识与描述，理解居民的感受。

（2）界定问题。

在弄清社区问题的症状后，社会工作者要对问题进行界定，明确问题的性质，为解决问题提供方向。例如在一些社区中有人反映社区老人活动场地不足，同样的问题在不同社区可能具有不同的内涵。有些社区是真的缺乏老人活动场地，有些社区是对于老人活动室的利用不充分或是社区老人活动不足，还有些社区是老人活动场地被挪作他用，等等。社会工作者在界定问题时应提出并回答如下问题：问题是如何产生的？谁认为是问题？解决办法可能有哪些？社区能够接受什么解决办法？背后是否还有更大的问题？

（3）明确问题的范围。

分析社区问题要弄清楚问题的范围，以判断问题的大小与严重程度。社会工作者需要了解的问题包括：受问题影响的居民有多少？居民哪些方面受到影响？问题持续的时间有多长？问题集中在哪些时间与人群中？

（4）问题的起源与动力。

社会工作者需要找出问题产生、蔓延与加剧的原因，如问题产生是否是因为服务不足、为什么会导致服务不足等，并进而发掘与思考解决这一问题的动力因素。例如：是否有可以解决问题的人或机构？行动方法如何？在怎样的条件下可以行动？人们愿意为行动做哪些贡献？社会工作者可以有哪些针对性方案？

2. 社区需求分析

在了解问题之后，社会工作者需要去了解居民的需求。社区需求可以整合为以下两大类：

一是居民面临的共同需求。这类需求通常是社区居民面临的共同物品的供给问题。如社区治安、社区道路、环境保护等。社会工作者可以通过对居委及居民的访谈以及实地考察社区掌握这类需求。

二是不同群体所面临的特殊需求。社区居民是由不同人员构成的。人口结构、家庭形态、经济收入状况、人口来源等都会影响到社区的需求结构。不同的人口构成状况会有不同的需求结构，如老人比重高的社区会有较高的养老服务需求。不同收入层次会有不同的消费结构与生活方式，社区生活的需求结构也会有很大差异。

因此，做需求分析需要结合社区特点与人群需求，综合分析社区的需求结构。在对社区需求有了全面分析后，社会工作者需要思考现有的服务与需求之间的差距，以及是什么导致了这些服务无法满足这些需求。

（三）全面了解潜在社区服务资源状况

在了解了社区状况、社区的问题与需求之后，社会工作者需要对社区中的资源进行了解与分析。社会工作者可以从“人、文、地、产、景”这五大方面对社区资源进行探索分析，并思考如何基于这五个方面的资源来解决社区问题，塑造社区文化，构建社区认同，促进社区产业发展。

从“人”来看，社区中有很多能人，这些能人往往能够为社区提供丰富的潜在服务。例如一个社区中有很多会织毛衣的老人，社会工作者可以围绕这一特点，开展一系列活动与服务，打造社区品牌。此外，除了能人，社区中还存在一些有威望的或热衷于社区事务的老人，这些积极参与社区事务的老人，往往是潜在的社区领袖，社会工作者需要抓住这些人，通过社区教育、培训，让他们成为社区治理的一分子。

社区中有丰富的人力资源，但很多时候这些资源需要社会工作者自己去挖掘。在挖掘社区人力资源时，社会工作者需要思考以下一些问题：对于那些必要的但还没掌握的人力资源，哪些因素会阻碍社会工作者对这些资源的整合？社会工作者可以通过什么策略与方法得到这些资源？所需人力资源是否都可以获得，哪些已经被掌握，哪些还未被掌握，是否有渠道可以接触到他们？开展社区服务的人力资源在社区里是否存在？如果存在，这些资源被掌握在哪些人或组织手里？开展社区服务对人力资源提出了哪些需求？等等。

从“文”来看，一些重要的民俗节庆是社区发展的重要一环。例如社区中的非遗传承人、社区里的特色活动、社区自己的报纸等。这些历史、文化传统在社区中对营造社区居民的认同感有巨大帮助。社会工作者要充分发掘社区中的文化特色，可以从以下几个角度考虑：社区中有哪些文化价值、传统或信念？哪些习俗或活动是居民普遍重视的？

从“地”来看，地是指地理环境、气候条件、动植物生态等。城市中的社区可能没有非常独特的风景或是资源，社会工作者需要注意社区周边的配套设施，例如社区、商场、体育馆、活动中心等，这些资源都可以成为社会工作者用来开展活动的场所，通过社区与这些场所的合作共建，为社区提供社区内部所需资源。

从“产”来看，不管是农、渔、牧、工、商的产业活动还是产品，都是发展社区的资源。例如在城市中，社区可以组织老人制作一些串珠、卡套，不但能丰富老人生活，也能将其作为产品进行售卖转化为社区老人的活动经费。通过发展社区的特色产业，实现社区资源再生产。

从“景”来看，在很多城市的社区中，社区环境越来越好，社会工作者可以围绕这样的景观资源开展社区活动，将景观打造成社区品牌。

需要注意的是，在对社区中的资源做分析时，我们要重点关注以下几点：一是它们所在的位置、数量、日常运作以及对社区居民生活的影响；二是资源的利用情况；三是社区居民的参与和使用情况。除这些之外，社会工作者也要注意社区中的服务资源，目前社区提供了哪些服务，以及这些资源如何输送给居民。

二、服务策划

完成了对社区的需求评估后，社会工作者便需要针对社区的问题与需求，设计服务方案。服务策划的流程包括确定社区工作的目标与任务，掌握服务对象情况，设计可行的服务计划及制定工作进度表。

（一）确定社区工作的目标与任务

目标是工作的方向与想要达到的效果，它可以是对整个社区的改变，也可能是针对具体问题的有效解决。在之前需求评估的基础之上，我们需要确定服务的目标群体、主要的问题/需求、服务的总目标与具体目标。总目标是社会工作者希望通过服务使特定社区群体乃至整个社区达到的总体状态。一般来说，它为服务提供方向性指引，在表述上相对宏观与抽象，测量难度较大。具体目标是社会工作者的具体工作任务以及要达到的效果，通常具有较强的任务导向与成效导向。

（二）掌握服务对象情况

掌握服务对象的情况可以保证策划的内容符合服务对象的生活实际，有效地满足他们的社区需求；同时确保服务在内容、形式与其他具体安排上能够调动服务对象的参与动力，满足服务对象对服务时间、地点等实际服务细节的具体要求。此外，通过对服务对象基本情况的进一步了解，掌握服务对象群体中所蕴含的服务资源，为促进服务对象从服务使用者向服务提供者转变奠定工作基础。

一般来说，可以从以下几个方面来掌握服务对象情况：第一，特点。包括服务对象的健康状况、心理特质、教育水平及工作等。第二，能力。包括记忆力、观察力、思维能力、专业知识或技能。第三，兴趣。包括在艺术和体育等方面的兴趣爱好或特长以及对于社区服务和社区治理的兴趣。第四，互动方式。包括日常生活中的活动形式、特征与习惯，以及与他人沟通的方式，等等。第五，社区关系。包括与社区其他居民的关系，与社区居委会、业委会及物业等社区组织的关系。

（三）设计可行的服务计划

在完成目标设定以及掌握服务对象情况后，社会工作者需要设计可行的服务计划。在设计服务方案前，社会工作者要对自身或机构的服务能力进行评估，而后进行策略的制定、评估与筛选，最后把这些策略进行细化，形成具体的方案设计书。

1. 能力评估

能力评估是对社会工作者能力的评估，主要从以下两方面考察：一是基本素质与能力，例如与服务对象的沟通能力、服务学习能力、创新能力、应变能力等；二是专业素质与能力，例如是否了解专业的服务理念与理论知识，是否有丰富的经验，是否能够熟练运用专业方法和技巧。

2. 策略制定

社会工作者可以通过“头脑风暴”方式制定各种可行性方案，要注意尊重每一个人的观点和意见。每个人都要提意见，并尽情表达，鼓励从他人看法中衍生自己的新意见。

针对提出的方案，社会工作者需要从服务效率、服务效果、服务重要性、服务可行性、服务公平性及服务附加效果等方面进行评估。

对于保留下来的服务方案，运用 SWOT 分析法逐一分析，选出一个或几个。SWOT 分析法中，S（Strengths）与 W（Weaknesses）分别表示社会工作者及其机构在促使策略成功上所具有的优势和弱点，而 O（Opportunities）与 T（Threats）则分别代表外部环境中存在的有利于策略实现的机会与不利的威胁。在运用 SWOT

分析法时，将策略的内部优势与弱点、外部机会与威胁逐项罗列，并按照矩阵形式排列，然后进行匹配分析。SWOT 分析法将方案实施的内部优势与劣势以及外部因素配对进行分析，找出能发挥优势因素、克服弱点因素、利用机会因素、化解威胁因素的方案，形成一项或几项社区服务方案。

3. 方案制定

服务计划一般包括服务目标、服务的内容与形式、服务流程、服务时间、服务地点、人员分配、直接或间接的服务对象、所需的资源设备、经费预算、风险预算等内容。由于服务计划是具体的执行计划，因此社会工作者在制订计划时切记要以可行性为核心原则。

（四）制定工作进度表

在确定了服务方案后，我们需要制定工作进度表，它有助于把握服务进度。工作进度表包括以下内容：工作阶段与内容、工作时间、工作负责人、工作完成指标。我们可以参考表 7-1。

表 7-1 工作进度表样例

子目标	内容	时间	主要开展的工作/服务活动	负责人员
项目宣传	“诞生”——社区老人节	2023.10.7	1. 老年歌舞团才艺表演 2. 社区情况以及服务介绍 3. 商家集市	
开展社区活动，构建社区历史，营造社区文化	人生百味	2023.11—2024.9	故事会，家乡才艺展，制作家乡点心和家乡菜，家乡风俗节，制作社区菜谱、社区风俗志、才艺纪录片等	
讨论社区议题，实现居民自治	新住户家庭慰问	2023.12—2024.9	对新住户家庭进行慰问，加深其对社区周边的了解，提升新入住老人的社区融入感，增强社区凝聚力	
	区域老人服务	2023.12—2024.9	1. 独居老人入户访视，定期看望独居老人 2. 保洁服务，链接社区和社会资源，满足行动不便的老人的日常清洁需求 3. 接送孩子服务，通过楼组互助、楼道中的老人轮流接送等形式，帮助随迁入城带孩子的老年人接送孩子	

此外，我们还可以使用甘特图来规划时间进度。甘特图以活动列表和时间刻度表示出特定项目的顺序与持续时间，如表 7-2 所示。在甘特图中，横轴表示时间，纵轴表示项目，直观表明计划何时进行、进展与要求的对比，便于管理者弄清项目的剩余任务，评估工作进度。

表 7-2　甘特图样例

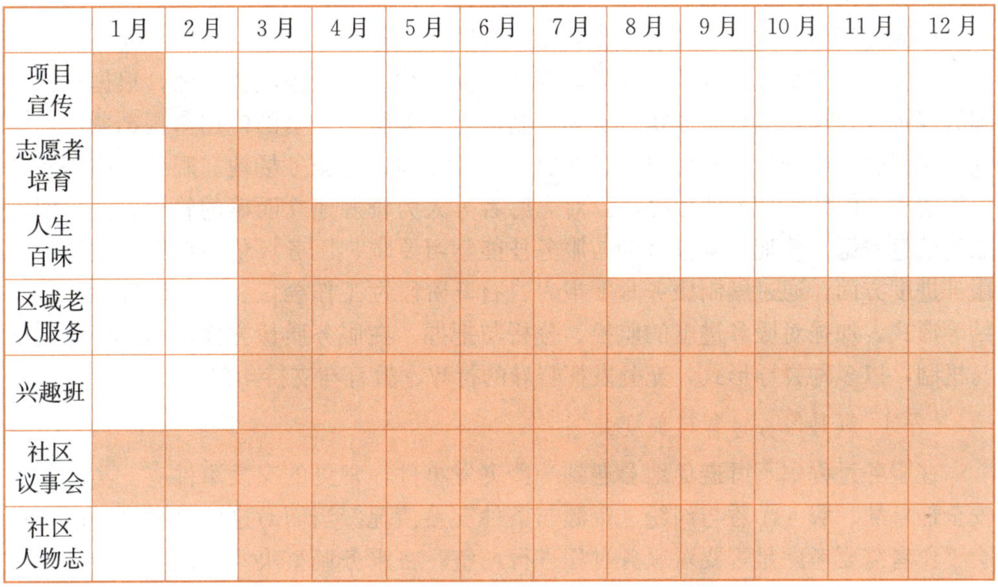

三、服务执行

（一）确定服务环节，明确分工

在执行服务前，我们需要确定工作中将要涉及的所有环节，并对人员进行分工，明确职责与归属。要尽量根据每个人的专长安排岗位，还可以通过会议、举办培训等方式让所有参与的工作人员提前了解工作的目标及具体安排，对工作结果达成共识。如有必要，可以对个别服务环节进行预演或过程演练，以避免服务中出现意外或因实施不当产生负面影响。社区工作执行中的职责分工如表 7-3 所示。

表 7-3　社区工作执行中的职责分工

岗位	职责
项目负责人	负责统筹整个项目，建立完善的项目制度与工作流程，保证项目质量；分解项目目标，组织实施各项工作计划，监督各项分解指标的完成；掌握各项目部门的执行情况，及时预防与纠正项目执行中存在的问题，确保按项目计划要求完成
项目主管	负责项目管理工作，包括规章制度的落实、志愿者培训教育、项目实施过程的质量监管、社会工作者及志愿者服务绩效考核、项目实施过程中的联系与协调，保证项目的实施
社会工作者	负责运用专业的理念与技能技巧、策划安排原则和招募宣传，做好项目的计划活动实施，在项目主管的领导下，带领、帮助与督促志愿者服务小组执行项目计划，汇总志愿者服务次数
志愿者服务小组	建立志愿者之间的支持互助团体，引导团队内部实现自我赋权与民主自治，团队成员之间达成互助共识，增强团体动力，提升志愿者服务能力，统计志愿者服务情况，抓好服务记录册的质量
志愿者	根据项目计划的活动安排，与空巢老人结对，开展志愿服务，做好服务记录

（二）把握服务进程，做好服务质量管理

在服务实施过程中，社会工作者需要对服务进程进行管控。管控主要从服务经费、服务资源、服务进度及服务质量四个方面进行。在服务经费方面，根据财务管理的规范性要求，结合服务执行实际，制定与完善服务经费的使用与报销制度，建立与完善服务经费使用月报机制。在服务资源方面，对服务场地、服务设施等服务资源建立专门的管理与使用办法，对志愿者等人力资源建立明确的管理办法，明确服务信息登记与管理、服务理念与服务技能学习要求、服务评价与激励标准等。在服务进度方面，通过编制服务月度报表、召开阶段性工作会议、撰写阶段性工作总结等形式，加强对服务进度的监控、分析与把握。在服务质量方面，利用督导制度与机制，以多种督导形式，充分发挥督导的行政、教育与支持功能。

（三）应对服务过程中的变动

在服务过程中不可避免地会遇到一些突发事件，常见的突发事件有三类：服务安全性事故、服务矛盾与纠纷、资源与条件突发情况。当面对这些突发事件时，社会工作者需要考虑是否要对服务过程进行调整。在服务调整决策阶段，社会工作者需要慎重分析服务过程是否需要调整，罗列出充分的调整理由，并预估调整之后的有利与不利影响。在决定服务调整之后，社会工作者要制定服务调整策略，并制订新的服务计划。在实施服务调整之前，及时告知服务对象、志愿者与服务合作单位相关的服务调整计划，告知其调整原因与调整后方案，邀请他们积极参与到服务调整中，针对新的服务方案提出建议。在实施服务调整后，请服务对象、志愿者与服务合作单位评议服务调整措施取得的效果以及过程中出现的问题。

（四）开展过程评估及服务调整

过程评估，顾名思义是对工作过程质与量的评估，重点在于对有关的工作过程进行描述，包括投入的资源与人员配置、一系列工作的优先次序、各个程序的进展状况等。过程评估应该回答以下问题：开展工作的步骤是怎样的？工作中投入了多少人力、物力、财力与时间？这些资源是如何在不同工作部门与工作环节之间分配的？过程评估可以帮助社会工作者了解整个工作的进程与情况，适时发现工作中存在的问题并及时改进。

（五）建立服务记录与工作档案

每一个项目往往都有大量台账需要管理。在开展服务的同时，社会工作者需要做好服务记录与档案管理。主要做法包括建立一项服务档案管理制度，建立一张服务资料清单，以及建立记录服务资料的文本格式。

四、服务评估与改进

（一）服务成效评估

成效评估是指评估服务在多大程度上实现了预定目标。具体来说，成效评估应该回答以下问题：服务取得了哪些成果？这些成果是否达到了预期目标？工作成果是否由工作之外的因素所达到？工作是否带来了预期之外的成果？成效评估可以帮助社会工作者了解有关工作是否能使服务对象发生改变以及变化的程度如何，也有

助于确定服务成功或失败的原因。

评估主要包括以下三个步骤：确定评估目标、设计评估方案和收集分析资料。

在确定评估目标时，社会工作者要注意评估目标应与服务计划中的目标相联系，清楚地界定目标的对象，对目标的表述必须清晰具体，评估目标是各方达成共识的，在确定目标的基础上，还要将目标转化为可以观察与测量的指标。

设计评估方案时，社会工作者需要考虑测评应该包括哪些要素，是否设置对照组以及测评次数。按照评估的严格程度来看，最好是通过实验设计的方式来检验服务的有效性与效果，然而在目前实际的操作中，往往只有后测。此外，还要意识到，测评的时间会影响对结果的判断，对于不同类型的项目，应当选择合适的时间进行测评。

在确定了指标与评估方案后，社会工作者需要收集相关的资料。在收集资料中可以使用问卷法、访谈法等，在收集资料的过程中要有服务对象的参与和帮助，以保证评估的真实性与有效性。

（二）反思与跟进

在完成对服务的评估后，需要将评估的结果向服务对象、机构、合作方以及资助方报告。这一方面是对工作计划的落实情况的交代，另一方面也是对过去工作经验教训的总结，为改进工作与确定未来的工作方向提供依据。在完成所有工作后，社会工作者需要对项目服务档案进行归档整理，做好存档工作。

第三节　老年社区工作模式

一、地区发展模式

（一）地区发展模式的含义

老年社区工作中的地区发展模式强调发动社区内各种老年组织、老年人以及其他社区居民的广泛参与，通过广泛参与的过程，界定社区中老年人的需求，采取集体行动解决社区内老年人的问题，并达到社区内各年龄段群体成员的自助与互助，以增强社区归属感的目标。①

根据先前介绍的老年社区工作的目标，我们需要注意的是，地区发展模式更强调过程目标，即在解决社区问题的过程中提升老年人及其他社区居民的能力，以达到老年人的自助与互助。

在我国，随着老年人口规模扩大，老龄化速度加快，老年人需求结构正在从生存型向发展型转变，但是居家社区养老和优质普惠服务供给却明显不足。老年人的多元化需求未能在社区中得到满足，且缺乏社区的归属感与责任感，社区问题随之产生。针对这些问题，需要社会工作者、基层政府、社区规划师、居委会等主体相互联动，将居民能力提升与问题解决相结合，实现过程目标与任务目标的统一，改善社区经济、文化、社会等多方面的实际问题。

① 仝利民．老年社会工作．上海：华东理工大学出版社，2006.

（二）地区发展模式的特点

地区发展模式是社会工作者协助社区老人及其他居民分析问题、发挥自主性的工作方式，它具有以下特点。

1. 关注社区共同性问题

所谓共同性问题是指那些对社区中绝大部分居民的生活造成影响的问题。在老年社区工作中，一般会更关注那些对老年人产生影响的问题，例如社区老年人的数字鸿沟问题、老年人缺乏社会支持网络等。这类问题影响范围广，涉及的老人或居民多，具备解决的紧迫性。

2. 通过提升社区自助能力来实现社区的重新整合

地区发展模式关注的小区往往都存在居民之间缺乏互动、居民关系冷漠、居民对于社区问题的解决能力不足等问题。社会工作者在进入这类社区时，都会以培养居民自助、自立，发展互助，建立社区团结为目的。

3. 过程目标的地位与重要性超过任务目标

地区发展模式致力于建立各种社会支持网络，增加居民之间的互动与交往，改善与重建居民与社会团体之间的关系，帮助居民认识参与的重要性，并使他们愿意承担责任。我们要注意的一点是，重视过程目标并不意味着可以没有任务目标，或是任务目标不用完成，两者其实应该是相辅相成的。

4. 重视居民参与

居民是社区的主人，社区问题的界定与解决都离不开居民。地区发展模式就是要居民在参与中学会自助自决，提高他们对社区事务的兴趣，促进居民间的合作，增强他们对社区的认同感与归属感。

（三）地区发展模式的实施策略

地区发展模式强调促进社区中的老年人及其他成员之间的互动与能力的提升，在服务中我们可以采用以下策略。

1. 促进居民关系的策略

发动、动员居民广泛讨论，促进居民之间的互动。针对社区居民之间缺乏互动，居民之间关系疏远冷漠，甚至是居民之间存在纠纷的问题，社会工作者可以开展多样化活动吸引居民走出家门，例如文艺汇演、老年人书画比赛、老年人兴趣班等，让老年人在这些活动中相互熟悉，同时可以让一部分有积极性的老年人承担一些任务或参与组织管理，增强居民处理社区事务的能力。针对邻里关系问题，社会工作者可以开展一些楼道活动，进行楼道自治，例如定期举办楼道会议，讨论楼道公共空间的使用、楼道环境、居民互助等问题，培养邻里之间的互助合作。

2. 促进居民能力提升的策略

重视居民的组织和教育，培养居民的自治能力。针对居民不了解、不熟悉社区问题，社会工作者可以开展一些社区教育活动。社会工作者可以制作一些社区地图、社区介绍手册来辅助了解，并开展针对新入住家庭的访问活动，帮助居民尽快熟悉社区环境，产生对社区的熟悉感；还可以在社区中招募一些志愿者，发展社区中的骨干，通过小组课程，令老年人掌握一些领导策略、志愿者管理方法和居民动员技巧等，提升他们管理社区的能力。对于一些有能力的居民，甚至可以邀请他们提供一些社区服务，满足社区不同居民的需求。社会工作者还可以邀请专家开设例如健康、法律法规、家庭关系等主题的讲座，增加居民对于各方面知识的了解；还可以开设一些老年兴趣班，让老人学习新技能，并在这个过程中促进居民互动。

3. 促进问题解决的策略

社区问题往往具有共同性，社区应遵循自下而上的原则，民主决定社区公共发展事务。社会工作者可以与社区居委会、物业以及社区的自组织定期召开议事会，定期探讨社区问题，共商问题解决方法。针对一些涉及全体社区居民的问题，可召开居民大会进行讨论，了解居民诉求与意见。此外可以在社区中完善居民小组或楼组的机制，改善社区的动力系统。针对一些社区内部资源无法解决的问题，社会工作者应当及时从外部链接资源，建立资源传输通道，通过政府、企业等资源推动社区问题的解决。

二、社区照顾模式

（一）社区照顾模式的含义

老龄人口不断增加和原有养老体系的承载能力之间的矛盾日益加剧，老年人的养老需求也在发生着变化。自 20 世纪 70 年代开始，在老年人照料问题上，很多发达国家开始反思机构养老的利弊，并支持和发展社区养老，即在生理上或心理上有障碍的或患病的老人住在自己家中接受照料，或者尽可能靠近社区，在类似“老人之家”的机构中接受照料。在英国和美国这种照料模式被称为“社区照顾模式”，大致可分为“在社区照顾”“由社区照顾”“与社区一起照顾”三种类型。

我国人口老龄化的加剧使得政府与社会越来越关注养老问题。上海市结合自身特点提出了以家庭为基础、社区为依托、机构为支撑的“9073”养老格局，即 90% 由家庭自我照顾，7%享受社区居家养老（照顾）服务，3%享受机构养老服务。未来，大量老人将在社区或家庭中养老，社区与家庭将承担巨大的养老压力，而社区照顾模式通过最大限度地发挥社区各类资源的服务功能，让老人在原有社区中生活，减少对机构养老设施的依赖，保持其原先的生活方式，延续以往的社会关系，保障其生活质量。这一模式在一定程度上为养老问题提供了一种解决路径。针对老年人的社区照顾模式，是指社区中各方成员组成的非正式网络与各种正式的社会服务系统相配合，在社区内为需要照顾的老人提供服务与支持，使其过正常的生活，加强其在社区内的生活能力，达到与社区融合，并建立一个具有关怀性的社区的工作方式。社区照顾的非正式网络一般由家人、亲戚、朋友、邻居与志愿者组成；正式的社会服务系统一般是指医院和养老机构等。

（二）社区照顾模式的特点

1. 协助服务对象融入社会

老年人社区照顾的任务目标是为社区中有需要的老人提供照顾与支援，让他们可以自主地选择生活方式和社交网络。不断拓展老年人的社会交流圈，通过社区、政策扶持及资源链接等多元化服务介入，使老年人感受到自身拥有的潜力和优势，推动协助他们在社区中过正常的生活。社区照顾模式认为，服务对象生活在正常的生活环境中，这里有他们熟悉的人群，有同他们进行交往的机会，也有进行正常社会生活的条件，这对他们是有益的。

2. 强调社区责任

社区照顾的出现改变了过去完全依赖政府提供资源与服务的格局，转而由政府、营利机构、志愿者组织、社区、家庭及个人共同分担照顾责任。

3. 非正规照顾是重要因素

社区照顾模式认为，社区内存在许多人际关系网络，这些关系网络对老年人的生活有很大影响，它可以提供重要的精神、物质及服务方面的支援。社区照顾十分重视动员这些与服务对象有关的非正式照顾者系统，鼓励他们参与并提供帮助，并将他们与正式的社会服务结合到一起，建立有效的照顾网络，以支援与协助老年人解决困难。

4. 提倡建立相互关怀的社区

社区照顾模式强调动员家人、社区居民及志愿者开展服务，在社区中建立相互关怀的关系。

（三）社区照顾模式的实施策略

1. 在社区照顾

“在社区照顾”的核心是强调服务的“非机构化”，即将老年人置于社区内照顾，使他们在熟悉的社区环境中生活，并协助他们融入社区生活。这一策略下的服务形式多种多样：一是将老年人迁回其熟悉的家庭，并辅以支援性服务；二是将大型机构改造为接近社区的小型机构；三是将远离市区的大型机构迁进社区内，使老年人有机会接触社区，方便亲友探访。

2. 由社区照顾

“由社区照顾”的核心策略是社会支持网络，若不依赖社会网络的支持，就无法实现社区互助的状态。社区支持网络策略大致有五种类型。

（1）个人网络策略。

这种策略的重点在于强化老年人的现存人际关系及他们所处的环境内有发展潜力的成员的互助能力。社会工作者协助老年人识别网络中可以提供协助的主要成员，鼓励服务对象与这些有能力及愿意提供协助的网络成员接触，并以多种方法建立或强化服务对象与他们的关系，提供适当支持，帮助网络成员提升协助他人的能力。

（2）自愿联结策略。

自愿联结是指帮助有需要的人与可以提供协助的辅助者建立一对一关系。社会工作者的任务是将老年人与适当的辅助者配对，而这些辅助者是对某一问题的处理比较有经验的人，能对老年服务对象提供适当帮助。

（3）互助网络策略。

这种策略是把有相同问题或有相似兴趣或能力的人聚合在一起，建立他们之间的联系，增强他们之间的互助。互助网络往往是非形式化的，而且对互助网络的搭建程序没有硬性规定。社会工作者可以尝试联系具有相同问题的老年人组成互助小组，也可以把这些互助小组与社区内其他非正式组织联系成网络，达到互助与互相咨询的效果。

（4）邻里援助策略。

采用这种策略时，社会服务机构通常会尽力识别社区中存在的非正规辅助网络及社区内的“自然辅助者”。这些服务机构可以向邻里提供支持。社会工作者的任务是强化社区内的非正规化网络，把分布在社区内的大小网络联系在一起，形成一个有效的邻里援助网络，帮助社区中的老人及其他有需要的人。

（5）社区授权策略。

这种策略要识别并联系社区内的关键人物、地区领域及主要社区代表，目的是发展一个聚合了非正式社区领袖的讨论场所，借此有效反映社区内各种群体的意见及利益。社会工作者的任务是促进这些领袖的沟通、联系以及互助并建立网络，鼓励这些非正式领袖去共同参与及关心社区内的问题，形成社区内申述问题及倡议社区政策改革的统一声音。

3. 与社区一起照顾

“与社区一起照顾”的服务包括日间医院、日间护理中心、家务护理、康复护士、多元化的老人社区服务中心、托管服务、关怀访问及定期的电话慰问等，这些服务的充分提供能够辅助社区把需要照顾的老人留在社区生活。显然，“与社区一起照顾”更加明确地指出了正式照顾与非正式照顾相互融合的重要性。

第四节　老年社区工作案例

一、城市社区老年自组织培育的社区工作案例①

积极老龄化理论主张，老年人应摒弃“贫穷、多病、无价值”等负面的刻板印象，发挥自身优势和潜能，成为家庭和社会的重要资源，在实现自身价值的同时，为社会做出有益贡献，减轻老龄化负担。在积极老龄化背景下，老年人是社区中的重要成员，同时也是一种社会资源，将为社区乃至整个社会带来更多活力与机遇。

随着我国社会治理重心下移，新时代共建共治共享的社会治理格局的打造，社区自组织成为满足人们日常精神生活的重要载体。社区自组织因其民间性、灵活性、专业性等特点，更贴近社区居民。通过社区自组织这一平台，可以深入了解民情、掌握实情，维护居民切身利益，从而提升基层治理的效率与效能，实现社区资源整合，促进社会资本培育。

作为由老年人组成的社区自组织，为老年人的社会参与提供了良好平台，既有利于缓解老年人孤独感，不断提升其自我价值，又能在一定程度上促进社会发展。让老年人通过社区自组织参与社会治理，贡献社会，实现自我价值，有利于更好地应对老龄化，提升老年人的认同感与参与感，使老年人的晚年生活逐渐达到“老有所为，老有所用，老有所乐”的理想局面。

（一）需求分析

1. 社区概况

X 社区隶属于 Z 市 L 区，该区是国家级生态文明区，闽东南地区重要的物质集

① 李玥．社区工作介入城市社区老年自组织培育研究：以福建省 L 社区社工项目为例．漳州：闽南师范大学，2022.

散地，Z 市新兴商贸中心，辖区共有 5 个街道和 1 个镇。该社区常住人口 3 547 人，户数 1 362 户，老年人口约为 350 人，老龄化率 9.87%。目前 X 社区正在建设成为幸福荣家乐示范点，小区内外部有丰富的人力、物力资源和居民活动空间。室内活动场地设有图书阅览室、文体活动室、体育健身区、会客厅、多功能活动室、教育活动室、大讲堂及居家养老服务站等；室外空间包括中央绿化公园、迎宾大道路口空地、室外会客厅。此外，剪纸和茶文化是该社区重要文化资源，社区里有剪纸、茶文化、书法爱好者，厨艺能手及助老员等能人。

首先，在社会工作介入前，X 社区内原有的广场舞蹈队和垃圾分类督导员队伍，均未在街道备案；其次，从组织类型角度划分，社区自组织通常可以分为公益慈善类、生活服务类、促进参与类、文体活动类、教育培训类及权益维护类几种。在 X 社区原有的自组织中，以文体活动类和公益慈善类为主，其他几类数量较少甚至没有。因此，在社会工作介入前，X 社区原有的自组织类型属于未在街道备案的文体活动类和公益慈善类自组织。社区中的老年自组织仅有广场舞蹈队，社区公共空间运营效率不高，社区居民自组织数量偏少，类型单一，内部管理缺乏有序性，功能发挥有限。

2. 社区老年人需求调研

通过需求调研了解到，X 社区的老人主要分为三种类型：普通低龄老人、外迁老人、高龄或行动不便需要照顾的老人。第一，对于普通低龄老人而言，他们的需求主要是拓展自己的兴趣爱好，结交志同道合的朋友。第二，对于外迁老人而言，他们主要从外地搬来同子女一同生活，存在社区融入的问题。比如原本生活在农村的老人不适应城市商品房小区环境，不同于与邻里关系十分紧密的农村地区，城市里居民间关系相对疏离，原本生活在外地的老人，来到这里后，由于语言等障碍，难以融入社区老年集体。他们的主要需求是融入社区，拓宽社交范围，适应新环境。第三，对于高龄或行动不便、需要照顾的老人而言，因身体不适，有帮忙购置生活物品、照顾与陪伴等需求。

（二）服务设计与实施

1. 服务目标

总目标：积极探索社区自组织参与基层治理的新模式与新路径，注重满足居民需要，提升自治能力，有效发挥自组织在反映居民诉求、提供社区服务等方面的作用，提升组织凝聚力与影响力，促进自组织规范健康发展，营造社区和谐氛围，不断提高社区服务和社区治理水平，形成共建共治共享的社区治理格局。

分目标：

第一，引进社会工作专业力量和高校资源，助力社会工作专业人才培养和社区工作者队伍建设。

第二，孵化培育社区社会组织，发掘居民骨干和社区能人。孵化培育公益慈善类、文体活动类等类型的社区自组织，推动居民参与社区服务，实现不少于 3 个社区自组织的孵化培育目标。通过培育，提升社区自组织领袖人物的能力，建立组织纪律规范，加强内部管理，推动自组织规范健康发展。

第三，打造“一居一品”社区服务品牌，结合试点社区实际情况，提升社区居民的参与率与社区服务水平，创新社区治理模式，让社区更加和谐、幸福、稳定；

同时，提升居民自治能力，召开社区居民议事会。通过居民议事与协商，有利于解决社区治理难题，为居民提供参与公共事务的平台，初步实现社区自组织参与社区服务的目的。

2. 服务实施

第一阶段：育种阶段。在自组织培育的育种阶段，主要任务是寻找能人以及建立关系，从而初步形成核心团队，开始尝试团队协作。首先，社会工作者通过入户访谈以及举办活动的方式来发掘社区能人。在入户访谈中，发掘了社区乒乓球爱好者及热心公益的志愿者能人，让自组织培育有了初步方向，社会工作者还鼓励他们继续动员自己的关系，发掘身边的小能人，从而聚集小团体。在社区活动方面，社会工作者举办了“国际防灾减灾日”宣传教育活动、“浓情暖意·爱在冬至”活动，以及社区资产盘点三场社区活动，与社区居民建立了初步关系，提升了居民参与社区活动的积极性与凝聚力。通过社区资产的盘点活动，居民及社会工作者对社区的各类资源有了更全面的了解。这些资源为社区工作开展提供了丰富的活动空间，社区工作者可以充分整合运用社区内的各种资源培育和发展社区自组织，为自组织培育工作奠定基础；举办活动的同时，社会工作者也发掘了一批社区能人，找到了要进一步培育的“种子”。除此之外，“社工＋社区”联席会议的召开密切了与居委会的联系，为培育工作提供了有力支持。在多方共同努力下，协助社区能人动员关系、发掘身边的小能人，为自组织的进一步筹备积累了人力，将一批小能人聚集起来，从而具有了自组织的初步雏形。

第二阶段：萌芽阶段。在萌芽阶段，各组织都通过开展比赛、培训等方式，形成了小团体，建立了初步认同，大家齐心协力共同完成一件事情，建立合作关系。乒乓球协会、志愿服务队、舞蹈队协会和舞龙协会建立与升级，通过开展活动，建立起内部认同，增强了团体内部稳定性，使自组织团体初具规模，具有了一定的凝聚力，老年人的参与热情被点燃、参与习惯逐渐形成。从育种阶段到种子萌芽阶段，是一个自发展的过程，需要团队成员密切沟通，最终由雏形发展到有组织的形态。过程中既有合作，也有分歧。往往是由内生动力和外部力量相结合，推进小团队逐渐演化发展。

第三阶段：小苗阶段。小苗可以理解为“小协会”。在这一阶段，自组织团体内部形态基本稳定，可以引导组织内部成员建立自己的团体规范，增强成员间的信任关系，关注社区公共事务。组织成员不能局限于自娱自乐，而是要发挥自己的智慧和力量，能够真正参与到社区事务中，服务居民。通过小苗阶段的培育，自组织的能力不断提升，建立起团体规范，朝着自治理、规范化方向发展。自组织内部建立起更深的认同感与归属感，并能够吸引外部力量源源不断地加入。

第四阶段：小树阶段。在自组织稳定运行的过程中，会有更加稳定的资源投入，包括多种渠道的资金、外部专业力量等。在有了稳定的资金支持后，也会有更多的居民加入组织中，使组织活动更加常态化。在这一阶段，自组织在社区服务中已有了一些实践经验，并且渐趋专业化，组织获得的资源也越来越多，需要在操作性规则层面加以完善。社会工作者通过召开居民议事会等方式，推动自组织内部产生规则，强化组织的规范性，让社区自组织成为居民参与社区事务与管理的重要平台，为社区治理注入新活力。也让居民们看到自组织在社区中的重要作用，不仅仅是搭建了居民交流互动的平台，也具有更深层次的影响力，为今后更好地参与社区治理奠定基础。

第五阶段：大树阶段。随着组织内部的管理逐渐规范，自组织愈发独立，能够自主运作。在这一阶段，社会工作者的作用也随之发生改变，由主动变为相对被动，充当资源链接者的角色，帮助自组织领袖建立起相对完备的资源网，从而保证自组织的独立运作。在这一过程中，社会工作者主要提供三方面的支持：资源库建立、咨询服务提供、工作交接。在这一阶段，社会工作者可以帮助各协会骨干梳理社区内外各种资源，提升组织骨干链接资源的能力，使自组织能够在后续发展中，充分调动社区内外资源，推动自组织不断向前发展。在咨询服务提供方面，社会工作者与各组织负责人保持长期联系。工作交接方面，社会工作者召集居委会以及自组织成员，三方沟通交流，形成一致意见，在社区退出自组织培育项目前，社区自组织正式在街道备案登记，并在街道、居委会等多方监督下，更加规范、有序地开展服务。

综上所述，从种子发展到大树的过程，是自组织逐渐形成、能力不断提升、服务范围不断扩大的过程，也是内部机制渐趋完善的过程。自治理机制的完备与否，将直接影响到自组织的未来发展方向及其稳定性。

3. 成效评估

在实践中运用社区工作方法，并在自组织过程理论的指导下，X社区自组织培育项目取得一定成效。主要有以下几点：第一，加强了社区居民之间的联系，促进邻里和谐，将原来原子化的居民凝聚到各个组织当中，有利于社会治理共同体的构建。第二，为社区链接了资源，引入更多的社会力量，培育了社区领袖，为社区居民更好地参与社区事务奠定基础。第三，提升了社区居民的参与感、获得感与幸福感。在自组织孵化培育后，通过开展居民议事会、团建活动、能力提升培训等，不断提升社区自组织能力，逐步实现社区营造由“输血式”向“造血式”转变。

（三）总结

该案例以自组织理论为基础，通过社区工作介入社区老年社会组织培育并取得了一定成效。对于社会工作专业而言，探索出一条社会工作培育老年社会组织的路径，积累经验，增强社会工作的社会认同感。对于老年人自身而言，通过社区参与可以实现自身价值，提升生活满意度与获得感。对于社区自组织而言，社会工作专业方法的介入，能够帮助自组织在培育过程中逐步建立和完善相应规章制度、培育好社区领袖，增强自组织自治能力，以保证后续组织的运行规范性和持续性，同时也为自组织发展提供持续动力与情感等方面支持，为自组织今后的发展奠定基础。对社区而言，可以增强社区居民的归属感、责任感和参与感，激发基层自治活力，推动多元主体参与，促进社区建设，构建“人人有责、人人尽责、人人享有”的社会治理共同体。充分发掘社区资源，积极采取有效措施，提升社区工作水平，增强居民对社区的认同感与归属感，提升社区的自治能力。

二、社会工作介入半失能老人居家养老服务的社区工作案例①

失能老人由于丧失了全部或部分生活自理能力，生存保障与尊严保卫极为脆弱，针对他们的养老服务是我国人口老龄化过程中最难解决的问题之一。完善家庭养老支持政策体系，为家庭照护者提供社会支持，增强长期照护服务的资金保障，是实现老年人长期照护体系高质量发展、积极应对人口老龄化的题中应有之义。

（一）需求分析

1. 社区概况

由于自然环境与社会环境的条件限制，D市的经济发展速度缓慢，而M社区位于城郊边缘，占地面积3.1平方公里，社区居委会人员包括主任、副主任以及办事员，共计8人，内有工作人员兼任社区工作者角色。社区内8.7万常住人口，其中老年人口占总人口比例19.7%，老龄化程度严重。人口数量较多，人员结构复杂。社区中人员多从事基础服务业或务工人群，整体收入欠佳，多数高素质青年选择外出谋生，造成社区内家庭结构呈现出老年空巢家庭为主，老年人的生活照料问题突出。此外，老年人的精神生活状态呈现出中低下趋势，亟须家人以及社区组织部门的关心。

2. 社区老年人需求调研

第一，日常生活照料需求。社区中大多数老年人的生活照料由配偶完成，子女也是主要的照料人员。他们迫切需要专业人士或志愿者来帮助家人完成照料任务，减轻家庭的照顾压力。

第二，社会参与需求。居家老人的活动范围有限，半失能老人行动不便，只能居家生活，完成日常生活的一切事情，社交网络闭塞，社会信息更新较慢，难以融入社会生活。他们渴望参与社会生活，实现活动自由，被平等对待，提高社会性生活满意度。

第三，扩大社会支持网络需求。居家养老的半失能老人活动能力受限，生活自理能力不足，无法参与正常的社会活动，组建社会支持网络。他们迫切需要完善社会支持网络，给他们带来及时的物质帮助与信息技术援助，从而提高他们的心理适应性。

（二）服务设计与实施

1. 服务目标

（1）任务目标。

一方面针对他们的半失能问题采取社区照顾模式，利用社区资源与社会资源为居家老人提供专业的、全方位的照料，解决他们生活起居的困难，缓解他们的家庭照顾压力，改善生活质量；另一方面，采取社区教育模式链接专业的人力资源为老年人提供指导与教育，对老人的工具性生活自理能力进行提升，促进他们参与社会生活，同时增强半失能老人的心理认知调适能力，建立理想和关怀的社区，加速老

① 祝云昭．社会工作介入半失能老人居家养老服务的研究：以D市M社区为例．大庆：东北石油大学，2021.

人的社会融合与社会适应性，提升生活幸福感。

（2）过程目标。

第一，利用社区资源与社会组织力量，评估社区内外可用资源，包括人财物力等，建立良好专业服务关系，为社区内半失能居家老人提供应急性支持与援助，解决其生活困难。

第二，动员社区居民力量，组建社区照顾志愿者团队，为半失能居家老人提供上门服务，减少家庭照料看护压力，降低他们的生活不适感，增加其对社区的归属感与认同感。

第三，联合社区组织以及行政部门，构建政府与社区的伙伴关系，共同打造便老适老的社区公共环境，为居家老人提供“走出去”“迎进来”的机会，增加他们参与社会、融入社会的动机与热情。

第四，建立爱心帮助群组以及各类活动团体，为老人提供温暖与关怀，丰富他们的精神生活，积极提供心理咨询服务与认知矫正服务，提高他们的生活满意度。

第五，利用教育宣传等方式呼吁家庭、社区及社会提高对半失能居家老人的关注，营造和谐的家庭氛围、友好的社区环境和良好的社会环境，推动养老政策的完善，为半失能老人争取更多的社会福利，保障老年生活的幸福与快乐。

2. 服务实施

该社区工作服务根据社区照顾和社区教育两种模式进行服务设计与实施。社区照顾模式为半失能居家老人提供服务，一方面保证其生活在熟悉的家庭环境及人际关系紧密的社区之中，给老人带来一定的安全感与依靠感；另一方面可以充分利用正式与非正式资源系统，为老人提供完善的照顾与帮助，缓解家庭照料压力，同时也能发挥政府或社会组织的作用，形成良好的社会环境与制度环境，保证半失能居家老人的生活质量。社区教育模式可以充分发挥教育的专长，利用社区内的资源为半失能居家老人提供教育指导与帮助，提升他们的生活自理能力与心理认知能力，让他们能更好地适应社会生活，改善心理状态，提高生活满意度。

社区照顾模式的服务主要分为服务前期、服务中期和服务后期来进行。

第一阶段：服务前期阶段。主要任务为确定服务对象群体以及居住所在社区的内外资源与问题需求，与之建立起相互信任的关系，探索他们自身的潜能与资源优势，帮助他们解决问题，建立生活自信心。社区工作者链接社区居委会等相关部门资源，对服务对象的个人和家庭基本信息进行了解与记录，并将服务群体根据半失能的类型进行分类。分别入户走访查验实际情况，进行记录与综合分析，并利用社区内外资源为老人提供支持与援助，解决初级问题，建立良好的专业信任关系，为后续服务开展做准备。社区工作者动员可以用到的社区资源，包括社区居民、社区行政部门、社区志愿者、社区组织等，形成“社工＋社工助理＋护工＋义工＋医生”的“四工一医”联动服务模式，进行人财物力及时间的统筹安排，协商社区照顾服务的具体内容及分工，明确各部分的职能与角色，并就服务方案内容达成一致。利用官方网络平台，如网站、公众号、App或小程序等，社区海报宣传栏、服务展板等，形成“线上＋线下”相结合的方式进行服务活动宣传。准备服务应急方案，保证服务顺利开展。在服务过程中可能出现一系列问题，需要做好应对措施。

第二阶段：服务中期。服务中期的主要任务是按计划开展服务，实现服务目标。

D 市 M 社区中的半失能居家老人较多，需要调动大量社区资源与人力开展照顾服务。第一，根据已有人员组建服务团队。以服务团队的形式分组分区域开展服务，每周至少提供一次上门入户服务，包括提供购物、清洁卫生、送饭以及短时间的起居照顾服务。每天通过电话进行慰问，让老人感受到温暖与关怀，接受并认可社区照顾服务。第二，通过团队合作进行每周定期宣传和呼吁，调动更多社区居民志愿者参与到服务中。第三，组建同类型人群的互助组织，每天提供互助服务。第四，组建社区危机处理服务系统，每个月一次定期入户走访，检查老人居住情况以及身体状况。

第三阶段：服务后期。服务后期的主要任务是进一步巩固社区照顾服务成效。第一，对于社区内半失能老人及其家庭状况进行调查与走访，了解其对服务的满意程度，以及需要的服务内容和形式是否有新的变化，及时调整服务方案，强化服务效果。第二，对社区内的资源与环境进行观察，看其是否得到一定的改善，为半失能居家老人提供一个更为友好的社区居住环境。第三，对于成立的社区照顾服务团队进行规范性管理，对于人员的职责分工进行明确，并对其服务的态度、表现及能力进行评估，加以培训，保证服务的质量与长效性。第四，社区工作者要积极促成与社区及政府部门合作，推动社区照顾模式在 M 社区中长期运作，争取更多社会资源，为半失能居家老人提供支持与帮助，扩大其社会影响力。

社区教育模式下的社区工作服务主要包括针对社区居民开展大型集体学习活动及每周一次的小型教育活动。通过活动展板、海报以及线上平台宣传提升社区文化的内容，如尊老助老活动、邻里团结互助教育讲座、党政思想主题教育等，提升居民对于社区的归属感与认同感，增强邻里之间互帮互助意识，打造居民之间的非正式支持网络，为半失能居家老人提供关怀与照顾服务。对社区内的公共娱乐场所与设施进行修整，建立老年活动中心与日间照料中心，为老年人出行与活动提供便利，打造“老人友好社区”。社区工作者需要联结社区内外的医院资源，每两个月请一次专业医护人员为半失能居家老人及其照顾者提供基础医疗知识培训。

3. 成效评估

该社区服务方案经过八个月的服务实施与评估，取得了一定的服务效果，形成了“社工＋社工助理＋护工＋义工＋医生”的“四工一医”联动服务模式，为半失能老人及其家庭提供全面的帮助，通过每周或每月定期开展包括生活起居服务、物质援助、心理支持与整体关怀服务，使得服务目标得以实现，服务效果显著，服务对象对服务效果的满意度较高，可以为其他类似社区开展服务提供参考与借鉴。

（三）总结

为更好地保证老年生活的质量，不同类型的养老模式为老年人提供多样的养老选择，其中居家养老模式逐渐成为老年人的主要选择之一。随着年龄的增加，老年人的生理能力衰退，家庭环境与社会环境的双重作用下，老年人的生活自理能力也成为影响他们生活满意度的主要因素。采用社区照顾模式以及社区教育方式制订服务计划并开展服务，经过长达八个月的服务，基本实现了服务计划目标且效果比较显著。多数服务对象及其主要照料人对服务整体评价较为满意，并希望服务形式可以得到延续。该社区工作案例既促进了社会工作实务的发展，展现社会工作专业价值，又可以改善居家养老服务质量，提升居家养老长者的生活满意感与幸福感。

本章思考题

1. 假设社会工作者小王要在某社区开展社区工作，为了更好地开展工作，他可能需要与哪些人或者机构进行沟通对接？

2. 可以通过哪些途径进行社区需求评估？这些途径的优势与劣势是什么？

3. 如何制定社区工作的目标？

拓展阅读

1. 中华人民共和国民政部．社区社会工作服务指南（MZ/T 071－2016）．

2. 潘屹．社区建设与社会服务理念的本土化实践．社会科学辑刊，2020（4）．

3. 孙弋帏．何以养老：就地养老的概念、实践与反思：以 B 市就地养老的多元模式为例．中国社会科学院大学学报，2023（10）．

第八章

老年个案管理

导入案例

多重困境中的杜奶奶

杜奶奶，今年81岁，自从老伴在20多年前去世之后她便独居家中。10年前，她意外跌倒导致全身多处受伤，虽经过治疗，但最终结果是左手弯曲变形，右脚无法直立，手脚疼痛，生活无法自理。自从受伤致残后，她便与大儿子一家住在一起。

大儿子在社区做保洁员，儿媳在超市做售货员，收入较低，且孙子患有精神疾病，需要常年用药，家庭经济条件较差。杜奶奶的日常照料主要由儿子和儿媳负责，孙子偶有协助。大儿子家的居住条件比较简陋，房屋空间狭窄，通风条件不佳，房间内异味比较严重。由于房间内没有安装方便残障老年人行动的辅助设施，平时，杜奶奶只能在床上躺着或是坐着。有时，除了吃饭、洗澡，一躺就是一整天，她还因此新添了腰痛的毛病，腰痛起来难以忍受，生活自理能力也因此下降，饮食起居都需要家人的协助和照顾。

杜奶奶几乎没有做过体检，身体疼痛时会请熟悉的小诊所医生上门来打止痛针。她的活动范围狭小，生活沉闷单调，没有任何娱乐消遣。她特别想出门走走，但是儿子儿媳工作忙，只能为她提供基本的生活照顾，孙子也无法陪伴她出门。这一状况使她感到非常孤独无聊。她还因为自己给家人增添了这么重的照顾负担，感到十分难受和自责。杜奶奶一家人都不知道国家有哪些政策和服务是杜奶奶应该享有的。

由以上案例可以看出，杜奶奶年事已高，身体健康状况较差，且未能接受必要的体检和治疗。杜奶奶的心理健康状况也令人担忧，既因为自身残障导致无法自由行动，给家人增添照顾负担而感到自责和愧疚，又由于无法出门参与社区活动，且家人照顾精力有限，感觉孤独与寂寞。杜奶奶的居家环境缺乏残障辅助设施，使杜奶奶的生活非常不方便。由于杜奶奶一家对相关社会保障政策不了解，从未进行过伤残鉴定，也没有申请过任何补贴和社会服务。

杜奶奶在居家养老过程中面临着多重困境，具有长期照护、康复护理、心理疏导、精神慰藉及社区参与等多重需求，这不是单一服务所能解决的问题。只有通过对杜奶奶的问题与需求进行评估，整合、协调资源，为杜奶奶设计出符合她需要的服务项目和照顾层次，保证她在最不受限制的环境中接受服务，并协助其维持正常的自理生活，才能从根本上缓解杜奶奶的多重困境，使杜奶奶的居家养老问题得以解决。而这一系列具有复杂性和系统性的专业工作便是个案管理。

第一节 老年个案管理的内涵

一、老年个案管理的概念

个案管理是一项兴起于20世纪70年代的跨学科公共服务类型，是一种专业社会工作方法。它在社区服务的去集权化、多重居家服务需求的服务对象人数增加、照顾服务的分散化以及成本抑制需要的基础上发展而来，目前已经被广泛应用于社会工作、医学和护理学等多个领域。

美国及英国学者从不同角度对个案管理的概念进行了界定。美国社会工作者协会出版的《社会工作词典》将个案管理定义为社会工作的专业人员为某一群体或某一服务对象整合、协调所有助人活动的一个过程。[①] 这一概念强调来自不同福利部门及相关机构的工作人员之间的相互沟通与协调，重视个案管理过程中团队合作的重要性。美国的巴鲁与明克（Ballew & Mink）将个案管理界定为提供给那些正具有多重问题且需要多种助人者同时介入的服务对象的协助过程，其中发展资源网络及强化服务对象个人获得资源及运用资源的能力最为重要。[②] 英国学者奥莫和格拉斯堂伯瑞（Orme & Glastonbury）认为个案管理就是一个服务对象参与服务的选择、计划和输送的社会工作和社会服务方法，其经由需求评估和确认服务之后，再为服务对象设计并组织包裹式的专业服务，它重点突出了服务过程中服务对象的参与和选择。[③]

我国学者也对个案管理的概念界定提出了他们的看法。台湾地区学者徐森杰（2007）将个案管理定位为一项助人过程，过程中有来自不同专业以及不同机构的工作者，以服务对象为中心，通过需求的评估、目标的设定、资源的链接与整合等服务过程，协助服务对象减轻原本的伤害，增进其健康并激发其自我效能，使之提升生活品质。[④] 李宗派（2003）认为个案管理以重视服务对象的整体需要（包括生活需求与身心健康的满足）为取向，由社会工作专业人员协调与整合各种复杂的服务输送网络，协助服务对象链接到所需要的社会资源，使其尽快获得所需服务，并且得到持续性照顾服务，目的在于帮助服务对象恢复或维持最高程度之独立功能。[⑤]

---

① 林胜义．社会工作概论．4版．台北：五南图书出版股份有限公司，2008.

② BALLEW J R，MINK G．个案管理．王玠，李开敏，陈雪真，译．台北：心理出版社股份有限公司，1998.

③ 黄源协．社会工作管理．台北：扬智文化事业公司，1999.

④ 徐森杰．社会服务资源的个案管理模式．爱之关怀季刊，2007（60）.

⑤ 李宗派．探讨个案管理概念与实务过程．社区发展季刊，2003（104）.

陈俊傲和陈丹群（2010）将个案管理定义为强调服务对象参与，组织零散的服务资源，以满足服务对象差异化需求的专业社会工作方法。① 唐咏和魏惠兰（2011）则认为个案管理是指结合各种不同专业的工作人员为服务对象提供服务的过程，也被称为服务协调。② 全利民（2005）在综合了国外各种个案管理的含义后提出，个案管理是一种专业社会工作的方法与模式，通过整合、协调社会服务资源，确保有一个整体性的服务方案为高危人群提供专业化的、持续性的和个别化的照顾，以确保对服务对象的服务质量，从而在满足服务对象照顾需求的同时，增强其自理能力，并达到政府成本控制的目的。③ 黄耀明（2017）指出个案管理主要适用于服务对象受多种问题的困扰，需要各种类型专业人员所组成的跨专业专家团队进行照顾与干预，通过对服务对象的各种问题进行综合性分析，协调各种机构的资源，将多种助人方法加以整合，以强化服务对象个人摄取资源及运用资源网络的能力。④

通过以上对个案管理概念的界定，可以看出对于个案管理概念界定的共识性。在本教材中，我们将个案管理界定为专门工作者为了满足处于多重困境中的服务对象的需求，通过对服务对象的全方位评估，将各种社会服务资源进行整合与协调，设计出具有针对性的服务方案，协调与监督各个社会服务主体为服务对象提供持续性的专业服务，以满足服务对象需求，增强其自我照顾与利用资源能力的专业服务方法。

随着我国人口老龄化的持续加剧，老年人日常生活照顾需求日益增加，而家庭照顾功能却因为家庭结构的核心化转变而日渐式微，家庭养老的困境和滞后的社会化服务之间的矛盾日益突出。有效地发挥社会各主体的最大效用，合理调配有限的养老资源，建立全方位、专业化、可操作的老年人长期照护体系成为有效满足各类老年人对日常生活照顾、医疗康复护理、心理慰藉等方面需求的制度保障。

在老年人长期照护体系的建设与运作过程中，个案管理作为向具有多重问题和需求的服务对象及其家庭提供整合性服务的社会服务模式，可以将政府机关、社会组织、社区、医疗机构等相关部门的资源进行充分整合与链接，进而为服务对象提供有针对性的和综合性的服务，不但能够满足服务对象的多重需求，还能有效降低社会服务成本。本教材将老年个案管理界定为接受过专业训练的社会工作者运用专业的价值观、知识、理论和技能，为具有多重需求与困境的老年人进行科学评估，并链接与整合资源为老年服务对象提供高质量且有针对性的服务，从而满足老年人全方位需求的专业服务行动过程。

二、老年个案管理员的专业角色

在日常生活中，老年人对长期照护的需求较为迫切，他们多方面的需求对个案

---

① 陈俊傲，陈丹群．改进高校老年人社区照顾：个案管理的引入．西北农林科技大学学报（社会科学版），2010（4）．

② 唐咏，魏惠兰．个案管理模式兴起及其在医务社会工作中的启示：以癌末病患照顾者为例．社会工作（学术版），2011（6）．

③ 全利民．个案管理：基于社区照顾的专业社会工作方法．华东理工大学学报（社会科学版），2005（2）．

④ 黄耀明．失独家庭重建的个案管理实务与反思．闽南师范大学学报（哲学社会科学版），2017（3）．

管理者提出了较高要求。作为链接和整合资源并促进老年人赋权增能的专业人员，老年个案管理者在专业工作中会扮演如下专业角色。

（一）计划制订者

个案管理员的一项主要职责是充当计划制订者。计划制订需要个案管理员对老年人的功能状况和需求做准确评估。然后，在对老年人能用来解决问题的资源和使用资源存在的障碍进行汇总和分析的基础之上，订立目标、确定结果，并和服务对象、家庭成员、其他专业人员以及其他机构一起落实计划。所订立的目标不但要有短期性目标，更要有长期性目标。

（二）经纪人

个案管理员可以将老年人服务对象与所需要的服务联结到一起。一旦做好需求评估，清楚服务对象需要什么，个案管理员就可以帮助服务对象选择最适合的服务并谈妥提供服务的条件。充当经纪人时，个案管理员关心的是可以得到的服务的质量以及服务对象在获取服务时可能会遇到的困难。

（三）协调员

个案管理主要针对具有多重问题、需要不止一种服务的老年服务对象。在充当协调员角色时，个案管理员要与其他专业人员和机构员工一起工作，确保服务得到整合并迅速落实。一般来说，个案管理员需要与社区医院的全科医生、社会工作者、社会服务机构的家政服务员、志愿者等进行密切联络与合作，使专业服务的计划得以顺利制订和贯彻实施。

（四）倡导者

在老年服务对象不能表达自己的意见或者表达了自己的意见却没人理睬时，个案管理员便会充当倡导者。个案管理员可以在各个层面代表服务对象发声，帮助他们获得服务或者改善服务质量。在组织层面，个案管理员充当社区组织者，能够影响有关服务资格和获取服务途径的政策，还可以帮助机构评估社区需求；在服务对象层面，个案管理员可以为服务对象及其家人争取权益。

（五）问题解决者

问题解决是指通过帮助服务对象确定自己的优势、找到解决当前问题的方法，使服务对象学会自己解决问题来实现自理自立。解决问题的一个方面是澄清服务对象、家人、照顾者和个案管理员各自扮演的角色。对服务及个案管理的方向或计划有不同意见常常会导致冲突，个案管理员在日常工作中要面对和解决日常出现的各种问题。

（六）记录保存者

在整个服务传递过程中，将初始评估、制订计划、提供服务和结案评估时的文件资料进行保存非常必要。个案管理员要将所有与服务有关的详细资料都完好保存，因为良好的文件保存可以将个案管理过程串联在一起，有助于追踪、监察和评估服务对象的进展情况，进而有助于未来服务方案的确定和服务传输方式的选择。

三、老年个案管理的功能与原则

（一）老年个案管理的功能

针对老年人的个案管理工作是一种有效使用社会资源并提供优质服务的社会服务方式，它在服务输送体系中具备以下三种功能。

1. 解决老年人的复杂问题

传统社会服务方式无力解决多重问题，或者只能逐一解决，这使服务效果受到影响。个案管理服务以综合服务方式对老年人及其家庭问题进行统筹解决，能够满足服务对象多方面、多层次的需求；同时，以个案管理为核心的老年服务提供模式还可以使服务提供更加立体化，进而促进老年人综合养老服务体系的建构。

2. 整合社会资源

我国当前的养老服务体系尚处于建设过程中，养老服务资源不足、分散，这不但提高了服务成本，也削弱了服务效果，影响着社会服务的质量。个案管理服务以整合社会资源和发展服务对象使用资源的能力为特征，可以使服务质量和效率明显增强，并使分散的服务资源发挥应有作用。

3. 抑制社会服务成本

我国目前的人口老龄化形势极为严峻，但基层养老服务却存在较大缺口。在这一现实情况下，服务效率越来越成为社会服务提供过程中的关键问题。个案管理服务通过标准化服务过程及评估指标的设定，筛选符合效率要求的服务，以社区资源为依托开展服务，强调对社会服务资源的重组与优化，使得服务效果有所提升，同时还能极大地降低服务成本。

（二）老年个案管理的原则

老年个案管理工作的开展需要遵循以下五个原则。

1. 服务整合性

接受社会服务的老年人往往具有多重需要，个案管理员必须采用全人观来看待接受服务的老年人，也就是说要关注老年服务对象的社会生活、心理、医疗、经济及教育等多个方面。此外，个案管理员要设计出整合性服务传输方案，与不同机构及各类专业人员一起工作，将多种资源提供给服务对象。

2. 照顾持续性

照顾持续性是个案管理的一个重要原则，它不仅意味着对于老年人的服务要从第一次拜访前的电话预约开始一直持续到结案后的支持与协助；还意味着为老年人提供全面性的服务，根据老年人的需要选择适合他们的治疗、教育、咨询、支持、危机干预和社会网络搭建等服务。

3. 服务对象增权

将老年服务对象放在助人过程的核心位置，发自内心地尊重他们，杜绝过度保护老年人的现象，鼓励老年人积极参与专业服务的全过程，给予他们选择服务的自由。为服务对象增权还意味着要基于老年人的优势提供服务，个案管理员要与服务对象一起识别他们拥有的积极方面，以此为基础建立服务方案并付诸实施。

4. 服务个别化

由于每一个老年人都有其个性化特征，采用统一的方法不能回应他们的独特需求。个案管理服务要充分考虑到老年人在性别、阶层、职业、健康状况、心理特征及价值观念等方面的差异，尊重个性化需求，通过设计并实施具有针对性的服务方案来满足老年服务对象的需求。

5. 照顾优质化

照顾优质化强调照顾要有成效及有效率，其中隐含着尊重服务对象的权利和专业服务要有问责要求。质量保证是个案管理的重要组成部分，这意味着个案管理员要在专业上出色，要能够提供高标准照顾，并能够持续不断地改善工作。

第二节　老年个案管理程序

为具有复杂而多重问题的服务对象提供个案管理服务是一个循序渐进的流程。这种阶段性的工作方法分为相互衔接的六个阶段，分别是建立关系、初期评估、制订服务计划、资源协调与计划执行、服务效果评估和结案，如图 8-1 所示。

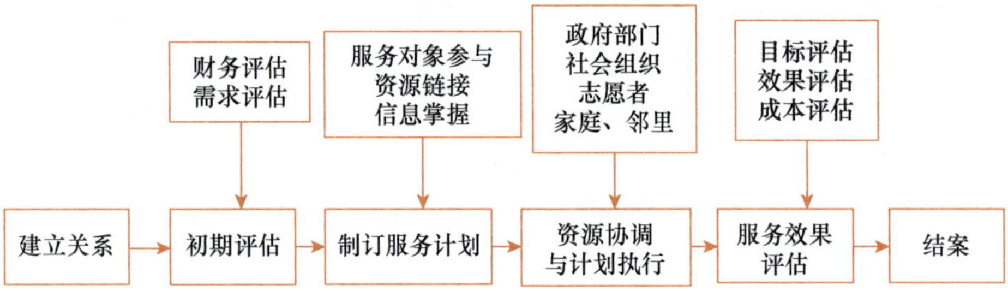

图 8-1　老年个案管理流程图

一、建立关系

建立关系是指服务提供者与老年服务对象建立一种有效工作关系的过程。在社会工作实务中，建立良好的专业关系是开展助人工作的前提，而良好的专业关系指工作者与服务对象之间存在的一种相互信赖、充分理解、彼此坦诚相待的特定人际关系。

我们应该了解的一点是，并非所有老年人都适合接受个案管理服务。肯尼思·斯·古德曼（Kenneth S. Goodman）认为至少有两类老年人需要个案管理服务：一类是即将进入机构养老的老年人，运用个案管理的方法，可以延缓这些老年人进入养老机构的进程；另一类则是社区里中度及重度病弱的老年人，经过个案管理的协调服务，可以使他们不必住进医院或者老年人护理机构，继续保持其居家养老的状态。

通常，个案管理员会对所在社区的老年人状况具有相当程度的了解。在首次探访初步结识老年服务对象并发现他存在困难和服务需求时，个案管理员应该通过多渠道、多角度收集服务对象资料，如从居委会和社区助老项目工作人员那里获得有关该老年人及其家庭的资料情况，详细了解他及家人以前是否接受过专业服务。接下来，个案管理员对老年人进行再次拜访，澄清目的，建立专业关系。此次拜访过程中，个案管理员需要向老人主动介绍自己，并说明此次到访的目的，同时向老人表达出想要协助他的意愿。此后，对老年人进行进一步探访与接触，经过多次沟通，老人及其家人对个案管理员的信任感逐步增加，信任关系初步建立。随着接触次数的增加和相互间信任感的增强，服务对象越来越愿意向个案管理员倾诉自己内心的想法，表达自己的情绪状况。这时，个案管理员要鼓励其表达出对居家养老环境的感受和看法，对自己的专业角色进行澄清，简要说明专业工作的性质，即这一工作可以帮助服务对象解决什么问题，不能解决什么问题，并向服务对象说明他们的权利和义务等。个案管理员还要与服务对象一起详细讨论他们对社会工作服务的各种期待，并对期待进行协商，在案主自决原则的指引下，对服务内容与服务方式达成共识。至此，个案管理员与老年服务对象基本建立起良好的专业关系。

二、初期评估

在与老年服务对象建立起良好的专业关系的基础上，个案管理员需要对老年人进行初期评估。个案管理员要引导服务对象表达自己的问题以及他需要获取什么资源和协助，在此过程中还要对老年人的表达做出专业性回应。此阶段的评估工作需要聚焦以下三个方面：服务对象需要解决的问题，服务对象认为对解决问题可能有用的资源，以及服务对象在使用这些资源时的障碍。问题评估是为了确认老年服务对象的主要问题，这需要个案管理员与当事人一起列出问题清单。资源评估是为了发现老年人自身正面资源的状况，为制订服务计划做准备。障碍评估是为了探索老年服务对象社会资源链接中断的情况与原因，以便通过服务有针对性地为他进行资源链接。通过初期评估，个案管理员可以制定出一份资源清单，界定出服务对象所需要的潜在资源网络范围，以便随后逐步建立资源网络；同时，初期评估也要对服务成本进行估算。在这个过程中，财务评估的目的在于评估服务对象支付服务成本的能力，而需求评估的目的是建立整合型的服务方案，是一种综合性评估。需求评估是这个过程的重点所在，它可以为整合与协调服务对象不同形态的服务类型提供参考。

以导入案例中的杜奶奶为例，通过对她的初期评估，可以发现杜奶奶需要解决的问题主要包括生理健康问题、心理健康问题、社会参与问题和居家环境改善问题。具体来说，杜奶奶年事已高，身体状况较差，身体残障并饱受病痛折磨。但是由于家庭经济条件限制，未能得到应有的检查与治疗。在心理健康方面，杜奶奶的焦虑较为明显，孤独感难以排解。在社会参与方面，由于身体原因，杜奶奶无法参与社区活动，没有朋友，对邻居也不熟悉，社交圈狭窄。她的居住条件较差，生活极不方便。杜奶奶拥有的社区资源主要包括正式资源和非正式资源两个系统。正式资源主要有社会工作机构、居委会和社区康复中心等，而非正式资源主要包括家人、邻里、亲戚等。杜奶奶在使用资源过程中存在一定障碍。主观障碍体现在她几乎与外界断绝联系，无法获取帮助信息，她对于生活采取悲观消极态度，削弱了她向外界求助的积极性和主动性，求助动机减弱在一定程度上给她的情绪带来了不良影响。杜奶奶的客观障碍主要为家庭经济条件较差限制了她获取资源的选择途径，高龄和残障是她使用资源的两个无法逾越的现实障碍。在个案管理过程中，协助杜奶奶及其家庭破除资源使用障碍，增强他们识别和利用资源的能力，提高杜奶奶居家养老生活品质是针对此案例的专业工作重点。

三、制订服务计划

制订服务计划是个案管理的中间步骤，个案管理要实施的所有服务都是以服务计划为依据的。制订服务计划就是把评估过程中积累的资料转换为能够使服务对象得到协助的一系列行动。一般来说，个案管理的服务计划是一种“包裹式”的一揽子服务计划，是一套能够为老年服务对象提供完整服务的可行性计划，包括治疗计划、康复计划及服务和照顾计划等。根据服务对象的不同，计划也会有相应变化。计划的制订应考虑三个因素：第一，充分掌握各种可用服务的品质和价格信息；第二，资源的取得应该富有弹性；第三，明确各部门间的财务责任配置与连接。除此之外，目标的确认以及选择达到目标的方法也非常重要。另外，在计划的制订中，个案管理特别强调服务对象的参与过程，目的是达到增强其自我选择、自我决定、自我照顾、自我实现的能力，以及为服务对象“增权”的目标。

服务计划的结构通常包括以下部分：形成目标，即服务者和服务对象共同承诺要努力达到的可实现的目标；具体目标的顺序，使一些关键性问题能够被优先解决；达到目标的方法，即介入策略，是解决问题的行动方案。在杜奶奶的案例中，个案管理员通过与杜奶奶协商，制定了杜奶奶的个案管理长期目标：增强杜奶奶的社区人际关系网络，加强社会支持；强化杜奶奶的社会支持网络，提高杜奶奶使用和调动资源的能力；促进杜奶奶的身心健康，提高她的居家养老生活品质。

由于杜奶奶的问题多样化，设定的服务目标也不止一个，这时就需要对目标进行排序。考虑什么目标在杜奶奶看来是最重要的，什么目标是最容易达到的，以及资源的可行性与可使用性等因素，通过与杜奶奶一起协商，最终确定服务目标的实现顺序：为杜奶奶提供心理辅导，消除不良情绪，减轻心理负担；链接专业机构资源，协助杜奶奶参加社区活动，促进她的社区参与；为杜奶奶链接医疗服务资源，提供免费体检，缓解身体疼痛，提高杜奶奶的身体健康水平；为杜奶奶链接残联资源；进行家居环境改造，改善居家环境。

在澄清并选择好目标后，就要决定如何达成这些目标。个案管理员鼓励杜奶奶开阔思路，与自己一起谋划策略。通过给予杜奶奶鼓励和赞扬，选择适合的策略，抛弃明显不合适或者阻力较大的策略。随后，个案管理员与杜奶奶签订了服务协议。

四、资源协调与计划执行

计划执行是一个服务输送的过程，也是一个帮助服务对象克服资源链接障碍、使之与可用资源建立联系的过程。在这个过程中，个案管理员通常采取三种策略：一是链接，为与具体服务提供者开启一个新的关系而采取行动；二是协商，为改善服务对象与具体服务提供者之间的现存关系而采取行动；三是倡导，当外在环境中某些因素与当事人产生冲突或使当事人处于不利状况时，个案管理员要站在服务对象的立场上代替服务对象提出请求并采取行动。

依然以杜奶奶为例，在确定了针对杜奶奶的服务目标后，要对所能获取的资源及获取资源的障碍进行澄清。杜奶奶其实是拥有一些资源的，她的内在资源主要为她的人生经验和信念，如杜奶奶希望能够多与人接触等。而她获取资源的障碍则可能包括她并不知道从谁那里可以获得帮助，以及针对残障老年人的医疗服务人员较为缺乏。随后，通过资源链接、协商和倡导方式为杜奶奶动员资源。在此过程中，个案管理员要监督与支持杜奶奶，不但要及时了解服务的提供情况，还要给予杜奶奶支持与理解，通过情绪疏导方法安抚杜奶奶的情绪，对她提出有针对性的建议。个案管理工作是一项需要与其他助人者协作的工作，因此个案管理员还要与为杜奶奶提供服务的工作人员保持积极和密切的联系，并使资源能够发挥最大作用，资源整合是对计划执行效果、服务对象资源使用效果进行评估和改善，以确保资源网络的持续提供和被有效使用。杜奶奶平时都是找社区诊所的医生看病，并且二人是同乡，个案管理员于是决定将社区诊所的这名医生纳入社区助老服务队中，为社区老年人提供志愿服务，并使他成为杜奶奶的固定志愿者，增进了杜奶奶与社区医生同乡的交往。同乡资源的挖掘与整合，有效配合了社区卫生中心的服务支持，又丰富了社区志愿者人才队伍，能够为社区中更多需要帮助的残障老年人提供服务。

五、服务效果评估

计划执行的监督，需要与服务对象、服务提供者进行不断的接触，以协调服务对象与服务提供者之间的关系，强化服务契约，确保为服务对象提供适当、有效的服务。而评估是对计划所设定的目标及服务体系的评估，是个案管理中比较重要的环节，它主要从三个方面进行：一是目标评估，目的是解决现实情况与目标之间的差距，调整目标或改善现状是调整差距的主要做法；二是效果评估，目的是进行阶段性总结，主要检视资源提供者是否为服务对象提供了计划规定的服务，以及服务对象的满意程度，这是效果评估的核心内容；三是成本评估，目的是控制超支的需要，主要通过财务监督来完成。

杜奶奶的个案管理员与她一起对整个服务过程进行了回顾，发现杜奶奶在居家养老中的主要问题得以解决并取得了一定的成效。首先，通过心理辅导，杜奶奶能积极转变思考方式，现在已经能平静地接受残障的事实，对待生活的态度也变得更为积极乐观，焦虑情绪得到了很好的宣泄和缓解，心理负担得以减轻。其次，在社区志愿者的陪伴和帮助之下，她成功实现了走出家门的愿望，积极参与到社区活动之中，这不仅丰富了她的日常生活，排解了内心的孤独感，还增强了与社区其他老人和邻里之间的互动交流，人际关系网络也得到了有效增强和改善，社会支持得以强化。再次，通过社区医疗机构资源的提供和老乡医疗资源的作用，杜奶奶得到了更好的照顾，腰痛发作时间间隔延长，身体疼痛得到了有效缓解，她还能享受到社区义诊资源，精神状态也有了很大改善。最后，杜奶奶的家人定期对老人的房间进行打扫，并及时处理其排泄物，必要的通风透气减轻了房间里的异味，居家环境得到了一定改善。社区工作站还为杜奶奶安装了颐老一键通，为她提供了紧急支持平台，居家安全保障程度得以增强。杜奶奶对服务比较满意，从满意度调查表的反馈中可以了解到这一点。但是还应该看到，由于杜奶奶的家庭经济条件困难、社区资源体系不健全以及杜奶奶自身特点等原因，服务效果也受到一定程度的影响。

六、结案

结束个案管理工作必须根据目标达成状况而定，也就是说，当个案管理员评估老年人已具备了一定的运用资源网络的能力，可以不依靠个案管理员而达到独立、自助的状况时，可以和服务对象共同决定逐渐进入结案阶段。此时的个案管理员还需要考虑在结案后进行一段时间的跟进服务，以确认服务对象确实已达到了服务目标。但需要注意的是，结案还需要根据服务对象的情况而定，如对高龄的老年服务对象，个案管理的过程有可能会一直持续下去，结案意味着服务对象生命的终结。

通过与杜奶奶共同对服务过程的回顾以及对服务效果的评估，个案管理员明确了杜奶奶在居家养老中的需求和问题都已经得到满足与解决，杜奶奶及其家庭获取和运用资源的渠道和能力得到了拓展和提高，具备了在支持网络体系中识别、挖掘和调动资源的能力，可以做到通过自己的能力解决日后居家养老中的各种问题和困境。鉴于服务目标基本达成，个案管理员将评估结果呈报督导，经过与杜奶奶的协商，双方决定解除专业关系，顺利结案。个案管理员后续继续采取跟进服务，与服务对象家庭保持联系和有效接触，了解服务对象及其家庭的改变，确保各系统运作状况良好，保障服务介入效果的有效性和持久性。

第三节　老年个案管理模式

对具有长期照护需求的老年人而言，个案管理是保证老年人获得整合性照护的重要方法。通过针对老年人实施个案管理，可以将碎片化的服务系统加以整合，为老年人提供综合服务，从而改善老年人的生活状况，提高老年人的心理健康水平和幸福感，改善病弱老年人的健康状况，以使他们达到最佳状态。本节主要根据为老年人提供个案管理服务的不同主体对老年个案管理模式进行介绍。

一、社会工作者主导模式

一直以来，在社区养老服务中，社会工作者都是个案管理工作的首要人选。担当个案管理员的社会工作者普遍认同的观点是需要提供个案管理服务的老年人往往面对多重困境，老年人所面对的社会情境、家庭情境是复杂而综合的，这些困境之间存在一定的因果关系。个案管理员要对具有多重困境的老年服务对象进行跟踪记录，要对这些老年人的生理、心理和社会关系等多方面进行持续关注，并且需要特别注重服务对象和助人者之间的沟通与互动。具体来说，社会工作者主导的个案管理模式也有不同分类。

（一）心理干预模式

个案管理的心理干预模式强调对老年人的心理支持，服务对象往往是那些体验到孤独、遭受重大创伤或者处于疾病晚期接受姑息治疗的老年人。此模式认为老年个案管理的功能在于提升老年服务对象接受专业服务的意愿，帮助老年服务对象与诸多服务提供者之间建立良好专业关系，强调个案管理员必须具有丰富的临床工作技巧，以便照顾那些情绪不稳定和心智失常的老年人，为他们提供专业支持与实际帮助，同时也关注老年服务对象在自我决定和个人成长方面的诸多需求。

（二）个人强化模式

个案管理的个人强化模式并不过多关注与强调外来支持，而是更关注帮助老年人通过寻求并充分利用其自身周围的资源，来改善生活状态。个案管理员可以通过与服务对象的深入交往及对所在社区的人际网络资源的充分挖掘，帮助老年人实现自我正向强化。如个案管理员可以帮助有孤独感的老年人借助社交媒体构建虚拟社区，促进老年人与家人及朋友的联络，结交新朋友，甚至通过网络游戏减少孤独感，减少老年人抑郁的发生与恶化。

（三）多学科团队模式

个案管理的多学科团队模式以康复医生、职业治疗师、心理咨询师、家居改造人员和家政服务人员等为主构建多学科团队，个案管理员在团队中起到联系、沟通以及调整的作用。通过个案管理员的工作，可以保证老年人顺利完成从住院到社区康复的平稳过渡以及在社区的医疗措施的延续，达到减少医疗费用和降低再入院率的目标；此模式还适用于社区中的病弱老年人，经过个案管理员的协调服务，使老年人不必住进医院或老年人护理机构，通过链接医疗服务进社区、进家庭，继续保持居家养老状态。

二、护士主导模式

（一）护士独立主导模式

老年人往往在住院过程中要接受护士的个案管理。在医院中，护士对老年人的个案管理主要针对急重症老年人，通过对其进行个性化评估、监测以及照护，减少老年患者并发症的发生率并缩短住院时间。而在出院过程中，护士针对老年患者进行延续性个案管理，可以保证高危老年患者从医院到家庭的平稳过渡。作为个案管理员的护士通过电话或家庭随访为老年患者提供用药、营养、身体锻炼、体重控制以及健康行为等方面的咨询。此个案管理模式可以缩短老年患者的康复时间并减少其再次入院的概率。随着移动医疗技术的快速发展以及老年人对电子产品的接受度和熟悉度的提升，个案管理有望打破医院界限，实现远程个案管理，从而提高老年患者的服药依从性和减少并发症等。

（二）跨专业团队照护模式

老年人的健康状况复杂多变，单靠某个专科的护士或者社区护士提供支持，很难解决其多方面的身心问题，全方位满足老年人需求。跨专业团队照护模式顺应了这一趋势，护士作为个案管理员在团队中承担评估、沟通、协调和监督的职能。此类个案管理工作模式以老年患者为中心，考虑到老年患者的特殊性，兼顾疾病照护、改善身心功能与家庭社会功能等老年人的多重需求，追求老年人长期的健康照护效果，对提升有慢性病的老年人及病弱老年人的照护效果及社区生活质量非常有效。

三、护士＋社工双主导模式

组建由医生、社区护士、临床药学专家、心理治疗师、社会工作者、营养师等专业力量共同构成的多学科队伍，并强化社会工作者与护士的主导与分工合作，是护士＋社工双主导模式的主要特点。在此模式中，护士注重与老年人疾病相关照护工作的管理和协调，社会工作者则以社会福利方面为专长，着重于老年人社会支持网络的构建和心理疏导等方面的工作。此模式的优势在于可以整合护士与社会工作者各自的专长，更有利于为复杂状况老年人提供整体照护。但是由于护士与社会工作者常常分属不同行政系统，获得某个行政系统的长期资金支持是保证此模式能够顺利运转的一个先决条件。

四、对我国老年个案管理模式的展望

当前我国养老服务形势严峻，从功能上看，服务输送应该实现“住房-医疗-护理-预防-生活协助”一体化；从架构上来讲，应实现“医疗系统-长期照护系统-养老系统”的贯通；从地点上来讲，应打通“居家-社区-机构”之间的转运通道，随时满足老年人需求的变化。要实现上述目标，需要建立两大中枢系统：一是个案管理者，他应当在整合老人、医生、护士、社会工作者、康复治疗师等各方意见的基础上，制订照护计划并协调实施；二是社区协调中心，该中心负责统筹社区内的各项活动，保证各项服务的有效输送。

我们应该看到，不管是护士主导模式、社会工作者主导模式还是护士+社工双主导模式，都是世界各国、各地区根据自身政治、经济和社会状况发展出来的适合本地实际情况的老年个案管理模式。我国针对老年人的个案管理模式尚处于探索阶段，结合当地实际情况，开发出有针对性且高效的个案管理模式显得尤为必要。

中国社会的人口老龄化已不可逆转，高龄化及长期照顾已成为不容忽视的公共问题，随之而来的丧偶、空巢、独居和失能失智老人的健康照顾需求增加，对我国现有的老年福利及公共服务提出了严峻挑战。个案管理在老年人健康照护方面发挥了较大作用，可以使老年慢性病患者以及病弱老年人在社区得到延续性照护，提高其生活质量。目前我国个案管理在老年人群健康照护中的应用还处于探索阶段，借鉴他国的先进经验将有助于各级行政部门以及实务工作者对个案管理模式在老年人中的合理应用进行实践和研究，发挥个案管理的个性化照护、整体照护作用，为老年人（家庭）提供实质性的工具性支持。

第四节　老年个案管理案例

一、耆乐安居 温暖同行——针对摔倒长者的个案管理

老年人由于生理条件老化，一般会有多种基础疾病，如高血压、糖尿病、心律不齐、脑动脉硬化等，一旦发生跌倒，不仅导致软组织损伤，严重时还易骨折、脑外伤，甚至危及生命。跌倒不仅是65岁以上老年人非自然死亡的首位伤害原因，也是65岁以上老年人外伤的主要原因。老年人跌倒死亡率随年龄的增加急剧上升，跌倒除了导致死亡外，还导致大量残疾，严重影响老年人的身心健康和生活质量，也增加了家庭和社会的负担。65岁以上老人几乎都有跌倒的经历，而且随着年龄的增加而升高，老年人跌倒看似是一种意外，其实是日常生活中存在某些潜在的内、外危险因素，需要对其加以重视。

（一）案例介绍①

秦爷爷，92岁，独居，老伴及2个儿子已相继离世，有2个女儿不与自己同住。由于下床时不慎摔倒后造成压缩性骨折，脊椎、双脚疼痛的旧疾加剧，出院后居家休养，但双脚经常抽筋，失眠严重。秦爷爷家里无适老化改造，无防滑措施。秦爷爷以前独住，女儿白天过来看望。出院以来，秦爷爷由小女儿负责白天的饮食和卫生清洁等；大女儿主要负责晚上陪护老人，属于老老照护。对面邻居与秦爷爷的女儿关系比较好，经常会过来一起喝茶、聊天，如秦爷爷需要，也会力所能及地帮忙。

（二）案例分析

1. 评估

（1）问题分析。

首先，秦爷爷疼痛难忍，心情低落。跌倒造成秦爷爷压缩性骨折，治疗一周后出院，针对脊椎和双脚疼痛，秦爷爷经常涂活络筋骨药水，但由于旧疾多年，疼痛没有缓解，影响睡眠，导致严重失眠及心情低落。其次，家属照护压力大。服务对象的大女儿已经72岁，由于自身不慎摔倒，左臂还没有完全恢复，但晚上要负责陪护父亲。父亲晚上起夜2～3次，照护存在困难；小女儿白天过来帮忙，但自己的家庭也需要照顾，因此两边来回跑存在一定的压力。再次，防摔意识低，摔倒后应对不足。服务对象为第二次摔倒，但没有进行适老化改造，老人也没有采取相关防滑措施。老人上次摔倒后虽然双脚很痛，但自行爬回床上，完全没有预防二次伤害的意识，老人和家属都存在摔倒后的应对能力不足情况。

（2）需求分析。

首先，缓解脊椎和双脚疼痛的需求。服务对象摔倒后，脊椎旧疾和双脚疼痛加剧。其次，减轻照护压力的需求。服务对象觉得女儿轮流照顾自己给她们带来很大麻烦，心里非常过意不去，希望女儿的照护压力能够减轻。再次，防摔意识和摔倒应对能力提升的需求。老人已经是第二次摔倒，需要进行防摔意识提升和摔倒后应对能力的提升。

（3）优势分析。

首先，从微观层面看，服务对象记性好、思路清晰，对于问题的解决有极强的意愿。其次，从中观层面看，社区有丰富为老资源，有敬老餐厅、照护中心、小区医生工作室、社会工作室、退休医生志愿者、防摔宣传志愿队和家属照护等。再次，从宏观层面，根据厦门市民政局出台的《厦门市养老服务机构拓展居家养老服务试点工作方案》（厦民〔2021〕79号）的文件精神，居家失能、半失能等老年人可以申请“家庭养老床位建设服务”，如上门助洁、助餐、助浴、生活护理、康复理疗、预防保健等专业服务，有需要的居民可报名申请。

2. 介入

（1）服务目标。

总目标：对服务对象开展个案管理服务，缓解服务对象疼痛，减轻服务对象的

---

① 耆乐安居 温暖同行：个案管理模式在摔倒长者中的运用．“厦门社工”公众号，2023-12-09.

照护压力，提升服务对象防摔意识和摔倒应对的能力。

分目标：

首先，链接社区志愿者退休中医资源，给予按摩和保健指导，缓解疼痛；

其次，协助申请家庭养老床位服务及社区照料中心提供临时陪护资源等，减轻照护压力；

再次，通过链接社区防摔志愿者为服务对象提供防摔指导，并由社会工作者提供改善家居安全环境的指导，提升服务对象防摔意识。

（2）实际介入。

第一，初期阶段：建立关系、需求评估和干预规划。个案是由助老员转介，通过利用已有的资料对服务对象进行初步了解，为服务对象建档，了解服务对象的需求。利用同理心、真诚、尊重、服务对象自决等技巧，与服务对象建立信任关系；进行服务沟通，让服务对象及家属清楚目前存在的问题，并询问服务对象对存在问题有什么想法，服务对象表示希望女儿照顾不要这么累，能减轻女儿的照护压力。另外希望能缓解疼痛，接受康复及饮食指导等。之后，社会工作者与服务对象及家属商讨，共同确定三个目标，并且将目标进行了重要性排序：减轻照护压力，缓解疼痛，提升防摔意识。

第二，中期阶段：资源运用和组织协调。中期阶段主要目的是通过搭建正式和非正式社会支持网络，使服务对象脊椎和双脚的疼痛得到缓解，家属掌握穴位按摩缓解疼痛的方法，服务对象和家属的防摔意识及摔倒应对能力得到提升。

社会工作者协助服务对象申请家庭养老床位，提供助洁、坐便椅、洗澡椅等，减轻家属照护压力；链接社区敬老餐厅资源提供送餐服务，减轻饮食照护压力；链接社区照护中心，为服务对象提供有偿临时陪护服务；链接小区医生工作室志愿者医生入户提供疼痛缓解的用药指导和照护指导，帮助家属掌握照护技巧，减轻照护压力；医生建议服务对象可以自己在床上进行一些手指和脚趾活动，也建议服务对象家人协助服务对象进行全身活动，防止血栓，并且提醒其家人防止服务对象便秘，多喝水和吃含粗纤维的食物和水果，还要注意床铺与身体卫生，防止褥疮。

社会工作者链接社区热心志愿者老中医陈叔叔，为服务对象进行推拿及穴位按摩康复指导。陈叔叔对服务对象实施推拿拔罐治疗，缓解了服务对象的疼痛。陈叔叔告知其家属，平常每天可以给服务对象进行大腿三块肌肉和足三里按摩，并演示按摩的位置和手法，直到家属掌握了方法。

社会工作者链接社区两名防摔志愿者，提供防摔指导。志愿者蔡阿姨将自己的亲身经历、自己身边的亲人以及邻居发生摔倒的情形告知服务对象，让服务对象了解可能发生摔倒的情形，注意避免类似情形出现，帮助服务对象提升防摔意识，并建议使用防滑拖鞋、助步器，教授防摔方法，早上起床做伸展操等，以积极应对防摔。此外，社会工作者对摔倒后如何应对进行指导，倡导服务对象使用呼叫手环，并教服务对象如何呼叫，如何使用社区的紧急应对平台等。

第三，末期阶段：做好结案前服务工作，实施结案。社会工作者与服务对象回顾之前的服务过程，包括社会工作者所做的工作以及服务对象所得到的服务，肯定服务对象参与问题解决的能力，并鼓励他要继续学习运用社会支持网络资源解决问题，鼓励服务对象保持积极态度，服务对象及家属表示很感谢社会工作者提供的服务。社会工作者进一步了解与服务对象共同设定目标的达成情况，服务对象填写了《个案服务满意度评估表》《个案结案评估表》，进行了满意度评估，服务对象确定表示个案服务目标已经达成。社会工作者与服务对象一起讨论他对结案的感受和态度，服务对象表示自己能够接受结案所带来的变化，表达了对社区的感激之情，还提到不希望让孩子太受累。社会工作者鼓励他要积极应对防摔。

（三）总结

该案例中，社会工作者采用个案管理的专业服务方法为摔倒老人提供服务，帮助摔倒老人学会利用社区的正式和非正式社会支持网络及资源解决问题，服务对象以积极心态面对结案，愿意运用学到的防摔方法积极应对。服务对象及家属均表示学会了跌倒的预防与处置方法，具有了较高的防范意识与防范能力。对社会工作者的服务表示非常满意。

社会工作者积累了如何提升摔倒老人的防摔意识和摔倒应对能力的宝贵经验，并联合小区医生工作室医生及防摔志愿者共同编写《防摔早知道》手册并进行社区宣传，惠及了社区中更多老人。通过个案管理模式的运用，充分发挥“家属＋多专业志愿者”非正式支持社会网络的作用，促进“由社区照顾”的本土化防跌倒个案管理服务模式的形成。

二、针对失能老人的个案管理案例①

近年来，我国加快健全以居家为基础、社区为依托、机构为支撑的老年护理和长期照护服务体系。基层社区社工站是街道社区民政服务力量的重要补充，以协助街道社区打通百姓民生保障“最后一公里”为己任，以独居老年人及空巢高龄老人作为重点关注对象，以前期走访入户调查等调研数据为基础，采取个案服务、精准化集中服务、街道社区志愿者联动服务等方式，以社工站为服务阵地，解决街域内老年人日常生活中的“急难愁盼”，为失能老人提供所需服务，维护失能老人的社会功能，缓解“一人失能，全家失衡”的困境。

（一）案例介绍

王爷爷和老伴儿李奶奶为南市街某社区高龄老人，2022 年春节期间王爷爷脑梗突然复发，导致偏瘫，身体极度虚弱，处于重度失能状态。李奶奶情绪悲观消极，有抑郁倾向。王爷爷的独生女需要照顾两位老人和她的女儿，并顾及工作，身心疲惫，不堪重负。

（二）案例分析

1. 评估

（1）问题分析。

第一，王爷爷康复期居家照护问题。王爷爷由于脑梗复发导致瘫痪，失能卧床，

① 精准提取需求 多方联动服务：和平区南市街社工站老年人个案服务案例．“和平社会组织之家”公众号，2022－09－08.

亟须专业护理人员进行动态健康状态监护、专业复健和照护。

第二，王爷爷康复期的身体障碍问题。王爷爷原整口义齿不再适用，导致王爷爷长期食用流食而造成营养不良，严重影响身体恢复。

第三，李奶奶情绪问题。李奶奶由于家中突遭变故，情绪低沉，表现出抑郁倾向，且拒绝与包括其兄弟姐妹、邻居、朋辈在内的外界接触，消极情绪积蓄而引发失眠严重、食欲不振等生理不适症状。

第四，家庭沟通与家庭内部环境与氛围问题。王爷爷和李奶奶由于长期处于身体不佳、紧张焦虑、精神压抑的状态，引发彼此沟通不畅、矛盾频出，从而导致家庭氛围整体呈现出消极、紧张、压抑的状态。

（2）需求评估。

第一，需链接看护者病后护理赋能；

第二，需链接助洁助浴服务资源、专业口腔医疗资源制作安装义齿；

第三，需链接相关专业医疗资源上门义诊；

第四，需入户探望进行情绪疏导、心理慰藉。

2. 介入

（1）服务目标。

总目标：协助服务对象解决病后恢复期居家照料问题，改变李奶奶情绪低沉和家庭氛围紧张的状况，引导家庭成员正向情绪表达，积极乐观面对生活，同时，改善其社会支持网络。

分目标：

第一，链接专业护理资源，保障服务对象病后复健、照护，缓解家属照护压力，并提供专业护理技巧培训；

第二，链接专业医疗资源，普及健康调理知识，缓解家属因情绪紧张造成的身体不适；

第三，挖掘社区志愿者资源，扩大其社会支持网络；

第四，引导家庭成员正向表达情绪，消除与外界接触的拒绝感，树立积极面对生活、直面困难的态度。

（2）实际介入。

第一阶段：定期上门探访，与服务对象建立良好信任关系。社会工作者积极发挥支持者、沟通者等直接服务角色，定期与服务对象沟通交流，从两位老人的精神状态、饮食起居入手，倾听他们的想法；且随时与其女儿进行交流反馈，鼓励、帮助全家人共同积极面对困难。社会工作者在上门走访收集信息基础上，对服务对象及其家庭一起辨识问题，共同制订服务计划，为后续服务开展奠定良好基础。

第二阶段：链接专业资源，集中提供服务解决家庭困境。社会工作者主要扮演协调者和资源链接者的角色。一是解决服务对象复健及照护问题。引入街域内某医养结合养老机构，由专业医师入户提供免费验血、中医看诊服务，消除李奶奶怀疑她患有某疾病的焦虑；检查服务对象恢复状态，协助申请办理长护险后派遣专业护理员入户进行病后照护及复健训练等，并向家属进行基础照护知识的教学和培训，减轻了家属照护的精神压力和身体负担。二是解决服务对象义齿制作和安装问题。

链接专业口腔诊所医师及其志愿者团队多次入户取模、制作安装义齿，使其正常饮食，助力身体恢复。三是解决服务对象助浴问题。链接专业为老服务机构及护理员，入户提供水洗助浴以及洗浴前身体检查服务。

第三阶段：统筹整合社区志愿者服务资源，形成常态化助老服务模式，并鼓励服务对象积极接触外界，扩大服务对象社会支持网络。社会工作者继续发挥资源链接者的角色，挖掘社区志愿者、邀请专业心理老师加入到为老服务行列，为其提供入户理发和心理慰藉等服务。同时社会工作者扮演支持者、使能者角色，倾听服务对象及其家属的诉说，协助其解决一系列当前生活困境，鼓励其放下心中重负，接受来自邻里、朋辈亲属之间的关心关爱；肯定其过往生活经历，给予其积极面对生活的动力和希望，服务对象及其家庭从消极、无助转变为积极、乐观，生活逐渐走上正轨。

（三）总结

个案管理服务使服务对象得到社会工作者、社区志愿者、专业养老服务人员及辖区专业医护志愿者的关注和帮扶，除解决当下困境问题外，服务对象的消极情绪得以缓解，积极向上的生活态度得以重塑。社会工作者通过发挥资源链接者作用，动员养老服务机构以及牙科专业口腔志愿者队伍、专业为老服务志愿者等进行入户服务，初步探索为老志愿服务常态化路径。历时 4 个多月的个案管理服务后，王爷爷身体和精神状况有明显好转，烦躁情绪较之前有所缓解；老伴及各亲属情绪逐步朝正向转变，原来因为情绪焦虑带来的身体不适反应减弱；家庭成员之间的沟通、整体家庭氛围向良好方向发展，并已逐步接触外界，与朋辈亲属之间加强沟通。

本章思考题

1. 什么是老年个案管理？
2. 老年个案管理与老年个案工作有什么区别？

拓展阅读

1. NASW Standards for Social Work Case Management. https：//www. socialworkers. org/Practice/NASW-Practice-Standards-Guidelines/NASW-Standards-for-Social-Work-Case-Management.

2. 李腻休，刘卫华．如何在社区养老服务中开展社会工作个案管理服务．中国民政，2023（4）.

3. 武艳华，李同，刘杰．老年精神障碍照顾者风险化解的社会工作干预研究：基于个案管理模式的视角．社会工作，2019（1）.

第九章

老年社会服务项目管理

导入案例

“幸福小院”——农村养老服务的射阳经验

“幸福小院”项目是金色华年上海养老服务有限公司开展的一项针对农村老人的社会工作项目，致力于建立以机构为支撑、社区为依托、居家为基础的新型农村养老服务体系。金色华年公司发现，一些有照护依赖但家中又无人照顾的老人，受经济状况、传统观念的影响，不愿离家入住镇上或县里的养老机构。因此，金色华年尝试在村里建立集中照护点，命名为“幸福小院”。在服务实践中，幸福小院又逐渐发展为村里的老年活动中心，村里的老人也常来此聚会，喝茶聊天、下棋打牌。幸福小院照护方式让老人虽然离家但不离开熟悉的环境，这种方式既有专门的照护员提供服务，老人之间也可以相互照顾，满足农村老人照护需求的同时也提升了老年人的生活幸福感。

资料来源：郑婕，王国强，唐钧．射阳经验：专业机构支撑下的农村养老服务．民主与科学，2021（6）.

近年来，随着政府职能的转变与社会工作服务队伍的不断壮大，我国政府越来越多地通过项目的方式来购买社会服务，社会工作机构也大多采用项目化运作方式来开展工作。“幸福小院”项目便是在基本养老服务体系建设的大背景下，通过社会组织承接项目、社会工作团队执行项目、志愿者队伍和专业照护人员辅助项目的机制来开展针对农村老人的服务。社会服务项目自酝酿申报到启动开展，乃至评估、结项，应当是一个规范而系统的过程，需要遵循相应规则，并达到一定目标。

第一节　老年社会服务项目管理的内涵

一、老年社会服务项目的概念

在解释老年社会服务项目之前，我们先来了解一下什么是项目。美国项目管理协会认为，项目是为提供某项独特的产品、服务或成果所做的临时性努力。图根认为，项目指的是任何组织的一项特定业务。狄海德认为，项目是一种特殊的、非日常事务的计划。王思斌、邓国胜认为，项目是指在一定的时间内，为了达到特定目标而调集到一起的资源组合，是为了取得特定成果而开展的一系列相关活动。方巍等人认为项目是为了完成某一独特的产品或服务所做的彼此相互关联的一次性任务或活动。

项目具有如下特点：第一，项目具有时限性。每个项目都有明确的开始和结束，一旦到达目标时限，该项目就结束了。第二，项目具有唯一性。这指的是此项服务与同类服务相比在某些方面存在显著不同。第三，项目具有确定性。确定性可以体现在目标、资金、场地等方面。第四，项目具有整体性。尽管项目可以细分为不同的环节和步骤，由不同的人来承担，但这些环节都需要最终协调到一起，在确定的时间和地点共同完成整个项目。第五，项目的组织实施具有临时性和开放性。第六，项目具有开发与实施的渐进性。

政府购买老年服务是通过发挥市场机制，将政府直接提供的一部分养老服务事项按照一定的方式和程序交由具备条件的社会力量及事业单位承担，并由政府根据合同约定向其支付费用的新举措，是我国公共服务供给领域的重要制度创新。老年社会服务项目是在经济社会发展与政府体制机制改革的时代背景下，为了多方面满足老年人的养老需求而展开的社会福利输送活动。在本书中我们将老年社会服务项目界定为政府等出资者通过招投标、资助与外包等方式将本应由政府负责实施的社会福利和相关服务通过一定形式外包给社会工作机构，社会工作机构在一定的时间内为达到组织和政府设定的目标而开展的一系列相关活动。

归纳起来，老年社会服务项目具有以下特征：第一，老年社会服务项目有一个明确界定的目标，即一个期望的结果或产出。导入案例中的“幸福小院”项目的目标非常清晰，一方面，此项目希望能够满足农村老人的照护需求；另一方面，希望增进老人交流、丰富老人的活动。第二，老年社会服务项目的资金来源以政府部门、基金会、国际组织和企业等提供的外部资助为主。因此，做好项目选择、开发及申请对于社会组织项目的成功非常关键。第三，老年社会服务项目的执行通过按顺序完成一系列相互关联且不重复的任务来达到项目目标。第四，老年社会服务项目是具有确定生命周期的一次性努力。项目由一系列活动组成，这些活动是为满足某种需求而被发起的，它们必须在一定进度计划内完成，一旦超过了生命周期，项目便会终止。第五，项目的社会效益应大于经济效益。无论在项目前期可行性分析阶段还是项目结束期的评估阶段，都要重视各种社会效益的评价指标，对于经济效益的评价指标应尽量减少使用。

老年社会服务项目根据不同标准可以进行不同的分类，详见表 9-1。

表 9-1　老年社会服务项目划分标准及分类

划分标准	分类
规模大小	特大型项目、大型项目、中型项目、小型项目
复杂程度	复杂项目、简单项目
资源来源	组织内部项目、组织外部项目
资源来源国别	国内项目、国外项目
领域	医疗卫生项目、教育项目、社区服务项目、心理疏导项目

二、老年社会服务项目管理的概念

项目管理，最早起源于美国，使用项目管理的工程有著名的阿波罗登月计划、曼哈顿原子弹计划以及北极星导弹计划等。美国项目管理协会在制定美国项目管理的国家标准之一——项目管理知识体系时明确指出，项目管理是指把各种系统、方法和人员结合在一起，在规定的时间、预算和质量目标范围内完成项目的各种工作。有效的项目管理就是在规定用来实现具体目标和指标的时间内，对组织机构资源进行计划、引导和控制工作。① 我国的黄波等人将项目管理理解为在有限的时间、预算等现有资源的条件下，将各种知识、技能、手段、技术应用到项目中，对项目设计的资源进行计划、组织、协调和控制，以达到项目要求的管理活动。它贯穿于整个项目开始、执行到评估的全部过程。②

老年社会服务项目往往由社会组织来运作与管理，我们将老年社会服务项目管理界定为从事老年社会服务的社会组织为了实现其宗旨，通过项目申请的形式获取资金、人力等社会资源，优化配置所获得的资源，有效地组织、计划、控制项目的运作过程。社会组织主要以项目为导向，社会服务以项目形式来进行，每个项目都有具体的目标和针对群体，所以项目运作是社会组织运营的核心。

老年社会服务项目管理具有以下特点：第一，项目管理具有复杂性。一般来说，项目由多个部分组成，工作的跨度涉及多个部门与机构，在实施过程中也存在着很多不确定因素和风险等问题。第二，项目管理具有周期性。老年服务项目的管理始于项目申请，终于项目评估。大型社会组织往往会基于以往项目评估结果开始新一轮项目申请。第三，项目管理需要协调与沟通。这主要由项目管理的复杂性决定，项目在运作过程中常常需要组织内外多部门、多机构配合才能实现，这需要项目实施者能够与相关部门与机构通过积极、有效的沟通进行协商、配合与合作。

三、老年社会服务项目的管理原则

老年社会服务项目需要立足老年人服务需求，整合服务资源，拓展服务内容，创新服务方式，提升服务质量，让老年人享受到更多看得见、摸得着的实惠。在进行老年社会服务项目管理时，应当在相关法律法规及政策指引下遵循以下原则。

（一）紧扣社会组织自身宗旨

宗旨是社会组织存在的依据和行动的最高纲领。在进行老年社会服务项目管理过程中，所有活动都必须以服务组织的宗旨为最优先考虑因素。以上海浦东乐耆社工服务社为例，该服务社是一家专业服务于老年人的社会工作机构，致力于推动老年社会福利事业发展。他们以“立足需求，专业服务，以人为本，与爱同行”为服务宗旨，委托和协助管理多家社区为老服务实体，为居家养老服务对象、社区独居老人、丧偶老人和老年志愿者团队等提供多元化社工专业服务。其社会服务的内容涵盖服务对象及其家庭服务、社区融合服务、护老者支持服务和养老需求课题研究等多个方面。

---

① 黄波，吴乐珍，古小华．非营利组织管理．北京：中国经济出版社，2008.

② 同①.

（二）重视项目的申请环节

社会组织的项目管理始于项目申请，终于项目评估。能否申请到项目，关系到社会组织的生存和发展。通过项目选择、项目可行性分析和形成项目策划书等一系列过程，为最终获得社会服务项目做充分准备。重视组织项目申请环节，有助于提高组织竞争力，更好地保障项目运作过程所需要的各种资源，从而保证项目顺利获取与完成，实现社会组织的宗旨。

老年社会服务项目往往扎根社区，社会组织与社区具有良好的合作关系是项目申请准备以及落地实施的必要前提，另外，专业工作者具备良好的需求评估能力和项目申请书撰写能力，能够及时获取项目购买信息也是极为重要的影响因素。

（三）坚持老年社会服务项目管理的可持续性

项目的实施通常不会一蹴而就，需要相当长的时间来运作与执行，在此过程中，会出现人事变动、资金变动、政策变动等各种各样的变化，甚至会遇到突发性事件。坚持项目管理的可持续性是项目管理中一个重要议题。可持续性指的是任何发展中的系统可以长久维持且不会由于耗尽关键资源而被迫衰弱的一种能力。为实现项目的可持续发展，必须在项目运作的整个生命周期内，既确保服务目标的顺利实现，又持续增强机构获取资源的能力，从而推动项目的持续发展与进步。社会组织应该从目标的战略性、发展的永续性和环境的适应性三个层面来考察自身的最高战略、行动纲领、快速反应性和创新性。

（四）注重老年社会服务项目的运作效率

老年社会服务项目的运作效率主要是指一系列公共资源，包括人、财、物的投入与最终的养老服务的数量与质量的对比关系。具体来说，它体现为资源的节约、成本最小化以及产出的数量与结构符合老年人需求。目前，大多数提供为老服务的社会组织存在组织结构扁平化、人员管理能力低下等问题，因此要在项目计划的引领下，进行组织结构的完善，合理的工作设计与安排，以及分级管理，保证项目计划能够具有合理性、科学性和严谨性，工作人员能够层层聚焦，做好各自工作，以便提高项目运营的执行效率。

第二节　老年社会服务项目管理程序

项目管理是将知识、技能、工具与技术应用于项目活动，以满足项目要求的过程，也可以说，项目具有周期性，它是从项目启动到收尾所经历的一系列阶段。

一、项目申请

项目申请是社会组织进行项目管理时的首要环节，只有项目申请成功了，才会有后续一系列的运作程序。项目申请主要由项目选择、项目可行性分析和形成项目策划书三个环节构成。

（一）项目选择

1. 项目遴选阶段

老年社会服务项目的选择涉及一系列决策活动。社会组织要选择对自身组织宗旨的实现最有利的项目来进行申报，也即确定项目选题。这是社会组织在项目选择阶段要做的第一件事。社会组织确定项目选题可以依据自身以往项目运作经历、社区内老年人需求、基层社区为老服务工作计划和项目发包方的项目申请指南来综合考虑确定。

2. 项目设计阶段

在项目设计阶段，社会组织要进行以下工作：第一，分析社会组织自身的现实情况，特别是要分析自身的近期战略目标，并总结以往项目申报运作所积累下来的经验，考虑所申报的项目如何利用自身优势实现组织近期的战略目标。第二，寻找服务购买方，向其申请所需资金。在项目设计时，对服务购买方的情况进行深入分析，有利于提高项目申请的中标率。一般而言，分析的内容包括过去的服务购买经历、购买方领导变更情况、对方的合作意向和一些其他的必要资料等。第三，分析当地实际情况。每个地区都有自己独特的自然地理环境与人文环境，只有根据当地情况和特色设计出来的项目才能顺利实施。第四，确定项目选题。社会组织的项目选题是根据自身与购买方两者的关系来划分的，主要分为命题式选题、非命题式选题和合作式选题三种。命题式选题的选择余地最小，必须按照服务购买方的项目指南设计；非命题式选题是社会组织有明确的申请意向，选题要与服务购买方进行磋商和调整；合作式选题则是社会组织与服务购买方有明确的合作意向与经费注入意愿，选题要通过合作协商进一步明确。第五，设计可替代方案。在确定选题后，还要对项目设计方案进行多套方案准备，把各种思路罗列出来，为项目的可行性论证和最终方案的确定提供素材和决策依据。

3. 项目选择阶段

项目的选择是指在前面各个备选方案中挑选技术上可行的、投入和产出比例合理的以及可以实现社会组织宗旨的方案的过程。在对项目进行选择时要遵循实际原则、效益原则、参与原则和能力建设原则。

（二）项目可行性分析

可行性分析是项目决策的主要依据，是项目投资决策前对项目进行技术及经济论证的阶段。具体而言，是通过对项目的主要内容和配套条件，如服务对象需求、项目规模、资金筹措和组织宗旨实现的程度等，从技术和经济等方面进行调查研究和分析比较，并对项目完成后可能取得的经济效益及社会影响进行预测，提出该项目是否值得投资和如何进行建设的咨询意见。

可行性研究的成果最终会形成可行性研究报告。项目可行性研究报告的编制思路是要向项目资助方提供一个系统而完整的思路、项目可行性的结论和实施要点，关键是要有较高的信度和效度。

一般而言，项目的可行性报告包括以下几个部分：

第一，总论部分。此部分主要包括项目的基本情况、可行性研究结论、存在的问题及建议等。

第二，项目背景和发展概况。主要论述项目提出的背景、项目发展的概况以及项目投资的必要性等。

第三，项目的对象分析。主要是对服务对象进行调查，了解服务对象的现实需求，从而决定项目实施方案和建设规模。

第四，建设条件。主要论述现有的和需要的资源情况，并对服务落地环境进行选择。

第五，技术方案。包括项目的组成、具体的社会服务方案等方面。

第六，项目组织。包括主持该项目的机构的组织形式、工作制度，与合作机构的合作方式，以及组织人员培训等方面。

第七，项目实施的进度安排。主要是对项目实施的各个阶段进行具体确定，形成项目实施进度表，并将实施过程中所需要的费用罗列出来。

第八，投资估算和资金筹措。包括项目总投资的估算、分析资金筹措的途径以及资金的投资使用计划等。

第九，可行性研究结论与建议。主要包括项目可行性研究之后形成的结论和附件等。

（三）形成项目策划书

项目策划书是社会组织在对前期工作进行总结的基础上形成的向资助方提交的正式文件。项目能否申请成功，很大程度上取决于所形成的项目策划书能否打动资助方。而社会服务项目策划书则是指针对特定现实情况及问题，结合社会工作的理念及方法，进行相关服务项目申请的书面文件，对于预防和解决社会问题、指导开展社会服务、完善社会功能、促进社会的稳定与发展具有较强指导意义。由于不同的购买主体对项目策划书的要求不同，社会服务项目策划书并没有规定的统一格式，但它也存在许多共性之处，下面对这些共性方面加以介绍。

1. 项目基本信息

项目基本信息主要包括项目的名称和项目概述。项目名称是项目目的、内容的高度概括。要做到简单、明了，基本体现项目的服务领域、目标人群、服务性质（教育、陪伴、提升等）、目的、实施地点等信息，让人通过项目名称就能快速了解项目的属性和领域。项目概述主要是简要阐述项目针对的主要问题以及计划通过何种方式达到什么目标。

2. 社会组织详细信息

关于社会组织情况的介绍有助于资助方加深对自身的了解。此部分主要提供有关社会组织的名称及简要介绍，其中应该包括组织的成立时间、地点、服务领域、主要资金来源、机构使命和愿景等，还要将自身承接过的有影响力的项目加以说明。这样有利于专家或资助方通过机构的愿景、使命等预判该机构的发展方向是否与所申请项目的方向一致。此部分还需要核对社会组织的联系人、联系方式等信息。对于以往合作过的社会组织的信息也要有所介绍，需要提供合作机构的基本情况，包括成立时间、地点、服务领域、服务记录等基本信息。多个合作机构可一一列举，并提供每个合作机构的联系人信息。合作历史主要是指与合作机构开展过的合作内容、时间和方式。

3. 项目详细信息

项目的详细信息主要包括项目背景、项目方案和项目团队介绍。

（1）项目背景。

在项目背景中，需要对服务需求进行详尽分析，对受益群体进行清晰描述，还要论证落地社区对此项目的接纳程度。需求分析是提出项目申报的依据，这一部分主要说明项目针对的问题，分析其产生的社会背景与原因；分析此问题是否广泛存在，是否迫切需要解决；介绍以往介入计划的介入力度，已有的相关政策和资源信息等。受益群体描述则是对服务对象的清晰界定，并需要提供服务对象的数量、基本特征、具体需求及问题状况等信息。社区接纳程度主要介绍项目实施地的宏观社会环境，说明项目实施地所在社区、项目将要服务的人群对项目的接纳或认可程度。例如，当地的空巢老人的构成比例及社会对空巢老人的关注和意识等。

（2）项目方案。

项目方案是项目策划书中最重要的部分，主要由项目目标、项目实施计划、项目风险分析及应对预案、项目创新性、项目可持续性等部分组成。

项目目标是项目要解决问题的愿景和期待，问题的解决、改善程度，或服务对象（社区）需求的满足程度等。一般来说，项目目标分为总目标和具体目标，总目标是长期的、宏观的、概念性的和比较抽象的目标，具体目标是一系列在项目周期内可以实现的、有可衡量指标的具体任务。在项目策划书中，必须对总目标和具体目标均进行描述。制定目标需要遵循 SMART 法则，即目标必须是具体的（Specific），要以量化指标呈现（Measurable），是通过努力可以实现的（Attainable），要和工作有相关性（Relevant），要在规定时间内完成，具有时限性（Time-based）。

项目实施计划主要呈现的是服务内容和项目进度。服务内容是指组织为解决项目前期提出的问题而预计要提供的服务，项目进度则是对项目各项工作实施的先后顺序和逻辑关系的陈述。在此部分中，常常以表格形式对各项项目活动的先后顺序和起始时间进行标注，较多使用的是甘特图法。

项目风险分析及应对预案是对项目可能存在的风险，例如经费管理风险、服务群体风险、服务内容风险等进行预估描述，并在申报书中侧重撰写针对这些风险的应对措施。

项目创新性主要阐述本项目与同类项目的差异性及本项目的独特性，如理论创新、方法创新等。

项目可持续性是指项目能否对其他组织或者同类型服务群体有更多的示范性和推行性。它主要包括项目运作模式的持续性和项目资金来源的持续性。项目运作模式的持续性分析关注本项目的运作是否有可能形成有效的、可持续运作的项目模式；而项目资金来源的持续性则主要考量创投支持结束后，机构能否争取到其他社会资源支持以及继续实施项目的可能性。

（3）项目团队介绍。

项目团队介绍也是项目方案的主要内容之一，其中包括项目负责人信息、同类项目实施经验、机构内部团队成员组成、外部支持团队和项目沟通机制等信息。同类项目实施经验中需列举以往成功结项的项目名称及成型的效果评价指标；机构内部团队成员组成中要注意分工明确、优势互补；外部支持团队的介绍要体现出其他合作机构的助力性和专业性特征；项目沟通机制主要介绍团队内部沟通、与合作机构的沟通、与服务对象或志愿者的沟通等方面的机制。

4. 项目预算

所有的项目策划书都要求提交详细的预算计划，以便资助方提供资金支持和进行资金使用监控。在项目策划书写作时要注意提出项目预算的理论和现实依据，强调预算制定的科学性。项目预算的制定是一项极为专业的工作，也是一项需要在充分了解财务制度和相关专业政策法规的基础上进行的工作。必须注意的是预算填写要和项目计划实施的活动一一对应。项目预算主要由项目业务活动经费、管理费和税金三部分构成。其中，项目业务活动经费包括项目活动费用和项目人员补贴。项目活动费用主要包括开展项目活动所需支出的场地费、宣传费、活动物资、交通费等用途类别，这部分都是可以将发票作为费用凭证的；项目人员补贴则包括支付给专家、志愿者及社会工作者等人员的费用或补贴等。

5. 附件

附件也是项目策划书的必备环节。附件主要放置重要文件或篇幅太长而不适于放在正文的文件，比如机构介绍、年报、财务与审计报告、名单、数据、图表等。那些放置在正文中会干扰读者兴趣并偏离主题的部分也可放在附件中，供项目资助方或评估方查验，但要在正文中标明详细情况，如“请查看附件×××”。

二、项目运作管理

项目的运作管理是项目管理的核心环节，它分为启动、计划、执行和控制四个步骤。

（一）项目启动

项目启动是一个项目的开始环节，通常以会议或仪式的形式进行。一方面，项目启动会议起到了对项目进行宣传的作用，促进公众对此项目的了解；另一方面，项目启动会议的召开可以使项目工作人员了解项目的具体实施细则，明确自己的职责，有利于他们发挥积极性和主观能动性。

（二）项目计划

“凡事预则立，不预则废”，这句话的意思是每做一件事，都要有预备、有计划，才能有依据并顺利完成。为项目做计划主要是为了完成项目目标而对项目所需的人、财、物和宣传活动等进行合理的安排和落实。只有这样，才能使项目目标尽可能在规定时间内有效率地完成。项目计划是整个项目管理的重要环节，在项目中起承上启下的作用。因此要按照社会组织的宗旨、项目总目标制订计划，且项目计划经过批准后将作为项目的工作指南。

项目计划分为项目总计划和年度工作计划。项目总计划的制订流程要经过参与人员的充分讨论，确定项目目标、资金到位情况、各项活动达到预期的情况。年度工作计划则是在项目总计划的基础上制订的，包括年度中的工作内容、方法、工作量、时间控制、参与人员详细分工、预期效果及详细报告程序，以及所需资金年度预算。年度工作计划是年度各项活动和投入的依据。

（三）项目执行

项目执行是指为完成项目而正式进行活动或努力的工作过程，调动资源、执行项目计划是此过程的主要任务。由于项目最终可交付的成果是在这个过程中产生的，所以该过程是项目管理应用领域中最重要的环节，执行的力度与效率直接关系到项目目标能否实现。

执行过程主要包括人力资源管理、时间管理、费用管理和资源管理四方面。其中人力资源管理包括对项目主管和项目团队的管理，做好对工作人员的授权是此部分的重要内容；时间管理主要是尽量按原定时间计划执行项目，由于社会组织执行的项目多数与人有关，有一定的不确定性，因此可根据具体问题进行及时调整；费用管理主要是指在有限的项目经费的限制下，对项目费用进行合理预算，使经费利用最大化；资源管理主要是对外部资源的管理，如社会关系资源、对外部资金的融通。

（四）项目控制

项目控制是以制订的项目计划和各项指标为依据，定期或不定期对项目实施的所有环节和工作情况进行调查、分析，发现项目活动与标准之间的偏差，分析成因，研究纠偏措施，并提出切实可行的实施方案，供项目管理层决策的过程。由于在项目实施过程中，经常会因为对周围环境的掌握程度和相关信息的收集不足而导致出现不可预料的变化，项目的实际结果就会和项目设计中期望的效果有所偏差，因此，非常有必要对项目的实施实行项目控制。

项目控制阶段要首先根据项目计划对项目目标和方向进行设定，尽量使项目朝着项目计划所确定的目标和方向前进。其次是更加有效地利用资源，进一步提高项目资源的使用效率。其中，工作重点在于项目的范围、质量、时间和成本控制。

项目的范围控制是为了识别项目出现异常或不利变更的位置，在可能的地方对这些变更进行收缩和限制。范围变更往往直接影响到项目的工期和成本。项目范围变更控制主要通过变更控制系统和配置管理来实现。

项目的质量控制是为了保证项目最终成果和项目的工作过程符合项目预期计划所要达到的目标。在项目执行过程中，各级项目负责人需要采取各种预防措施以防止工作失误或错误，避免错误重复发生。进行项目质量控制的主要做法是在书写项目计划书阶段制订一个质量管理规划或计划。

由于项目执行过程中项目范围的改变、天气突变、人员调整等不可预料的因素会使工期落后和成本超支，因此时间和成本的控制尤为必要。项目的时间和成本控制是为了使项目在预计的时间和成本内完成，使项目的工期超标和项目超预算的可能性降低到最小。

三、项目评估

项目评估是在项目投资活动中，在项目可行性研究的基础上，从整体的角度对拟建设项目的计划、实施方案等进行全面的技术、经济论证和评价，从而确定该项目未来的发展前景。这种论证和评价将为决策者选择项目及实施方案提供多方面的建议，客观、准确地将与项目执行有关的资源、技术、经济、社会各方面的数据和资料完整呈现于项目决策者面前，使其能够做出正确的决策。

项目评估主要遵循以下基本程序：

第一，项目评估组织安排。组织安排是项目评估工作的第一步，主要是做好组织评估力量和制订评估计划两方面工作。评估工作是一项专业性较强的工作，需要邀请第三方评估机构工作人员和高校相关专业专家等来组建评估小组。制订评估计划则是对项目评估工作进行周密设计，其中应该包括项目背景、项目目标、项目内容、各阶段实施情况、评估目的、评估内容、评估成员、评估时间和评估报告等内容。

第二，项目评估资料收集。在此阶段，主要收集与项目实施有关的各种资料数据，并进行查证核实，在此基础上做进一步分析研究。收集的信息资料主要包括项目目标和投资必要性方面的信息、项目的设计与建设条件方面的信息、项目财务情况和项目成果情况。通过对所收集信息进行调查核实、加工整理，最终汇总归类，供评估中审查分析或编制调查表和文字说明材料使用。

第三，项目审查分析。审查分析是在项目评估的资料收集阶段收集到必要的资料后开始的分析和审核工作，主要包括项目基本情况审查和项目财务分析两方面内容。项目基本情况审查主要涉及项目是否符合组织宗旨和行业规划，项目对组织发展和宗旨实现的作用，人力和资金等供应是否充足，相关协作配套项目是否落实，项目预期目标是否实现，项目实施方的问题解决能力，项目的进度与项目计划设定是否存在偏差，项目是否覆盖到预计的受益群体等。项目财务分析主要涉及投资估算与实际资金使用是否符合，项目的总收支是否平衡，各项目进行过程中有无超支或支出失控的情况。

第四，项目评估报告撰写。项目评估报告是项目评估的成果，通常此工作由评估机构完成，它是对项目进行的过程和可行性研究中的多项方案进行比较评估，对比出最优方案，进而提出对项目的评估结论。项目评估报告一般具有相对固定的格式，包括项目摘要、项目概述、项目实施时的内外部影响因素、评估方法、评估指标、经验教训、最终结论和参考资料等内容。

第三节　老年社会服务项目管理内容

老年社会服务项目管理是一个以项目实施为中心的复杂管理活动，项目的管理贯穿于项目立项到项目结束的全过程。在项目管理过程中，筹资管理、服务管理、组织管理、人力资源管理和财务管理是项目得以顺利开展的必要保障。

一、筹资管理

项目制是继“单位制”后能够将国家内部、国家与社会领域统合起来的最重要的国家治理模式。通过转移支付方式，基层公共服务问题得以解决。在这一主导性风潮之下，目前社会组织的经费主要是以项目化方式获得。具体来说，社会组织获取资金的主要方式为政府招投标、政府委托和公益创投。

政府招投标项目是指社会组织对政府所确定的项目标的进行公开竞争，政府对社会组织提交的项目标书和服务方案进行评估，选择各方面最符合需求的机构来提供服务，从而保证项目服务的质量和效率。政府一般会对项目的计划、服务内容、服务保障、机构提供服务的资质、项目所需资金等方面内容赋予不同权重并进行评分，以全面系统的评定标准来判断社会组织是否有承接服务项目的能力并决定是否发包项目给社会组织。

政府委托项目与政府招投标项目不同，是由政府提供经费支持，委托社会组织向某些特定服务对象提供服务，双方签订协议，社会组织根据协议约定的内容提供服务。这种方式一般是区县级政府寻求职能转变，将一部分权力下放给在社会服务方面有专长与优势的社会组织，它既能简化政府职能，又能保证服务的有效供给。

公益创投项目是一种公益领域中的资助形式，它不是简单地为社会组织提供资金，而是以风险投资方式，向具有社会目标的社会组织提供资金与非资金的综合支持。公益创投属于慈善事业，是公益慈善领域中在坚守社会公益使命与本质的同时，注重提升社会目标组织能力建设的一种投资。公益创投的项目选择相较以上两种方式而言比较灵活，只要是服务于公益金资助范围的项目都可以提出申请。

社会组织需要采取多元化筹资方式才能为项目运作提供持续、充足的资金来源，有助于提升机构项目管理的能力和服务质量。这有赖于社会组织的一系列管理活动的支撑。首先，打造品牌项目，提升筹资能力。通过优质项目设计为目标人群提供可信赖产品或服务赢得资助方，从而达到吸引更多财力资源，让组织持续盈利的目的。其次，制定科学的公共关系策略，拓展筹资渠道。要善于与营利性机构和其他非营利性组织合作，进行协同筹资，实现互利共赢；要善于与媒体合作，借助媒体报道吸引更多资金和志愿者加盟；要善于与银行合作，通过向银行贷款，丰富社会组织资金来源。再次，强化专业团队建设和经常性业务培训，提高筹款水平。通过先进的公益价值理念和独特的团队文化，吸引更多项目管理专业人才投身公益，增强团队专业性。同时，对于已有专业人员，可以通过在职深造、能力建设培训等形式提高其筹资的专业化程度。最后，依托各组织的专业特点，努力发挥自身优势，在确保其公益性的前提下，引入竞争机制，通过强化服务能力和拓宽服务范围，提高经营收费来源比重。

二、服务管理

项目的服务管理是指在项目管理的过程中，为确保项目服务的质量达到购买方所规定的要求而开展的一系列项目管理工作。它贯穿于项目管理的计划、执行、评估的方方面面，目的在于确保项目的利益相关者的需求和期望得到满足，是项目管理过程中的一个关键环节。通过项目的服务管理对项目的品质进行全过程、全范围的管理，是实现项目目标的科学方法和有效途径。在这个过程中，可以采取全面性的服务对象导向系统，用于改善服务品质，它需要机构从上到下全面动员，对项目管理过程进行持续改善，以满足服务对象需求，获得较高的项目满意度。

（1）项目的服务管理具有系统性特征。项目管理从系统和全局出发，对过程、人员的协调进行综合性考察，追求全局最优、整体效益最优，而不是追求某个局部最优。要达到这个目标，项目管理过程中必须兼顾对外重视服务对象的需求和对内重视运作规程，随时修改行动策略，持续改进以实现长期目标。项目服务管理对实施老年服务项目的社会工作者也提出了较高要求，在项目管理过程中，社会工作者处于多专业的团队中，必须清楚自己的角色，项目社会工作者不再只是对自己的实务负责，还需要维持专业完整性，致力于平衡各方面需求。因此，项目负责人必须确保每位项目社会工作者都能够明确自己对服务质量的责任，进而发挥每位项目社会工作者的智慧、创意与活力，引导他们投入到组织目标的实现和对质量的追求中。

（2）项目的服务管理要以服务对象为中心。项目的服务管理过程强调以服务对象为中心导向，坚持服务对象至上。一切为服务对象服务的指导思想，使项目服务质量全方位地满足购买方和服务对象的需求，输送高品质的服务。充分考虑服务对象的需求和将服务对象纳入决策系统是项目服务管理的重要内容，对组织积极性和活力的调动有着重要影响。

（3）项目的服务管理要具备品牌培育意识。项目管理的最终目的是要提升社会工作机构的专业服务质量，使服务对象受益，因此项目管理不仅仅是要按照项目既定的流程和目标来完成项目，而且要通过规范管理和专业化服务产生真正的服务实效，并形成一定社会影响力，打造机构品牌形象，利用项目来驱动社会工作机构的长远发展。社会工作机构在项目管理的过程中要重视机构品牌项目建设，着眼于机构长远目标，开发机构的特色项目，不断完善支柱性项目，提升机构和项目知名度，这样才能获得项目发包方的信任和资金支持。

三、组织管理

社会组织在运作老年服务项目过程中，除要遵守项目购买方所规定的制度及要求外，为了使项目实施更高效、有序，还需要建立起与自身实际状况和项目要求相适应的组织结构和规范流程，这就是项目的组织管理。它是社会组织在日常项目管理工作中所形成和遵守的程序和规范，是组织自身所形成的工作流程。通过进行科学规范的组织管理，能够维持项目运作的良好秩序，提高工作效率，更好地整合资源。

项目实施的组织结构是为了实现项目的总体目标并对所需要的资源进行合理配置而建立的从事项目管理工作的临时组织机构所采取的结构。项目的组织结构是一种表现项目组织各部分排列顺序、空间位置、联系方式以及各要素之间相互关系的模式，是执行管理的体制。项目组织结构适应任务需要而产生，因为任务之间的差异，各类项目的组织结构也不尽相同。根据项目管理知识体系（PMBOK）的规定，项目的组织结构共有三种，它们分别是职能型组织结构、项目型组织结构和矩阵型组织结构。

（一）职能型组织结构

职能型组织结构是目前最普遍的项目组织形式，它是一个标准的金字塔形组织形式。项目以部门为主体来承担，一个项目由一个或多个部门承担，也可一个部门承担多个项目。这种组织结构适用于主要由一个部门完成的项目或技术比较成熟的项目。此组织结构的优点为可以充分发挥职能部门的资源集中优势，有利于保障项目所需资源的供给和项目可交付成果的质量，在人员的使用上具有较大灵活性。这种组织结构的主要缺点在于项目成员在行政上分别隶属各职能部门，项目经理的沟通成本较高。

（二）项目型组织结构

项目型组织结构是完全按照项目进行部门设定的一种组织结构，是单目标垂直组织方式。在此组织结构中，项目经理有足够的权力控制项目成员，项目成员向唯一领导汇报。这种组织结构适用于开拓性的和风险较大的项目或对进度、成本、质量等指标有严格要求的项目。项目型组织结构的优点是项目经理对项目的掌控度高，决策速度快，能够对服务对象的要求及时做出响应，组织结构简单，易于沟通交流，决策速度加快。其缺点则主要表现为相对独立的项目有可能导致资源无法共享，信息缺乏交流。

（三）矩阵型组织结构

矩阵型组织结构是职能型组织结构和项目型组织结构的混合体，既具有职能型组织结构的特征，又有项目型组织结构的特征。它根据项目需要从不同部门中选择合适的项目人员组成临时项目组，项目结束后，这个项目组随之解散。这种组织结构的关键是项目经理需要具备好的谈判和沟通技能，项目经理与职能经理之间建立友好的工作关系。项目成员需要适应两个上司的协调工作。加强横向联结、充分整合资源、实现信息共享、提高反应速度等方面的优势符合当前形势要求。这种组织结构适用于管理规范、分工明确的公司或者跨职能部门的项目。此类组织结构的优点是加强了资源共享程度，提高了工作效率，但是资源共享和多重领导可能会引起更多冲突。

项目组织结构对于项目的实施运作具有较大影响，针对社会组织发展阶段特征和项目类型及要求，进行项目组织结构的设计及调整，使项目能够顺利开展，提供最适合服务对象需要的服务，是社会组织的管理者必须面对与解决的关键问题之一。

四、人力资源管理

人力资源是项目管理过程中影响项目成效的重要因素，人力资源管理也是项目管理过程中的核心，它的主要任务是获取最适合项目服务的人力资源，再将人力资源配置到项目服务的过程中，同时还要对员工进行监督、考核和激励，充分发挥他们的潜能，使得项目服务的效果能够达到最优状态。项目人力资源管理的主要内容包括人力资源配置管理、人力资源绩效考评、人力资源培训管理、激励管理和薪酬管理等。

社会服务项目人员配置指的是社会组织以科学的测评手段和方法为工具，通过招募、甄选、录用和评估等程序，从组织内外获取合适人员填补职员空缺，实现项目目标的过程。按照现代人力资源管理要求，社会项目人员配置要从组织和个人角度考虑。从项目利益出发，要满足项目的用人需要，同时，考虑到项目成员个人的特点、爱好和需要，在此基础上为每个成员安排适当的工作。通过人员配置可以弥补岗位空缺，及时满足项目运作与发展的需要；通过对应聘者的准确评价，降低非营利组织人员流失率。有效的人员配置活动有利于树立社会组织的良好形象。

绩效考评是通过系统方法、原理来评定员工在职务上的工作行为和工作效果的员工评估制度，是管理者与员工之间的一项管理沟通活动。系统与科学的绩效考评活动，可以为具体而全面地了解员工提供依据，也便于项目工作人员了解领导及同事对自己的看法与评价，还可以使社会组织以此为依据为员工制订培训计划与发展规划。有效、公平的绩效考评奖惩制度，可以使员工心情舒畅，为员工发挥积极性和创造性提供有利的环境条件。

人力资源培训管理是社会组织根据自己的实际工作需要，为提高工作者的素质和能力而对其实施的培养与训练。一般来说，人力资源培训主要包括新员工上岗培训、在职员工组织内培训、在职员工外派培训和员工终身教育四种。人力资源培训管理可以使项目成员具备完成本项目任务所需技能，促进项目目标的顺利实现。

调动人的积极性是项目管理中的永恒话题，也是提高效率和效益的关键环节。激励是把双刃剑，好的激励可以带来正面的影响，但使用不当也可能带来负面的影响。激励需要遵循按需激励原则、项目目标与个人目标相结合原则、适度适时原则、奖惩相结合原则和客观公正原则。通过目标激励、竞争激励、奖惩激励、感情激励和组织文化激励等方式激发员工的工作动机，使他们产生实现组织目标的特定行为过程。

薪酬管理是社会组织在发展战略指导下，对员工薪酬支付原则、薪酬策略、薪酬水平、薪酬结构、薪酬构成进行确定、分配和调整的动态管理过程。合理的薪酬体系会促使员工更加专注于工作、更加努力，从而提高工作效率，为社会组织带来发展、增强活力；相反，不合理的薪酬往往带来低效率和人员流失。薪酬管理是社会组织人力资源管理中的关键要素。薪酬管理需要坚持公平性、竞争性和激励性原则才能发挥积极作用。

五、财务管理

社会组织承接项目是为了向社会大众提供社会服务，完成自己的组织宗旨，虽然其目标不是盈利，但是项目运作需要足够的资金支持，而资金的获得和有效使用便需要科学的财务管理。因此，服务项目的财务管理目标应该是获取并有效使用资金，以便最大限度地实现组织的社会使命。

社会组织进行项目财务管理需要具备财务人员、核算体系、核算方法、项目费用支出人员、项目费用审批制度和项目评估分析体系。在满足上述要求后，社会组织主要对以下与财务相关的内容进行管理：第一，预算管理。主要是通过项目预算的编制、审批和执行，对项目的各项财务收支计划进行管理。第二，收入管理。主要是对项目收入范围、标准和收益分配等进行管理。第三，支出管理。主要是对项目的支出范围、标准等进行管理。第四，定员定额管理。通过对项目工作人员编制和支出定额的制定、执行和检查，对人员配置、支出的分配和使用进行管理。第五，结余及其分配管理。主要是对项目收支结余及其分配、使用进行管理。第六，专项基金管理。主要是对专用基金的提取和使用进行管理。第七，财务分析。主要是通过运用各种有关资料，对一定时期内与项目相关的财务活动进行研究、分析和评价。第八，财务监督。主要是依据政府有关方针、政策和财务制度对社会组织的各项财务活动所进行的检查和督促。

值得一提的是，项目资金使用需要遵循预算管理、集中拨付、专款专用、专账核算等原则。预算管理原则是指所有社会服务项目在申请时，都需要申报社会服务项目专项资金使用明细预算。在项目资金审批下达后，项目资金使用内容应与项目申请预算保持一致。集中拨付原则是指服务项目专项资金按正常渠道集中拨付至实施项目的社会组织或实施项目所依托社会组织的账户。根据时间进度拨付，一般在初期和中期评估合格后和结题验收后集中拨付。专款专用原则是指项目经费不得挪用，由项目负责人及项目团队根据项目进展需要申请使用，不得用于与项目开展无关的支出，也不得由项目团队以外的人支配使用。专账核算原则是指项目专项资金在财务核算上应实行专账核算，即按照资金来源，资金支出分别设立专项明细，准确核算，明确记录每笔经济业务的发生。

项目资金的使用范围也有规范要求，不能随意使用。一般来说，项目资金可用于业务活动费、项目管理费和其他费用。业务活动费是为了实现项目目标而开展项目活动或提供项目服务所发生的费用，主要包括人员劳务成本和项目活动经费等。人员劳务成本是邀请专家、督导和社会工作者等进行项目支持所支出的劳务费用以及招募社会志愿者参与项目所支出的补贴。项目管理费是在实施项目过程中发生的管理费用，包括管理人员工资及场租与办公用品费。无法归属到业务活动费和项目管理费的费用则列入其他费用。

第四节　老年社会服务项目管理案例

一、老年社会服务项目筹资管理案例①

近年来，我国社会服务组织的数量迅速扩大，但是政府的扶持能力有限，不能满足所有社工机构的生存需求，这就需要社工机构优化筹资策略，寻求更多途径获得筹资。

（一）社工机构筹资概况

A 社工机构是在 F 市依法登记注册成立的社工机构，主要服务对象为长者，服务形式是依法开展社区独居老人探访、帮扶服务，以及资助城乡特困老人。2018 年总收入 138.88 万元。其中，捐款收入 63.66 元，会费收入 0.8 万元，提供服务收入 74.02 万元，其他收入 0.40 万元。在当年的总收入当中八成以上均为政府购买服务收入或者其他社会团体、基金会和企业的项目定向捐赠资金。

（二）社工机构筹资模式

A 社工机构主要以项目形式进行募捐，募捐的对象以政府、其他社会团体（包括基金会、慈善会）、红十字会和企业为主，项目的主要服务对象为长者，服务形式是依法开展社区独居老人探访、帮扶服务，以及资助城乡特困老人。

A 社工机构的筹资模式主要具有以下特点：一是筹集资金来源固定。因为 A 社工机构主要以项目形式进行募捐，为了能使项目得以持续的运营，必须有相对固定的大额资金来源。所以 A 社工机构的募资对象都是以政府、其他社会团体（包括基金会、慈善会）、红十字会和企业为主。二是筹资项目形式相近。由于 A 社工机构的服务对象为长者，在提供服务的时候以安全作为首要考虑条件之一，因此，项目的创新空间不大，但项目对资金的稳定需求较强，所以 A 社工机构在向不同的募资对象筹募资金的时候，服务内容和形式都比较相近。三是筹资形式较为稳定。A 社工机构的筹资来源固定，且都通过项目进行资金筹集，服务对象也比较稳定，筹资形式以通过定向劝募和活动劝募为主。同时由于 A 社工机构没有被认定为慈善组织，不能对外进行公开募捐。

A 社工机构的筹资模式存在一定不足之处。一是筹集资金来源单一。政府的扶持资金是绝大部分社工机构的主要收入来源，而政府的扶持资金都是根据机构申报

① 何海韵．社工机构的筹资模式研究：以 F 市 A 社工机构为例．广州：广州大学，2020.

的项目按照年度预算执行的，即一个机构的同一个项目一年只能获得一次政府资金支持。二是筹资项目质量欠佳。由于原则上一个机构的同一个项目一年只能获得一次政府资金支持，但需要购买服务的政府部门却不少，很多社工机构为了能够得到资金，会将同一个服务项目根据资方的需求包装成类似项目。由于项目的内容过于接近，且政府职能部门对资金的考核监督渐趋严格，很多机构会因过于关注考核指标，而忽略了项目服务初衷，从而影响服务质量，导致机构自身交换的基本条件被破坏，资方不再扶助。三是忽略筹资的宣传。社工机构在完成项目指标的同时，往往容易忽略对项目执行情况、服务情况的记录与宣传。社工机构如果只是单纯地执行服务指标，而不注重通过媒体渠道去记录、宣传项目的执行情况，忽略筹资对象的交换需求，这不单会影响出资方都项目执行情况的认同，还吸引不到潜在的出资方的关注，从而影响资金募集。

（三）社工机构筹资应对策略

第一，注重机构公信力的维护与建设，打造机构品牌项目。社工机构要取得稳定的资金来源，机构的公信力树立与保护很重要。潜在资方或者普通市民群众如果想了解一个机构，肯定首先会想知道这个机构平常是如何开展业务的，项目执行能力如何，服务是否专业。如果社工机构在日常服务中，都考虑到“口碑”的维护与建设，努力打造良好的项目品牌，就会更容易得到各方资源的支持。这是社工机构给资方提供交换的重要基本条件之一。

第二，拓宽筹资渠道，广泛运用新媒体平台。社工机构的可持续发展，离不开稳定的资金来源，倘若过于依赖某种筹资方式，容易存在资金链断裂的危机。因此，最好通过开拓资金的多方来源，确保资金的永续投放。特别在目前的互联网时代，线上支付功能开启了交易的新篇章，这对传统的现金或者转账支付会带来一定的影响。社工机构需保持与时俱进的敏锐触觉，通过开通各类安全可靠的新媒体募捐渠道，拓展社工机构与资方的筹资交换渠道，提高机构资金的筹集能力。

第三，加强机构内部管理，提升机构项目服务质量。社工机构得到企业或者社会各界的支持后，需要重点关注的是如何能够得到其持续关注。社工机构的项目执行情况和服务质量，是影响出资方是否持续资助的一个重要因素。社工机构需要不断完善内部建设，多向周边经验丰富的社工机构学习，在前行中不断进步，才能够增强出资方的资助信心，得到更多资金支持。

第四，强化机构宣扬力度，提倡机构公益慈善理念。当社工机构的内部管理持续完善、项目质量渐趋稳定以及机构公信力不断积累的时候，社工机构应关注自身品牌理念的宣传，将自己的服务理念推广出去，从而吸引更多人关注、支持机构的发展。品牌可以帮助社工机构在差异化的基础上形成鲜明特色，让所有潜在资助和捐赠者能够快速获得丰富信息，并留下深刻印象。

第五，关注机构筹资人才培育，着力建设机构筹资队伍。社工机构除了要拓宽募捐渠道以及维护好与资方和服务对象的关系，更要注重机构自身的筹资人才培训。项目的成效除了通过服务对象去评价，还会通过提供服务的工作人员去传播。一个专业、稳定的服务队伍，更容易得到出资方的持续关注与帮扶。

二、老年社会服务项目评估管理案例①

评估是运用专业的手段，按照已有标准，对项目服务产出、服务质量和服务效果进行全面而系统的评判，从而检验和鉴定社工服务项目的完成情况和服务品质。本案例以“乐活老闺蜜团”项目为例，通过整合导向的评估模式，将过程评估和结果评估结合起来对城市老人精神慰藉服务项目进行评估。

（一）项目介绍

为缓解社区老人的精神空虚，各级政府相继出台一系列措施，进一步发挥社会工作的专业性，更有针对性地为老人提供精神慰藉服务。项目承接机构南京市某养老工作服务站针对南京市 W 社区女性老年人的基本情况进行了调查。结果显示，W 社区 60 岁以上的女性老年人约有 660 名。她们的收入来源主要是退休金和养老金，一半以上的老人每个月还有子女的资助。这些老人大多与老伴一起居住，还有部分与子女一起居住或独自居住。她们退休后闲暇时间较多，日常生活主要以做家务来消磨时间，生活非常单调，缺乏自我释放的渠道，在不同程度上存在与社会脱节等现象。很多老年妇女有兴趣爱好，但没有发挥平台。她们也想融入社区，却没有途径。

“乐活老闺蜜团”精神慰藉服务项目以南京市 W 社区内 40 名 55～70 岁老人为服务对象，运用社会工作专业方法，希望达到以下项目目标：一是帮助服务对象发展相关兴趣爱好技能；二是通过活动增加老人与邻里朋辈和子女交流沟通机会，增强对服务对象的情感支持；三是引导老人积极参与到力所能及的志愿服务中，提升自我价值感；四是通过宣传视频和活动达到一定的社会影响，让更多的人和家庭重视老人的精神慰藉和健康，营造良好的社会环境。

（二）项目评估方法

本案例采用定量分析和定性分析相结合的分析方法。通过文献法、参与观察法和访谈法了解项目组织架构、项目支持和项目具体实施过程，收集相关资料，进行整理分析。通过问卷进行满意度测量，了解服务对象的满意度情况。由此将定量数据和定性资料进行综合，分析项目实施开展的实际情况。

在评估项目时，根据项目档案资料的记录，了解项目产出目标完成情况。通过项目开展前后量表的测量数据对比说明项目成效，并结合参与式观察和半结构式访谈项目的服务对象、社会工作者、社区工作人员等相关人员获得的不同视角下的资料对项目成效的原因进行分析说明。

（三）项目评估结果

“乐活老闺蜜团”老人精神慰藉服务项目从开始实施到结束为期一年时间，机构社会工作者与志愿者们根据项目服务方案和服务对象的实际情况，为项目服务对象提供了一系列精神慰藉服务活动，取得了显著效果。本案例从项目结构、项目支持、服务传递和项目效果等层面对项目进行介绍。

---

① 王达尧．城市老人精神慰藉服务项目评估研究：以“乐活老闺蜜团”项目为例．南京：南京农业大学，2020.

项目结构层面，承接项目的机构为南京市某养老工作服务站，项目运营团队由机构主任总负责，宏观把握项目运作。下设行政、项目和后勤三个小组，分别负责行政和培训工作、项目执行、后勤物资保障工作。另有运营干事负责协助工作以及上传下达。12 名成员进行明确分工，协同实施开展项目。定期的工作汇报、交流学习和及时的线上问题讨论是项目的主要沟通渠道。

项目支持层面，“乐活老闺蜜团”项目由区妇联和民政局提供资金支持并推动项目进展。项目通过绩效考核方式优化服务提供，通过链接资源为社会工作者提供支持。除此以外，项目支持还包括邀请相关领域的专家老师或经验丰富的实务工作者对项目团队和志愿者提供培训和指导。

服务传递层面，机构通过在开展各项服务过程中进行资源整合利用和培训活动等促进服务传递。除了资金资源外，项目落地社区为活动提供了人力、场地和物资支持，南京市养老志愿服务联合会提供了专业人员支持，邀请机构中老年服务项目经验丰富的专业团队为本项目团队和服务对象提供培训支持，同时时间银行团队也为项目提供人力、物资和培训上的支持。钟山学院等高校为项目提供专业老师的咨询和社区活动支持。“乐活老闺蜜团”项目通过整合利用这些资源，提供更具专业性的服务以及培训和指导，优化项目服务的传递流程。另外，建立时间银行志愿服务队和微视频拍摄等多元服务方式也促进了服务项目的传递。

项目效果层面，项目活动提升了服务对象的精神生活质量和幸福感，表现在服务对象的人际交往增多，朋辈情感支持增加，加强了与机构和社区的联系，获得了更多支持；服务对象的兴趣爱好和技能也有所增加，服务对象掌握了歌舞、书法、手工、智能手机运用等知识与技能，打破了她们原先认为新知识很难学的固有观念，也促使服务对象的行为方式有了积极转变，在闲暇时间，更多的服务对象选择去参加机构和社区活动；最后，项目效果还表现在服务对象自我价值感的提升，接受老年带给她们的变化，积极参与到力所能及的志愿活动中，这一过程中服务对象的自信心也有所提高。

本章思考题

1. 老年社会服务项目策划书由哪些部分组成？
2. 老年社会服务项目目标制定的原则是什么？
3. 老年社会服务项目评估有哪些程序？

拓展阅读

1. 中华人民共和国民政部．社会工作服务项目绩效评估指南（MZ/T 059－2014）.
2. 石静．如何做好社会工作服务项目管理．中国社会工作，2023（36）.
3. 刘江，顾东辉，肖梦希．满意度能作为社会服务效果评价指标吗?：基于一项政府购买社会服务项目的量化分析．华东理工大学学报（社会科学版），2022（1）．

4. 马洪波．基于程序逻辑模式的公益项目绩效评估研究：以宁波市公益服务项目为例．社会工作与管理，2019（2）．

5. 姚进忠，潘静文．积极老龄化：社区为本老年社会工作服务项目行动研究．社会工作与管理，2018，18（3）．

第十章

老年政策与法规

导入案例

新闻速递：政府政策支持、个人自愿参加、市场化运营的补充养老保险——个人养老金制度正式实施

人力资源和社会保障部、财政部、国家税务总局、银保监会、证监会联合发布《个人养老金实施办法》，对个人养老金参加流程、资金账户管理、机构与产品管理、信息披露、监督管理等方面作出具体规定。个人养老金是政府政策支持、个人自愿参加、市场化运营的补充养老保险制度。党的二十大报告提出，发展多层次、多支柱养老保险体系。个人养老金制度正是国家关于第三支柱的制度性安排。人社部负责人强调："个人养老金制度的实施，是适应我国社会主要矛盾变化，满足人民群众多层次多样化养老保障需求的必然要求，有利于在基本养老保险和企业年金、职业年金基础上，再增加一份积累，退休后能够再多一份收入，让老年生活更有保障、更有质量。"

资料来源：人民日报，2022-11-07.

随着我国人口老龄化形势的日益严峻，如何贯彻落实积极应对人口老龄化国家战略，帮助老年人从老有所养到老有颐养，成了政府和社会各界关注的重要议题。习近平总书记在2019年春节团拜会上指出，"让所有老年人都能有一个幸福美满的晚年"。为此，我国政府制定了相当多扶持老龄事业和老龄产业发展的政策，我国的老年政策体系包括以老年人为直接对象的制度与以向老年人提供服务的机构或者组织为对象的制度两类。以老年人为直接对象的制度包含养老保险、医疗保险、长期护理保险、慢性病医疗保险等，而以向老年人提供服务的机构或者组织为对象的制度包含免征增值税政策和国家敬老院标准等。作为老年人养老生活的基础保障，老年政策与法规和老年人生活息息相关。

第一节　我国的老年政策体系

一、老年政策的概念

目前，学界对老年政策的定义呈现出多样化特点。一些学者认为老年政策属于社会政策，如陈功认为，老年政策是党和政府根据社会发展目标对全社会公共利益在老龄人群和其他人群之间进行选择、整合、分配和落实的过程中所制定的行为规则，是重要的社会公共政策。姚远认为，老年政策是国家、政党以及公共权威性质的组织和机构为维护老年群体的合法权益而制定的行为规范，具有社会福利性质。另外一些学者则认为老年政策具有混合政策的特点，老年政策的内容主要包括老年经济政策与老年社会政策两个方面。李兵认为，考虑到人口老龄化产生的经济社会后果和终生发展观，老年政策是一个国家的政府为了解决人口老龄化问题而采取的包括经济的、社会的、行政的和法律的在内的多项行动和干预措施。两类观点的共同之处在于都是从公共政策的角度来界定老年政策，但它们的根本差异在于对目前由于老龄化社会而产生的问题的属性界定不同，即老年问题既是经济问题也是社会问题。

老年问题是因我国人口结构老化而导致我国人民的政治生活、经济生活、社会生活、文化生活中产生的矛盾与困扰，涉及我国社会的各个领域，属性繁杂，综合性强。把老年问题单一界定为任何一个领域的问题都不能充分反映老年问题的本质。解决老年问题应当从多个角度入手，不仅需要计划生育部门对人口老龄化过程本身进行干预，还需要各政府机关部门针对人口老龄化对政治、经济、社会、文化等各方面造成影响而引发的问题进行干预。老年政策的制定与规划应当与当前对老年问题的观点和理解相适应，即老年政策包括干预老龄化进程的政策，干预与老年人产生关系的政治、经济、社会、文化问题的各方面政策，是多种政策的综合体。

二、老年政策的制度体系

（一）老年福利政策的纵向结构体系

纵向结构体系包括总政策、基本政策和具体政策。在政策体系中，总政策指的是在一定历史阶段为实现一定的任务而规定的指导全局的总原则，包括未来发展的方向和总体构想，如我国宪法和党中央设定的总纲领、总方针和总路线等。总政策是老年福利事业发展的基石和核心，也是包括老年福利政策在内的所有方针政策的基础和行动指南。

老年福利基本政策是以总政策为基础，在政策制定、方向把控的过程中更加具体的与老年福利有关的政策，是指导老年福利事业发展和开展老年社会工作的基本原则。老年福利基本政策具有综合性和原则性特征，主要包括发展老年福利事业的政策目标、战略重点及方针、实施原则等，要解决的是老年福利事业方面重大、宏观的战略性问题，是开展老年社会工作、具体实施老年福利政策的依据。目前我国老年福利基本政策主要有：《中华人民共和国老年人权益保障法》（2018 年修正）、《“十四五”国家老龄事业发展和养老服务体系规划》（2021）、《国家积极应对人口老龄化中长期规划》（2019）、《中共中央 国务院关于加强新时代老龄工作的意见》（2021）、《国务院关于加强和推进老龄工作进展情况的报告》（2022）等。

老年福利的具体政策是在不同层面上针对某一具体问题而制定的具体措施、实施办法和操作程序等，也即老年福利制度。老年福利制度是总政策和基本政策在现实生活中的体现和落实，老年福利的具体政策注重可操作性和灵活性，具有时效短、变化快等特点，能够根据变化了的客观条件不断更新其有关内容。我国有关老年福利的具体政策数量比较多、涉及的范围较大，中央政府和地方政府以及各个部门都能够根据其职能制定相关具体政策、法规等，其范围涉及社会养老保障、老年医疗保障、老年文化、老年教育、老年住房、老年福利设施和老年福利企业等诸多方面。

（二）老年福利政策的横向结构体系

在横向结构体系当中，老年福利政策包括以老年人为直接对象的政策和以向老年人提供服务的机构或组织为对象的政策两个方面。

1. 以老年人为直接对象的政策

以老年人为直接对象的政策涉及老年人的政治、经济、文化、社会等领域，囊括了老年人从生存到发展的全方面内容，是为了保证实现“五个老有”（老有所养、老有所医、老有所为、老有所学、老有所乐）的各种条件的制度和规定。其中，老年人政治方面的政策，一部分是老年人作为公民应该拥有的权利和承担的义务，如参政、议政和人权等；另一部分是老年人作为特殊群体中的一员可以获得社会保护的权利与义务。经济政策包括老年人收入保障、社会救助、社会福利待遇，以及以老年人日常生活所需的产品、信息和服务为主的老年服务产业等，如《国务院关于建立统一的企业职工基本养老保险制度的决定》（1997）、《城市居民最低生活保障条例》（1999）、《关于 2023 年调整退休人员基本养老金的通知》（2023）等一系列有关社会养老保障和养老保险方面的政策和法规，包括对老年人疾病的预防、治疗、康复，以及对老年人的健康照料方面的政策与法规。文化政策方面包括文化教育、道德教育、体育运动、伦理价值和精神生活等方面内容。社会方面的政策是指老年人对老年人自身或其他社会成员进行的有组织或自发的服务方面的规定，如老年人的家务活动、社会劳动、社会交往、宗教信仰活动等，其中有的是社会组织参与，有的是群体行为，有的则是自我服务。

2. 以向老年人提供服务的机构或者组织为对象的政策

以向老年人提供服务的机构或者组织为对象的政策包括家庭政策和社区服务组织政策，其目的主要是促进老年人晚年生活的环境建设，着眼于整个社会的和谐与发展。其中，家庭政策主要包括家庭人口政策和家庭福利政策等。家庭人口政策主要是为解决家庭养老人力资源不足而采取的全面实施一对夫妇可以生育三个子女政策；家庭福利政策主要是为子女提供照料老年人的时间和福利待遇保证，以鼓励老年人和子女共同居住的住房政策和迁移政策等。社会服务组织政策着眼于对社区服务组织和社会群体和社会机构等进行引导、规范和管理，以促进老年社会服务的发展和服务质量的提高。如《社区老年人日间照料中心建设标准》（2010）、《养老机构重大事故隐患判定标准》（2023）、《关于推进基本养老服务体系建设的意见》（2023）、《居家养老上门服务基本规范》（2023）、《养老托育服务业纾困扶持若干政策措施》（2022）、建设部和民政部联合颁发的《关于发布行业标准〈老年人建筑设计规范〉的通知》(1999);财政部、国家税务机关颁发的对部门和企事业单位、社会团体以及个人等社会力量投资兴办的福利性、非营利性的老年服务机构暂免征收企业所得税,以及老年服务机构自用房产、土地、车船的房产税、城镇土地使用税、车船使用税等有关规定。

老年福利政策的运行是政策体系内纵向和横向有关的各种政策之间的相互联系、相互影响和相互制约,是老年福利政策对社会发生作用的过程。整个体系只有在纵向保持一致、横向保持协调的基础上才能发挥其应有的整体效应。另外,在不同层面上的基本政策与具体政策又有一定的相对性,如在中央发布的政策和地方发布的政策的关系上,各省、市、自治区制定的基本政策相当于中央政府制定的具体政策。

三、老年政策体系的发展历程

自新中国成立以来,老年政策经历了萌芽期、起步期、探索发展期、快速发展期和战略发展期五个发展阶段。受人口结构特点和社会环境因素影响,各个时期养老政策的侧重点不同,发展特点也有所不同。

(一) 萌芽期 (1949—1982 年)

新中国成立初期,我国的人口年龄结构属于年轻型结构,65 岁以上的老年人占比在 4%左右;1964 年后,我国人口出生率降低,少儿人口占比减少,年龄结构逐渐从年轻型结构转化为成年型结构。这一时期,党和国家重视人口结构变化和社会结构变化,制定了一些针对机关、事业单位、企业职工以及部分特困老年人的政策,包括干部退休制度、职工医疗保险制度、五保制度和敬老院制度。

1978 年,国务院颁布了《国务院关于安置老弱病残干部的暂行办法》《国务院关于工人退休、退职的暂行办法》,并开始在全国实施并推广。这两个政策主要是为对建设社会主义有贡献的老干部和老工人而设置的安置政策。1982 年,我国为响应在维也纳召开的第一次老龄问题世界大会的号召,从中央到地方陆续成立了老龄工作机构。1982 年,民政部成立了中国老龄问题全国委员会,标志着中国政府的老龄工作开始步入正轨,养老问题开始得到政府的初步重视。

(二) 起步期 (1982—1999 年)

在这一时期,我国年龄结构完成了从成年型到老年型的转变,1990 年的人口普查结果显示,65 岁以上老年人口占比已提升至 5.6%,到 1999 年,65 岁及以上老年人口占比为 7%,这标志着我国的人口结构已经彻底成为老年型人口结构。由于人口老龄化形势严峻,我国政府开始重视老年人的生存与生活问题,及可能由此导致的经济问题。在这一阶段,我国对养老政策进行调整,开始关注不同老年群体,并强调在法律层面上保护老年人权益。与此同时,城市养老保险得到稳步发展,农村养老保险也逐渐向正规化迈进并进入快速发展状态,养老保险开始向更全面、包容性更强的方向发展,政策的实用性也逐渐增强。

1983 年,中国老龄问题全国委员会成为全国常设机构,这为老龄工作的规范化开展提供了保障。《城镇集体经济组织职工养老金保险试行办法》颁布,使城镇集体经济组织职工在年老退休后得到了一定的生活保障。1984 年起,我国养老保险费用社会统筹开始在全国施行,养老保险制度的整体改革揭开序幕。1987 年,民政部印发了《关于探索建立农村基层社会保障制度的报告》，指出家庭的养老扶幼功能在不断削弱，而老年人比重却在增加，养老任务日渐加重，该报告主张建立农村基层社会保障制度。在这一阶段，我国的养老问题开始受到关注，相关养老政策陆续出台，老龄机构初步建立，养老政策体系雏形开始形成，养老工作向着规范化和专业化方向发展。但养老政策主要关注解决老弱病残企业职工和老干部的晚年生活问题，系统性的工作思路尚未形成。

1991 年，国务院颁布了《关于企业职工养老保险制度改革的决定》，1992 年，颁布了《县级农村社会养老保险基本方案（试行）》，表明我国也开始重视农村养老保险的发展。1992 年，国务院颁布了《民政部关于进一步加快发展农村社会养老保险事业的通知》，指出当时农村社会养老保险事业的发展远远落后于整个形势的要求，强调必须进一步加快步伐发展农村养老保险事业。1994 年，我国制定了第一部老龄工作中长期规划《中国老龄工作七年发展纲要（1994—2000 年）》。1995 年，国务院印发了《关于深化企业职工养老保险制度改革的通知》，提出了建立一个适应我国社会主义市场经济体制要求和适用城镇不同老年群体的养老保险体系的改革目标。1996 年，全国人大通过了《中华人民共和国老年人权益保障法》，这意味着老年人的权益得到了法律的保障。在这一阶段，国家通过设立老龄工作机构、出台专项法律、制定专项政策，为我国老龄事业发展打下了坚实的基础。

（三）探索发展期（1999—2012 年）

在这一时期，我国 65 岁以上老年人口占比提升至 9.3%，与此同时，少儿人口占比由先前的 24.8%下降至 16.5%，我国进入了世界上少子化程度较高的国家之列。有数据显示，我国的老龄化进程显著加快，老龄化带来的问题受到党和政府的重视，养老政策在多个领域开启探索，我国养老政策进入探索发展时期。1999 年 10 月，中央决定成立全国老龄工作委员会，负责协调和领导全国的老龄化工作。老龄工作“十五”“十一五”“十二五”规划的相继出台，为我国老龄事业和老龄政策的发展提供了方向。与此同时，国务院和相关部委陆续出台了城镇居民基本养老和医疗保险、养老服务、老年卫生、老年文化、老年教育、老年体育、老年人优待、老年人福利机构建设等专项政策，中国老龄政策体系的领域得到了大幅拓展。

2000 年，国务院办公厅转发民政部等部门《关于加快实现社会福利社会化的意见》的通知，强调社会办福利机构与政府办社会福利机构享受同等待遇。同年，国务院还颁布了《财政部、国家税务总局关于对老年服务机构有关税收政策问题的通知》，指出要大力加强养老服务机构建设，大力支持社会福利机构，社会福利不再由政府单方面承担，而是向社会转化，加快实现社会福利社会化。在城镇医疗得到一定发展的同时，我国也开始重视农村医疗发展，并从 2002 年开始试点农村医疗制度改革，新型农村合作医疗制度开始出现。2003 年，民政部、卫生部、财政部联合发布《关于实施农村医疗救助的意见》，明确了医疗救助对象和救助办法。2006 年，国务院各部委联合出台了《关于加快推进新型农村合作医疗试点工作的通知》，倡导为农村居民提供高质量、便捷的医疗服务。

（四）快速发展期（2012—2018 年）

在这一时期，伴随新中国成立后第一次生育高峰期出生的人口相继进入老年期，我国迎来了年均增长 800 万的第一次老年人口增长高峰，劳动年龄人口转入负增长，老龄化问题愈加严峻。党的十八大以来，以习近平同志为核心的党中央高度重视人口老龄化工作，重大政策制度建设取得突破性进展。我国老龄政策由此进入了快速发展期。

2012 年 12 月，《中华人民共和国老年人权益保障法》进行全面修订，首次提出积极应对人口老龄化是国家的长期战略任务。居民基本养老、医疗保险制度实现城乡统一，长期护理保险制度试点加快推进，老龄服务供给侧结构性改革的政策举措密集出台。这期间，国务院及有关部门出台的涉老政策文件达到 290 多项，国家层面出台的“十三五”涉老专项规划达到 22 项。老龄事业的政策法规体系框架确立，精细化程度大幅提升，老龄事业进入全新的发展时代。

2013 年，国务院出台《关于加快发展养老服务业的若干意见》和《关于促进健康服务业发展的若干意见》，确定了深化改革加快发展养老服务业的任务措施，要求加快老龄事业发展，提出到 2020 年建成城乡养老服务体系的目标。2015 年，国务院办公厅转发卫生计生委等部门出台的《关于推进医疗卫生与养老服务相结合的指导意见》，提出了“医养结合”的理念，为老年人提供健康的养老服务。2016 年，民政部、国家发展改革委员会颁发了《民政事业发展第十三个五年规划》，提出要促进养老服务业的快速发展，加强信息化养老服务体系建设，努力探索并建立长期护理保障体系。

（五）战略发展期（2019 年至今）

截至 2023 年末，全国 60 周岁及以上老年人口 29 697 万人，占总人口的 21.1%；全国 65 周岁及以上老年人口 21 676 万人，占总人口的 15.4%。全国 65 周岁及以上老年人口抚养比 22.5%。为了应对人口老龄化带来的影响和挑战，党中央将积极应对人口老龄化提升到了新的战略高度。2019 年，党中央、国务院印发《国家积极应对人口老龄化中长期规划》，以全面的视角考虑人口老龄化对国家各方面的影响，为中国面对人口老龄化问题提供系统、科学的指导。2020 年 11 月，党的十九届五中全会明确提出把积极应对人口老龄化上升为国家战略。2021 年，党中央、国务院制定了《关于加强新时代老龄工作的意见》，对加强新时代老龄工作提出总体要求、作出具体部署。2021 年 12 月 30 日，国务院印发《“十四五”国家老龄事业发展和养老服务体系规划》，围绕推动老龄事业和产业协同发展、推动养老服务体系高质量发展，明确了“十四五”时期的总体要求、主要目标和工作任务。

党的二十大报告中“增进民生福祉，提高人民生活品质”的部分，有 9 处提到“老”字，充分体现出对老年人的高度重视。党的二十大报告不仅总结了自十八大以来我国老龄工作取得的斐然成就，更将老龄工作提升到新的高度，在养老服务业、老年健康服务体系、养老社会保障体系、老年社会参与体系等重要方面都做了进一步部署，是未来工作的行动指南。

我国通过不断加强老龄工作顶层设计，自上而下推动了老龄政策的创新和优化。养老保障方面，2022 年人力资源和社会保障部、财政部等五部门联合发布《个人养老金实施办法》，进一步完善多层次养老保险体系，加快发展第二、第三支柱养老保险。养老服务方面，地方政府相继出台“老年助餐”“特困老人家庭适老化改造”等老年服务工作方案，服务设施建设取得了突破性进展，服务能力有了较大提升。老龄健康方面，国家卫生健康委（全国老龄办）、国家中医药局联合印发《关于全面加强老年健康服务工作的通知》，指导各地持续增加老年健康服务供给。在这一阶段，我国不断健全多层次社会保障体系，持续加强养老服务体系建设，扎实推进老年健康服务体系建设，持续扩大老年人社会参与，稳步推进老年友好型社会建设，老龄政策发展取得显著成效，老龄工作也实现巨大突破。

党的二十届三中全会通过的《中共中央关于进一步全面深化改革 推进中国式现代化的决定》中指出："积极应对人口老龄化，完善发展养老事业和养老产业政策机制。"这是立足我国人口老龄化新形势，对实施积极应对人口老龄化国家战略作出的重大部署。新时代新征程，我们应全面深刻把握新时代积极应对人口老龄化的新要求、凝聚全民共识、构建系统框架、优化治理路径、提升服务质效，进一步明确目标任务、方针政策和方法步骤，有条不紊、精准有效地应对人口老龄化问题。

第二节　我国的老年保障制度

一、养老保险制度

《中共中央关于进一步全面深化改革 推进中国式现代化的决定》中指出："加快发展多层次多支柱养老保险体系，扩大年金制度覆盖范围，推行个人养老金制度"。我国的多层次、多支柱养老保险体系是以基本养老保险为基础、以企业（职业）年金为补充、与个人储蓄性养老保险和商业养老保险相衔接的养老保险体系。

（一）第一支柱：基本养老保险制度

社会基本养老保险是国家和社会根据一定的法律和法规，为保障劳动者在达到国家规定的解除劳动义务的劳动年龄界限，或因年老丧失劳动能力退出劳动岗位后的基本生活而建立的一种社会保险制度。它具有强制性、互济性和普遍性的特点。截至 2024 年 3 月末，我国基本养老保险覆盖人数已达 10.7 亿人。党的二十届三中全会提出要"完善基本养老保险全国统筹制度，健全全国统一的社保公共服务平台"。目前，我国基本养老保险按职工和居民分设，包括城镇职工基本养老保险和城乡居民基本养老保险。

1. 城镇职工基本养老保险

城镇职工基本养老保险作为社会保险中的一个险种，是保障广大退休人员晚年基本生活的最基本和主要的社会保障方式。根据《中华人民共和国社会保险法》的规定，所有签订了劳动合同的职工及其用人单位都是义务参保人，应当参加职工基本养老保险；无雇主的个体工商户、未在用人单位参加基本养老保险的非全日制从业人员，以及其他灵活就业人员则是自愿参保人，可以参加职工基本养老保险，户籍和国籍都不能影响个人参加养老保险。

我国现阶段的城镇职工基本养老保险制度实行社会统筹与个人账户相结合的制度模式。基本养老保险基金由用人单位缴费、个人缴费和政府补贴等构成。其中用人单位按照不超过企业职工工资总额的 20%缴纳养老保险，具体比例根据地区差异由地方政府规定。职工本人按国家规定的以本人工资为缴费基数，按照 8%的缴费比例缴纳基本养老保险费，计入个人账户。灵活就业人员的缴费基数为当地上年度在岗职工平均工资，缴费比例为20%，其中8%计入个人账户。本人月平均工资低于当地职工月平均工资60%的，按照当地职工月平均工资的60%作为缴费基数。本人月平均工资高于当地职工平均工资300%的，按照当地职工的月平均工资的300%作为缴费基数。

基本养老保险待遇有三种类型：其一，参加基本养老保险制度的个人，达到法定退休年龄时，累计缴费满15年的，可按月领取基本养老金。其二，参加基本养老保险的个人，因病或非因公死亡的，其遗属可以领取丧葬补贴和抚恤金。其三，参加基本养老保险的个人，在未达到法定退休年龄时因病或非因公致残完全丧失劳动能力时，可以领取病残津贴。基本养老金待遇由社会统筹养老金和个人账户养老金共同构成。其中，个人账户养老金月标准为职工退休时本人个人账户累计储存额除以计发月数，不同的退休年龄对应不同的计发月数。职工离退休后，如果个人账户的储蓄额已经领取完毕，由社会统筹基金按照规定标准继续支付，直到参保人死亡。同时，个人账户养老金不得提前支取，记账利率不得低于银行定期存款利率，免征利息税。个人死亡时，个人账户余额可以继承。

2. 城乡居民基本养老保险

城乡居民基本养老保险是为未参加职工基本养老保险的城乡居民提供的社会保险，是使全体人民公平地享有基本养老保障的重要方式。为了打破了社会养老金制度城乡二元化界限，使得社会养老保险向着城乡一体化转变，国务院在2014年印发了《关于建立统一的城乡居民基本养老保险制度的意见》，在总结新型农村社会养老保险和城镇居民社会养老保险试点经验的基础上，国务院决定，将新农保和城居保两项制度合并实施，在全国范围内建立统一的城乡居民基本养老保险制度。

我国现阶段的城乡基本养老保险实行社会统筹与个人账户相结合的制度模式。年满16周岁（不含在校学生），非国家机关和事业单位工作人员及不属于职工基本养老保险制度覆盖范围的城乡居民，可以在户籍地参加城乡居民养老保险。养老保险基金由个人缴费、集体补助、政府补贴构成。个人缴费标准目前设为每年100元、200元、300元、400元、500元、600元、700元、800元、900元、1 000元、1 500元、2 000元12个档次，省（自治区、直辖市）人民政府可以根据实际情况增设缴费档次。城乡居民社会养老保险待遇由基础养老金和个人账户养老金组成，支付终身。月养老金=基础养老金+个人账户养老金。基础养老金的标准由各地政府设定，通常是一个固定的金额；个人账户养老金根据个人缴纳的养老保险费和国家规定的计发办法进行计算。个人账户养老金的计算公式一般为：个人账户养老金=个人账户储存额÷计发月数。

2018年，人力资源和社会保障部、财政部印发《关于建立城乡居民基本养老保险待遇确定和基础养老金正常调整机制的指导意见》，旨在建立待遇确定机制、基础养老金正常调整机制、个人缴费档次标准调整机制和缴费补贴调整机制。各地政府可以根据实际情况适当调整基础养老金。以上海为例，按照《上海市人民政府关于印发修订后的〈上海市城乡居民基本养老保险办法〉的通知》，从2023年1月1日起上海市城乡居民养老保险养老金每人每月增加100元，相应将基础养老金标准（含中央确定的基础养老金最低标准）由每人每月1 300元调整为1 400元。

城乡居民年满60周岁，累计缴费满15年，未领取国家规定的其他基本养老保障待遇，即可按月领取城乡居民基本养老保险待遇；对当地实施原新型农村社会养老保险或城镇居民社会养老保险制度时距年满 60 周岁不足 15 年的情形，按规定逐年缴费至年满 60 周岁后，虽然缴费年限不足 15 年，但仍可按月领取基础养老金和个人账户养老金；当地实施原新型农村社会养老保险或城镇居民社会养老保险制度时已年满 60 周岁的，不用缴费，可按月领取基础养老金。参保人年满 60 周岁但累计缴费年限没有达到规定缴费年限的，可申请继续逐年缴费，并享受相应的政府缴费补贴。逐年缴费至 65 周岁仍然没有达到规定缴费年限的，可在一次性缴纳养老保险费至规定的缴费年限后，按月领取基础养老金和个人账户养老金，但一次性缴费不享受政府缴费补贴。

（二）第二支柱：年金养老金制度

1. 企业年金制度

企业年金是企业及其职工在依法参加基本养老保险的基础上，通过集体协商自主建立的补充养老保险制度。企业年金是对国家基本养老保险的重要补充，是我国正在完善的多支柱养老保险体系（由基本养老保险、企业年金和个人储蓄性养老保险三个部分组成）的“第二支柱”。《中国养老金发展报告 2024》显示，截至 2023 年底，企业年金基金积累规模达 3.19 万亿元，年均增长 21%（2007 年以来）。全国有 14.2 万家企业建立了企业年金制度，覆盖了 3 144 万名职工。

根据《企业年金办法》(2017)，依法参加基本养老保险并履行缴费义务，具有相应的经济负担能力以及集体协商制度的企业可以依据相关规定申请建立企业年金。企业年金基金实行完全积累，采用个人账户管理方式，单位缴费按方案确定的比例和办法计入个人账户，个人缴费全部计入个人账户。企业每年缴费不超过本企业职工工资总额的 8%，企业和职工个人缴费合计不超过本企业职工工资总额的 12%。职工个人缴费由企业从职工个人工资中代扣代缴。具体所需费用，由企业和职工协商确定。企业年金领取方式分为一次性给付和定期给付。职工在达到国家规定的退休年龄、完全丧失劳动能力、出国（境）定居时，可以领取企业年金；职工或者退休人员死亡后，其企业年金个人账户余额可以继承。

根据《关于企业年金职业年金个人所得税有关问题的通知》(2013) 的相关规定，缴纳企业年金的企业和职工可以享受一定的税收优惠待遇。对企业，按企业职工工资总额 5%，作为企业应纳所得税额的扣减项，享受企业所得税优惠。对个人，单位缴费部分，计入个人账户时，个人暂不缴纳个人所得税；个人缴费部分，按本人缴费工资计税基数的 4%，作为个人应纳税所得额的扣减项，享受个人所得税优惠。

企业年金制度作为一种补充性养老制度，在为职工提供养老保障方面发挥了重要作用。企业通过企业年金制度为员工提供额外养老保障，帮助他们在退休后维持相对稳定的生活水平，不仅有利于增强职工的安全感和忠诚度，更有助于减轻社会的养老负担，使得个体和家庭应对养老问题时更具有多样性和可持续性。

2. 职业年金制度

职业年金是指机关事业单位及其工作人员在参加机关事业单位基本养老保险的基础上建立的补充养老保险制度。职业年金和企业年金同属于补充养老保险制度，均需单位和职工个人共同缴费，均采用个人账户积累，其基金均实行市场化投资运营。职业年金相较于企业年金的不同之处在于，它主要适用于机关事业单位及其编制内工作人员，并且职业年金基金采用省级集中委托投资运营的方式管理，统一程度较高。

《机关事业单位职业年金办法》(2015) 规定，职业年金强制建立，发挥机关事业单位基本养老保险的补充作用；职业年金所需费用由单位和工作人员个人共同承担，单位缴纳职业年金费用的比例为本单位工资总额的 8%，个人缴费比例为本人缴费工资的 4%，由单位代扣，单位与个人缴费基数与机关事业单位工作人员基本养老保险缴费基数一致。职业年金基金由单位缴费、个人缴费、职业年金基金投资运营收益、国家规定的其他收入四部分构成。单位缴费按照个人缴费基数的 8%计入本人职业年金个人账户，个人缴费直接计入本人职业年金个人账户。职业年金基金投资运营收益，按规定计入职业年金个人账户，个人账户资金可以随同工作变动转移。社保经办机构负责职业年金的经办管理；职业年金基金实行市场化投资运营，实现保值增值；政府部门加强监管，确保资金安全。待遇与缴费挂钩，根据本人退休时的个人账户储存额确定待遇水平。

工作人员在达到国家规定的退休条件并依法办理退休手续后，由本人选择按月领取职业年金待遇的方式。可一次性用于购买商业养老保险产品，也可选择按照本人退休时对应的计发月数计发职业年金月待遇标准，发完为止，职业年金个人账户余额享有继承权。本人选择任一领取方式后不再更改。出国（境）定居人员的职业年金个人账户资金，可根据本人要求一次性支付给本人。工作人员在职期间死亡的，其职业年金个人账户余额可以继承。

（三）第三支柱：个人养老金制度

个人养老金是政策支持、个人自愿参加、市场化运营的补充养老保险制度。2022 年 11 月 25 日，个人养老金制度在北京、上海、广州、西安、成都等 36 个城市或地区先行实施。2024 年 12 月 15 日起，个人养老金制度在我国全面实施。建立个人养老金制度是国家关于养老金体系第三支柱的重要制度性安排。个人养老金为参加第二支柱企业（职业）年金的人员增加了一条补充养老保险渠道，也为没有参加第二支柱的人员增加了补充养老保险的渠道。

根据《个人养老金实施办法》(2022)，所有在中国境内参加城镇职工基本养老保险或者城乡居民基本养老保险的劳动者都能参加个人养老金制度。个人养老金实行个人账户制，缴费完全由个人承担，自主选择购买符合规定的储蓄存款、理财产品、商业养老保险、公募基金等金融产品，实行完全积累，按照国家有关规定享受税收优惠政策。每年缴费上限为 12 000 元，可以按月、分次或者按年度缴费，缴费额度按自然年度累计，次年重新计算，方式十分灵活。个人养老金资金账户封闭运行，参加人达到领取基本养老金年龄、完全丧失劳动能力、出国（境）定居或符合国家规定的其他情形等任一条件时可以按月、分次或者一次性领取个人养老金。

个人养老金的吸引力主要体现在税收优惠和个人养老金产品两方面。从税收优惠角度看，在缴费环节，个人向个人养老金资金账户的缴费，按照 12 000 元/年的限额标准，在综合所得或经营所得中据实扣除；在投资环节，计入个人养老金资金账户的投资收益暂不征收个人所得税；在领取环节，个人领取的个人养老金，不并入综合所得，单独按照3%的税率计算缴纳个人所得税。从个人养老金产品来看，可信赖的投资机构、良好的资产组合和科学的资产配置，可以获取较好的长期投资收益。个人养老金制度是我国积极有效应对人口老龄化的重要举措，有助于提高老年人收入水平，也有助于解决我国目前的养老资金支持问题。

二、医疗保险制度

与养老保险制度相类似，我国的医疗保险制度根据参保对象不同分为城镇职工基本医疗保险制度、城乡居民基本医疗保险制度和长期护理保险制度。

（一）城镇职工基本医疗保险制度

加快医疗保险制度改革，保障职工基本医疗，是建立社会主义市场经济体制的客观要求和重要保障。城镇职工基本医疗保险是我国医疗保险的组成部分之一，是为补偿劳动者因疾病风险遭受经济损失而建立的一项社会保险制度，指的是具有城镇户口且有工作单位的个人参加的基本保险。该制度针对的统筹对象是城镇所有用人单位，包括企业（国有、集体、外商投资、私营企业等）、机关、事业单位、社会团体、民办非企业单位的职工。城镇职工基本医疗保险制度是一项多层次的社会医疗保障体系，包括基本医疗保险、补充医疗保险、公务员医疗补助、重大疾病医疗补助及社会医疗救助。

基本医疗保险原则上以地级以上行政区（包括地、市、州、盟）为统筹单位，也可以县（市）为统筹单位，北京、天津、上海3个直辖市原则上在全市范围内实行统筹（以下简称“统筹地区”）。所有用人单位及其职工都要按照属地管理原则参加所在统筹地区的基本医疗保险，执行统一政策，实行基本医疗保险基金的统一筹集、使用和管理。基本医疗保险费由用人单位和职工共同缴纳。用人单位缴费率应控制在职工工资总额的6%左右，职工缴费率一般为本人工资收入的2%。随着经济发展，缴费率可作相应调整。

基本医疗保险基金由统筹基金和个人账户构成。职工个人缴纳的基本医疗保险费，全部计入个人账户。用人单位缴纳的基本医疗保险费分为两部分，一部分用于建立统筹基金，一部分划入个人账户。划入个人账户的比例一般为用人单位缴费的30%左右，具体比例由统筹地区根据个人账户的支付范围和职工年龄等因素确定。

统筹基金和个人账户要划定各自的支付范围，分别核算，不得互相挤占。要确定统筹基金的起付标准和最高支付限额，起付标准原则上控制在当地职工年平均工资的10%左右，最高支付限额原则上控制在当地职工年平均工资的4倍左右。起付标准以下的医疗费用，从个人账户中支付或由个人自付。起付标准以上、最高支付限额以下的医疗费用，主要从统筹基金中支付，个人也要负担一定比例。超过最高支付限额的医疗费用，可以通过商业医疗保险等途径解决。统筹基金的具体起付标准、最高支付限额以及在起付标准以上和最高支付限额以下医疗费用的个人负担比例，由统筹地区根据以收定支、收支平衡的原则确定。基本医疗保险基金纳入财政专户管理，专款专用，不得挤占挪用。

（二）城乡居民基本医疗保险制度

2016年1月，国务院发布《关于整合城乡居民基本医疗保险制度的意见》，决定整合城镇居民基本医疗保险和新型农村合作医疗两项制度，建立统一的城乡居民基本医疗保险制度。城乡居民基本医疗保险制度有助于缩小城乡医疗保障差距，使得广大农村居民能享受到与城市居民相当的医疗保障待遇。

城乡居民医保制度覆盖范围包括原有城镇居民医保和新农合所有应参保（合）人员，即覆盖除职工基本医疗保险应参保人员以外的其他所有城乡居民。农民工和灵活就业人员依法参加职工基本医疗保险，有困难的可按照当地规定参加城乡居民医保。城乡居民医疗保险是一种自愿参加的医疗保障制度，参保人员可根据实际情况自主选择是否参加保险。只要参加城乡居民基本医疗保险，就可以享受门诊统筹、门诊慢特病、住院医疗、大病保险、医疗救助等多方面待遇。城乡居民基本医保的筹资来源为个人缴费和财政补贴。根据国家医保局等部门《关于做好2023年城乡居民基本医疗保障工作的通知》，2023年城乡居民基本医疗保险（以下简称“居民医保”）筹资标准为1 020元，其中人均财政补助标准达到每人每年不低于640元，个人缴费标准每人每年380元。门诊待遇方面，对于政策范围内医疗费用，居民医保普通门诊统筹支付比例不低于50%。住院待遇方面，参保人在本市就医，对于起付标准以上、最高支付限额以下的政策范围内医疗费用，居民医保政策范围内支付比例达到70%左右，其中一级及以下医疗卫生机构政策规定的支付比例不低于85%，二级医疗卫生机构不低于75%，三级医疗卫生机构不低于65%。

城乡居民基本医保制度整合是我国医保制度迈向公平化的关键举措，有助于推进健全覆盖全民、统筹城乡、公平统一、安全规范、可持续的多层次医疗保障体系。

（三）长期护理保险制度

2016年，人力资源和社会保障部办公厅发布《关于开展长期护理保险制度试点的指导意见》，在15个城市开展长期护理保险制度试点工作。长期护理保险（以下简称“长护险”）制度，是指以社会互助共济方式筹集资金，对经评估达到一定护理需求等级的长期失能人员，为其基本生活照料和与基本生活密切相关的医疗护理提供服务或资金保障的社会保险制度。

2020年，国家医保局、财政部印发《关于扩大长期护理保险制度试点的指导意见》，决定在更大范围检验试点成果，进一步探索适应我国国情的长期护理保险制度框架。目前试点工作进展顺利，取得阶段性成效，制度政策框架初步确立，多方共担的筹资机制、公平适度的待遇保障机制、协同配套的支付机制、标准体系和管理办法等基本建立，积极引入社会力量参与，探索社会化经办模式。制度目标基本实现，切实减轻了失能人员家庭经济和事务负担，在促进养老服务体系发展、推动劳动力供给侧改革等方面发挥积极作用。截至2023年，试点城市达49个，参保1.83亿人，累计享受待遇达134.29万人。

在试点阶段，符合以下条件的人员，可申请享受长护险待遇：(1) 年满60周岁及以上，职工医保人员中已按照规定办理申领城镇职工基本养老金手续的人员和居民医保人员；(2) 经老年照护统一需求评估，失能程度达到评估等级二至六级的长护险参保人员。此外，先行试点期间，对居住在三个试点区或者在其养老机构住养的参保人员，可享受长护险待遇。

长期护理保险有三类不同的护理服务模式：第一类是社区居家照护，指护理站、社区养老服务机构等为居家的参保人员提供上门照护或社区日间集中照护及相关医疗护理服务；第二类是养老机构照护，指养老机构为住养的参保人员提供基本生活照料及相关医疗护理服务；第三类是住院医疗护理，指为在承担老年护理功能的定点医疗机构中住院的参保人员提供住院医疗护理的服务。对于社区居家照护和养老机构照护，规定了40余项具体服务项目，分为基本生活照料和常用临床护理两类，如头面部清洁梳理、沐浴、协助进食/水、排泄和失禁的护理、生活自理能力训练、鼻饲、造口护理等服务项目。试点阶段，每周上门服务时间为：评估等级二级、三级的，服务时间不超过3个小时/周；评估等级四级的，服务时间不超过5个小时/周；评估等级五级、六级的，服务时间不超过7个小时/周。参保人员在评估有效期内发生的社区居家照护的服务费用，由长护险基金支付90%，个人自负10%。评估等级为二至六级的参保人员，可以享受养老机构照护。参保人员在养老机构发生的长护险费用，按在养老机构入住的天数报销，由长护险基金支付85%，个人自负15%。

三、社会福利制度

（一）高龄、失能老人补贴制度

2014年，财政部、民政部、全国老龄工作委员会办公室共同出台了《关于建立健全经济困难的高龄、失能等老年人补贴制度的通知》。高龄、失能老人补贴制度是指为丧失生活自理能力、失智、高龄等特殊老年人接受居家社区养老服务或者入住机构养老提供支持的一种制度。补贴的范围为无劳动能力、无生活来源且无法定赡养、抚养、扶养义务人，或者其法定赡养、抚养、扶养义务人无履行义务能力的城乡特困人员中的60周岁及以上的失能、失智老年人；城乡低保家庭中60周岁及以上的失能、失智老年人；特困人员、城乡低保家庭中80周岁及以上的高龄老年人；卫生计生部门认定的计划生育特殊困难家庭中的60周岁及以上的失能、失智老年人；经当地民政部门认定的其他低收入家庭中60周岁及以上的失能、失智老年人。另外，各地可结合实际适当扩大补贴范围，将有特殊贡献但生活困难的老年人作为补贴对象。

由于各地养老服务补贴标准均有所差异，本教材以上海市为例进行介绍。2024年2月上海市民政局、财政局颁布的《关于调整本市养老服务补贴标准的通知》调整了养老服务补贴标准，具有本市户籍的老年人，其老年照护统一需求评估等级、经济困难程度符合下列条件的，可申请及享受相应的养老服务补贴。

1. 照护一级的困难对象

补贴标准为：

（1）最低生活保障家庭的老年人，每人每月补贴1 110元；

（2）低收入家庭的老年人，每人每月补贴888元；

（3）年满80周岁且本人月收入低于上年度城镇企业月平均养老金的老年人，每人每月补贴555元；

（4）上述第2、3类对象中，无子女的老年人或年满90周岁的老年人，再增加第1类对象标准的20%。

2. 照护二级至四级的困难对象

享受长期护理保险待遇的同时，享受养老服务补贴的标准为：

（1）最低生活保障家庭的老年人，每人每月补贴 1 036 元；

（2）低收入家庭的老年人，每人每月补贴 740 元。

3. 照护五级至六级的困难对象

享受长期护理保险待遇的同时，享受养老服务补贴的标准为：

（1）最低生活保障家庭的老年人，每人每月补贴 740 元；

（2）低收入家庭的老年人，每人每月补贴 444 元。

根据《上海市养老服务补贴管理办法》（2024）的规定，养老服务补贴采用非现金的方式发放，由符合要求的养老服务机构等主体为补贴对象提供与补贴额度相当的养老服务。养老服务补贴可用于下列范围与项目：一是居家照护服务。通过上门、远程支持等方式，为老年人在其住所内提供生活起居、卫生护理、康复辅助、环境清洁、助餐、助浴、助行等生活照料服务以及紧急救援等其他支持性服务。二是社区照护服务。依托社区养老服务设施或者场所，为老年人提供日间照料、短期托养、助餐、康复辅助器具租赁等服务。三是机构照护服务。养老机构为入住老年人提供全日集中住宿和照料护理服务。

（二）老年人照顾服务项目

国务院办公厅于 2017 年出台《关于制定和实施老年人照顾服务项目的意见》，该文件提出二十项关于老年人照顾服务项目的任务，其中包括老年人的经济补贴、居家养老服务、公共卫生服务、长期护理保险、老年人文体活动等涵盖老年人生活各方面的内容。该意见的重点内容是建立健全经济困难的高龄失能老年人津贴制度，加大医养结合力度，加强适老化建设改造，丰富老年教育，加强老年人健康管理。

各省市根据其经济与社会工作发展的程度设定了各种类型的老年人照顾服务项目。以上海为例，在《上海市老年人权益保障条例》（2016）颁布后，上海市各级部门政府深化推进条例的要求，贯彻条例的中心思想，不断完善老年人服务照顾项目，让生活在上海的老年人安度晚年。根据服务对象以及提供服务的部门，上海市老年人照顾服务项目主要包括以下内容。

1. 基本养老服务项目

【对象】年满 60 周岁的老年人。

【相关部门】街道社区综合为老服务中心、居家养老服务中心或养老机构。

【服务内容】（1）居家养老服务：紧急救援服务、特殊困难老年人探访关爱服务、家庭适老化改造服务、家庭照顾者培训。（2）社区养老服务：日间照护服务、困难老年人助餐配送服务、困难老年人康复辅具社区租赁服务。（3）机构养老服务：基本养老机构照护服务、老年认知障碍床位照护服务。

2. 老年人普惠型津贴

【对象】上海市户籍年满 65 周岁的老年人。

【相关部门】社区事务受理服务中心。

【服务内容】（1）按不同年龄段享受不同的老年综合津贴：65～69 岁，每人每月 75 元；70～79 岁，每人每月 150 元；80～89 岁，每人每月 180 元；90～99 岁，每人每月 350 元；100 岁及以上，每人每月 600 元。（2）百岁寿星“礼包”：寿星生日时能收到“百岁寿星牌”，以及鲜花、蛋糕和慰问金。

3. 老年健康管理项目

【对象】年满 60 周岁且符合相应条件的老年人。

【相关部门】社区卫生服务中心。

【服务内容】(1) 建立健康档案、定期免费体检等基本公共卫生服务。(2) 健康指导、保健咨询、慢性病管理等家庭医生签约服务。(3) 为符合相关医疗指征等条件的老年人提供上门诊视、设立家庭病床、居家护理等服务。

4. 老年人学习教育服务项目

【对象】上海市常住老年人。

【相关部门】老年教育机构。

【服务内容】(1) 线下教育：全市 4 所市级老年大学，66 所区、高校老年人大学和市级老年大学分校、系统校，222 所街镇老年学校，5 447 个居、村委老年学习点，以及养教结合学习点、老年人社会学习点等，开设有书画、外语、钢琴、计算机等各类课程。(2) 远程教育：上海远程老年教育课程资源主要有“银龄课堂”电视课程及上海老年人学习网的“网上课堂”两部分。电视课程已开设 20 多门，涵盖保健类、法律类、心理类、家政类和休闲类 5 大类；上海老年人学习网现在已有 2 000多门课程，网上课程体系分 8 大类 50 多个专题。

四、社会救助制度

社会救助是一项托底线、救急难、保民生的基础性制度安排。改革开放以来，我国社会救助制度不断完善，形成了以最低生活保障、特困人员救助供养、灾害救助、医疗救助、住房救助、教育救助、就业救助以及临时救助为主体，以社会力量参与为补充的制度体系。人进入老年期后，劳动能力受限，患大病、重病的可能性增加，老年人成为社会救助制度的重要救助对象。

(一) 最低生活保障制度

最低生活保障制度是我国社会救助制度中最基本的一项。根据民政部 2012 年印发的《最低生活保障审核审批办法（试行）》的规定，户籍状况、家庭收入和家庭财产是认定低保对象的三个基本要件。持有当地常住户口的居民，凡共同生活的家庭成员人均收入低于当地低保标准，且家庭财产状况符合当地人民政府规定条件的，可以申请低保。申请低保应当以家庭为单位，由户主或者其代理人以户主的名义向户籍所在地乡镇人民政府（街道办事处）提出书面申请。申请人应当履行以下义务：第一，按规定提交相关材料，书面声明家庭收入和财产状况，并签字确认；第二，履行授权核查家庭经济状况的相关手续；第三，承诺所提供的信息真实、完整。

乡镇人民政府（街道办事处）对申请人或者其代理人提交的材料进行审查。调查核实可以采用信息核对、入户调查、邻里访问、信函索证及其他调查方式。随后，乡镇人民政府（街道办事处）在村（居）民委员会的协助下，对申请人家庭经济状况调查结果的客观性、真实性进行民主评议。民主评议要遵循政策宣讲、情况介绍、现场评议、形成结论和签字确认等环节。乡镇人民政府（街道办事处）对申请家庭是否给予低保提出建议意见，并及时在村（居）民委员会设置的村（居）务公开栏公示入户调查、民主评议和审核结果。公示结束后，乡镇人民政府（街道办事处）应当将申请材料、家庭经济状况调查结果、民主评议情况等相关材料报送县级人民政府民政部门审批。县级人民政府民政部门应当提出审批意见。拟批准给予低保的，应当同时确定拟保障金额。不符合条件、不予批准的，应当在作出审批决定后，通过乡镇人民政府（街道办事处）书面告知申请人或者其代理人并说明理由。

低保金原则上实行社会化发放，通过银行、信用社等代理金融机构，直接支付到低保家庭的账户。低保金应当按月发放。县级人民政府民政部门应当根据低保对象的年龄、健康状况、劳动能力以及家庭收入来源等情况对低保家庭实行分类管理。乡镇人民政府（街道办事处）应当根据低保家庭成员和其家庭经济状况的变化情况进行分类复核，并根据复核情况及时报请县级人民政府民政部门办理低保金停发、减发或者增发手续。

（二）特困人员救助供养制度

保障城乡特困人员基本生活是完善社会救助体系、编密织牢民生安全网的重要举措，是坚持共享发展、保障和改善民生的应有之义，也是打赢脱贫攻坚战、全面建成小康社会的基础要求。长期以来，在党和政府的高度重视下，我国先后建立起农村五保供养、城市“三无”人员救济和福利院供养制度，城乡特困人员基本生活得到了保障。2014 年，国务院公布施行了《社会救助暂行办法》，将城乡“三无”人员保障制度统一为特困人员供养制度，我国城乡特困人员保障工作进入新的发展阶段。2016 年，国务院发布的《关于进一步健全特困人员救助供养制度的意见》（以下简称《意见》）指出，我国目前的特困人员救助供养制度还存在着城乡差距较大、相关政策未能顺利衔接、工作机制不健全等问题，因此《意见》更加详细地规定了与特困人员生活有关的方方面面，将符合条件的特困人员全部纳入救助供养范围，切实维护他们的基本生活权益。

特困人员救助供养制度主要包括以下内容：第一，提供基本生活条件。包括供给粮油、副食品、生活用燃料、服装、被褥等日常生活用品和零用钱。可以通过实物或者现金方式予以保障。第二，对生活不能自理的给予照料。包括日常生活、住院期间的必要照料等基本服务。第三，提供疾病治疗。全额资助参加城乡居民基本医疗保险的个人缴费部分。医疗费用按照基本医疗保险、大病保险和医疗救助等医疗保障制度规定支付后仍有不足的，由救助供养经费予以支持。第四，办理丧葬事宜。特困人员死亡后的丧葬事宜，集中供养人员由供养服务机构办理，分散供养的人员由乡镇人民政府（街道办事处）委托村（居）民委员会或者其亲属办理。丧葬费用从救助供养经费中支出。第五，对符合规定标准的住房困难的分散供养特困人员，通过配租公共租赁住房、发放住房租赁补贴及农村危房改造等方式给予住房救助。

特困人员救助供养形式分为在家分散供养和在当地的供养服务机构集中供养。具备生活自理能力的，鼓励其在家分散供养；完全或者部分丧失生活自理能力的，优先为其提供集中供养服务。对分散供养的特困人员，经本人同意，乡镇人民政府（街道办事处）可委托其亲友或村（居）民委员会、供养服务机构、社会组织、社会工作服务机构等提供日常看护、生活照料、住院陪护等服务。对需要集中供养的特困人员，由县级人民政府民政部门按照便于管理原则，就近安排到相应的供养服务机构。

特困人员救助供养标准包括基本生活标准和照料护理标准。基本生活标准应当满足特困人员基本生活所需。照料护理标准应当根据特困人员生活自理能力和服务需求分类制定，体现差异性。特困人员救助供养标准由省、自治区、直辖市或者设区的市级人民政府综合考虑地区、城乡差异等因素确定、公布，并根据当地经济社会发展水平和物价变化情况适时调整。民政部、财政部要加强对特困人员救助供养标准制定工作的指导。

（三）医疗救助制度

城乡医疗救助制度是指通过政府拨款和社会捐助等多渠道筹资建立基金，对患大病的农村五保户和贫困农民家庭、城市居民最低生活保障对象中未参加城镇职工基本医疗保险人员、已参加城镇职工基本医疗保险但个人负担仍然较重的人员以及其他特殊困难群众给予医疗费用补助（农村医疗救助也可以资助救助对象参加当地新型农村合作医疗）的救助制度。

医疗救助的特点在于：第一，由于救助对象是贫困或优抚者之中的疾病患者，即贫病交加者，所以很容易得到社会尤其是慈善者的捐助。第二，由于救助对象是病人，救助途径必经医疗机构，故医疗机构的医术、服务、价格等因素会直接影响医疗救助资金的使用及救助效果等。医疗救助在我国现阶段具有不可替代的作用，由于我国还没有覆盖全民的医疗保险制度，农村人口的医疗费用基本靠农民自己支付，即使参加了合作医疗也往往只能解决部分医疗费用的支付，这导致农民因病致贫、因病返贫的现象十分普遍。城镇的情况与此类似，虽然有职工基本医疗保险制度，但该制度有最高支付限额，而且并非所有的城镇职工都参加了保险。所以，无论是在城市还是在农村，医疗救助都是社会救助中至关重要的一项内容。

根据有关规定，医疗救助对象须同时符合为贫困人口、为伤病患者和无力支付医疗费用的条件。具体范围包括：(1) 无劳动能力且既无法定扶养人又无生活来源的人，即“三无”人员。(2) 因自然灾害导致伤病的农村灾民。(3) 参加基本医疗保险但个人负担医疗费用有困难的城市贫民。(4) 享受城市居民最低生活保障待遇家庭中丧失劳动能力的伤病无业人员，60 周岁以上的伤病无业老人和 16 周岁以下的伤病未成年人。(5) 伤残军人、孤老复员军人及孤老烈属等重点优抚对象。(6) 其他经各种救助仍有困难自负医疗费用的特困人员。

医疗救助的实施有以下方式：第一，医疗费减免。这是医疗救助的基本形式或常规形式。通过政府颁布文件，强制要求公办医疗机构对医疗救助对象在挂号费、治疗费、药费、住院费等费用上实行一定比例的减收或全部免收。第二，建立大病医疗救助基金。地方政府财政每年拨出专款建立大病医疗救助基金，对得大病重病的贫困人口施以救助。第三，实施专项医疗补助。可以采取专项补助、包干使用的办法实施救助，即由财政每年根据救助对象的治病需求，拨付一定经费，专款专用，小病包干，大病补助。第四，开展团体医疗互助。由工会、妇联等群众团体建立医疗互助互济组织，经费来源于工会经费、个人缴费以及社会捐助等，当贫困职工、妇女或家庭无力支付医疗费用时给予一定资助。第五，开展慈善医疗救助。慈善募捐由慈善组织或其他社会组织发起，对特定贫困病人开展献爱心募集资金活动，所筹资金专款专用，剩余部分再去救治其他对象。

（四）临时救助制度

2014 年，国务院印发《关于全面建立临时救助制度的通知》，为了进一步发挥社会救助托底线、救急难的作用，解决城乡困难群众突发性、紧迫性、临时性的生活困难，决定全面建立临时救助制度。

临时救助是指国家对遭遇突发事件、意外伤害、重大疾病或其他特殊原因导致基本生活陷入困境，其他社会救助制度暂时无法覆盖或救助之后基本生活暂时仍有严重困难的家庭或个人给予的应急性、过渡性的救助。对象范围包括家庭对象和个人对象。家庭对象是指因火灾、交通事故等意外事件，家庭成员突发重大疾病等原因，导致基本生活暂时出现严重困难的家庭；因生活必需支出突然增加超出家庭承受能力，导致基本生活暂时出现严重困难的最低生活保障家庭；遭遇其他特殊困难的家庭。个人对象是指因遭遇火灾、交通事故、突发重大疾病或其他特殊困难，暂时无法得到家庭支持，导致基本生活陷入困境的个人。其中，符合生活无着的流浪、乞讨人员救助条件的，由县级人民政府按有关规定提供临时食宿、急病救治、协助返回等救助。因自然灾害、事故灾难、公共卫生、社会安全等突发公共事件，需要开展紧急转移安置和基本生活救助，以及属于疾病应急救助范围的，按照有关规定执行。

对符合条件的救助对象，可采取以下救助方式：第一，发放临时救助金。各地要全面推行临时救助金社会化发放，按照财政国库管理制度将临时救助金直接支付到救助对象个人账户，确保救助金足额、及时发放到位。必要时，可直接发放现金。第二，发放实物。根据临时救助标准和救助对象基本生活需要，可采取发放衣物、食品、饮用水，提供临时住所等方式予以救助。对于采取实物发放形式的，除紧急情况外，要严格按照政府采购制度的有关规定执行。第三，提供转介服务。对给予临时救助金、实物救助后，仍不能解决临时救助对象困难的，可分情况提供转介服务。对符合最低生活保障或医疗、教育、住房、就业等专项救助条件的，要协助其申请；对需要公益慈善组织、社会工作服务机构等通过慈善项目、发动社会募捐、提供专业服务、志愿服务等形式给予帮扶的，要及时转介。临时救助标准要与当地经济社会发展水平相适应。县级以上地方人民政府要根据救助对象困难类型、困难程度，统筹考虑其他社会救助制度保障水平，合理确定临时救助标准，并适时调整。临时救助标准应向社会公布。省级人民政府要加强对本行政区域内临时救助标准制定的统筹，推动形成相对统一的区域临时救助标准。

第三节　老年政策与法规案例

一、个人养老金投保案例

自从 2022 年 11 月个人养老金政策落地后，个人养老金制度就受到了人们的广泛关注。截至 2024 年 11 月底，我国个人养老金开户人数达到了 7 279 万。个人养老金与基本养老金的不同之处在于，个人养老金是市场化运营，对于个人养老金的管理，由参与人自己来决定。参与人可以根据自己的意愿自由选择商业养老保险、银行理财、储蓄存款和公募基金等金融产品进行投资，为养老生活做准备。目前个人养老金能购买的产品有 4 类：银行理财、储蓄存款、商业养老保险和公募基金。商业养老保险、银行理财、储蓄存款相对来说风险更低，收益也有基本保障，而公募基金投资风险较大，存在亏损本金的可能性。

以某人寿 C 款个人养老金为例。王先生，35 岁，男性，年应税收入 40 万元，每年缴存 1.2 万元，投入 10 年。每年可享受 3 000 元退税，10 年退税合计 3 万元。抵扣退税后，王先生 10 年实际缴纳的保费合计 9 万元。从 60 岁开始，王先生可以领取养老金，每年领取 10 685 元。到领取的第 9 年即王先生 69 岁时，累计领回 9.6 万元，超过总投入 9 万元。王先生到 80 岁时，累计领取 21.3 万元，是总保费的 2.37 倍。90 岁时，累计领取 32 万元，是总保费的 3.5 倍。100 岁时，累计领取 42.7 万元，是总保费 4.74 倍。此产品保证领取 20 年（至少领回 32 万元），即使 60 岁开始领取，61 岁不幸离世，剩余未领取的 19 年养老金，保险公司会一次性交付给受益人。

个人养老金作为专属养老金强制储蓄，资金账户封闭运行，参加人达到领取基本养老金年龄、完全丧失劳动能力、出国（境）定居，以及国家规定的其他情形，可以按月、分次或者一次性领取个人养老金，一定程度上保证了资金的最大化及专款专用。

二、长期护理保险理赔案例

作为第二批全国长期护理保险试点城市和河南省唯一试点，开封市自 2021 年 1 月 1 日起，正式实施长期护理保险制度。开封市相关部门先后出台长护险失能评估、定点护理服务机构管理等 19 项长护险政策文件，搭建长护险制度运行框架；成立“长护险失能评定委员会”，确保评估结果权威；将保障范围由职工医保参保人员扩大至居民医保参保人员。长护险定点护理服务机构提供涵盖 3 大类共计 43 项日常生活照料或医疗护理服务，包括沐浴、口腔清洁、理发、人工取便、关节被动活动等。参保人可根据需求，自主选择服务机构、项目、时长、频次等。目前，开封已基本形成“契合市情、多元筹资、规范认定、待遇合理、委托经办”的长护险制度体系。

已是古稀之年的李爷爷曾是一名胸外科大夫。2022 年 11 月初，因突发脑出血，失去了生活自理能力。李爷爷的女儿带着年幼的小外孙来照顾父亲，经常忙得焦头烂额。李爷爷的妻子王阿姨也感到压力很大，经常失眠。后来，社区工作者给王阿姨介绍了开封市推出的长期护理保险，连续缴纳职工医保满两年、失能达 6 个月以上即可申请。王阿姨从提交材料，到失能评估，再到居家上门服务都很顺利。3 个多月来，相关护理机构每周上门服务 6 天，每次一个半小时。有了长护险，家里一年的支出不仅减少了 18 000 元，李爷爷还能享受更专业的照料。

探索建立长护险制度，是应对人口老龄化、健全社会保障体系的一项重要举措，对于开封这样的老工业基地，尤为重要。长护险不仅提升了失能人员生活质量，减轻了家庭经济负担，还减少了医保基金支出，促进了养老护理产业发展，增加了就业岗位。开封市目前共吸纳 90 家来自全国各地的专业定点护理服务机构，全面覆盖所辖县区；增加护理服务及管理就业岗位超 500 个；共有 10 481 名经规范评估的重度失能人员享受到长护险待遇。

开封市作为河南省唯一的全国长期护理保险制度试点城市，长期护理保险的实施能让更多失能家庭从中受益。长期护理保险费每人每年 10 元。参保人在享受待遇期间发生的符合规定的护理费用由基金据实支付，超过限额部分由参保人自行承担。

根据护理形式不同，支付比例和限额有所不同。机构护理：长期护理保险基金支付比例为65%，月支付限额为1 900元/人。居家上门护理：长期护理保险基金支付比例为75%，月支付限额为1 500元/人。居家自主护理：长期护理保险基金月支付限额为900元/人。长期护理保险启动后，为失能老人家庭减轻了很大的经济压力。

三、慢性病医疗保险申请案例

近年来，高血压、糖尿病等慢性病患者在老年群体中所占比例逐年上升，相关调查表明，慢性病已成为威胁城市老年人健康的最主要疾病。慢性病是对发病隐匿，潜伏期长，不能自愈或很难自愈疾病的概括性总称，具有患病率高、并发症发病率高、知晓率低等特点，需要长期管理，一旦疏于管理，很可能引发多种并发症，进而威胁生命。

家住上海市A社区的张大爷，72岁，妻子在几年前因病去世，家中的积蓄在妻子治疗疾病后就已经所剩无几。张大爷平常就在家看电视或者到公园散步、找社区的其他老年人聊天。在某一个工作日，张大爷照常出门到公园散步，走到小区保安室时忽然胸闷、盗汗，感到喘不上气。小区保安看到这种情况立即拨打了急救电话，经急救医生诊断，认为张大爷急性心肌梗死发作，并立即送往附近的三甲医院进行心脏支架手术。为维护心脏支架，张大爷将长期服用药物，并需要定期到医院进行复查，尽管医保能报销一部分，但对张大爷来说，治疗费用仍是相当沉重的生活负担。

由于心肌梗死导致的冠心病属于慢性疾病，张大爷通过四处打听和到社会保障部门询问之后了解到目前有一种慢性病医疗保险可以申请，针对参加补充医疗保险的身患12种慢性疾病的患病人群，冠心病也被包括在内。社区中的社会工作者小李听闻张大爷需要办理慢性病医疗保险的消息后，帮助张大爷准备好了申请保险所需要的材料：身份证、社会保险卡、病历、医院出具的结算单据、医院主治医生出具的单据与经医务科盖章的疾病证明，并在张大爷出院后陪同其到社会保险部门进行报销。

本章思考题

1. 在老年人需要获得养老保险方面的援助时，社会工作者作为资源链接者应通过什么方式向相关负责部门寻求资源？

2. 我国老龄化趋势日益严重，长期护理保险制度作为一项符合目前现状特征的新制度，在试点阶段结束后的发展方向是怎样的？

3. 目前我国对深受慢性疾病困扰的老年人的制度保障有哪些？

4. 从顶层设计的角度来看，哪些方面的社会政策对老年人来说是真正有益的？

拓展阅读

1. 中共中央、国务院关于加强新时代老龄工作的意见. https://www.gov.cn/gongbao/content/2021/content_5659511.htm.

2. 国务院办公厅关于发展银发经济增进老年人福祉的意见 . https：//www. gov. cn/zhengce/content/202401/content_6926087. htm.

3. 个人养老金实施办法 . https：//www. gov. cn/zhengce/zhengceku/2022-11/05/content_5724783. htm.

4. 杜鹏，谢立黎，王煜霏 . 中国共产党老龄工作的思想与政策演变：百年历程的回顾与思考 . 人口与经济，2021（5）.

5. 郝福庆，王谈凌，鲍文涵 . 积极应对人口老龄化的战略思考和政策取向 . 宏观经济管理，2019（2）.

6. 杜鹏 . 中国老龄化社会 20 年：成就·挑战与展望 . 北京：人民出版社，2021.

主要参考文献

1. BALLEW J R，MINK G. 个案管理．王玠，李开敏，陈雪真，译．台北：心理出版社股份有限公司，1998.

2. 彼得·罗希，马克·李普希，霍华德·弗里曼．评估：方法与技术．王旭辉，邱泽奇，刘月，等译．重庆：重庆大学出版社，2007.

3. 陈俊傲，陈丹群．改进高校老年人社区照顾：个案管理的引入．西北农林科技大学学报（社会科学版），2010(4).

4. 佃乾乾．老年社会工作需求评估“通关秘籍”．中国社会工作，2019(27).

5. 杜今，张红宇，马超．“智·爱游乐园”：认知障碍患者桌上游戏治疗小组服务案例．中国社会工作，2022(12).

6. 范明林，张钟汝．老年社会工作．上海：上海大学出版社，2005.

7. 方巍，张晖，何铨．社会福利项目管理与评估．北京：中国社会出版社，2010.

8. 付柳菡．人生回顾疗法在老年人抑郁情绪缓解中的个案应用研究．社会与公益，2020(10).

9. 何海韵．社工机构的筹资模式研究：以 F 市 A 社工机构为例．广州：广州大学，2020.

10. 黄波，吴乐珍，古小华．非营利组织管理．北京：中国经济出版社，2008.

11. 黄耀明．失独家庭重建的个案管理实务与反思．闽南师范大学学报（哲学社会科学版），2017(3).

12. 黄源协．社会工作管理．台北：扬智文化事业公司，1999.

13. 井世洁．老年人心理护理实用技能．北京：中国劳动社会保障出版社，2018.

14. 孔娜．老年社会工作的伦理困境及应对原则．伦理学研究，2015(2).

15. 李诗文．园艺治疗在老年小组工作中的运用：以上海市 S 福利院为例//上海大学社会学院社会工作系．都市社会工作研究（第 4 辑）．北京：中国社科文献出版社，2018.

16. 李献云，费立鹏，童永胜，等．Beck 自杀意念量表中文版在社区成年人群中应用的信效度．中国心理卫生杂志，2010(4).

17. 李玥．社区工作介入城市社区老年自组织培育研究：以福建省 L 社区社工项目为例．漳州：闽南师范大学，2022.
18. 李宗派．探讨个案管理概念与实务过程．社区发展季刊，2003(104).
19. 林胜义．社会工作概论．4 版．台北：五南图书出版股份有限公司，2008.
20. 刘斌志，郑先令．我国老年社会工作者的能力建设：现状分析与核心指标．广州大学学报（社会科学版），2018(9).
21. 刘佳丽，杨芬，胡婷，等．老年人社交网络评估工具的研究进展．护理研究，2023(24).
22. 刘嘉逸，刘秀枝．阿尔兹海默症之非认知症状．应用心理学，2000(7).
23. 刘雪萍，陈子卓，黄文，等．成功老化内涵及影响因素分析．心理发展与教育，2018(2).
24. 罗家德，梁肖月．社区营造的理论、流程与案例．北京：社会科学文献出版社，2017.
25. 罗肖泉．践行社会正义：社会工作价值与伦理研究．北京：社会科学文献出版社，2005.
26. 梅陈玉婵，林一星，齐铱．老年社会工作：从理论到实践．2 版．上海：格致出版社，2017.
27. REAMER F G. 社会工作价值与伦理．包承恩，王永慈，译．台北：台湾洪叶文化事业有限公司，2009.
28. 沈黎．本土社会工作实务的伦理困境与伦理抉择：基于上海青少年社会工作实践的质性研究．社会工作，2012(2).
29. 宋全成，崔瑞宁．人口高速老龄化的理论应对：从健康老龄化到积极老龄化．山东社会科学，2013(4).
30. 苏英．2020 年老年人心理健康状况调查报告及干预建议：以北京市老年人为例//傅小兰，张侃．中国国民心理健康发展报告（2019—2020）. 北京：中国社会科学文献出版社，2021.
31. 唐咏，魏惠兰．个案管理模式兴起及其在医务社会工作中的启示：以癌末病患照顾者为例．社会工作（学术版），2011(6).
32. 仝利民．个案管理：基于社区照顾的专业社会工作方法．华东理工大学学报（社会科学版），2005(2).
33. 仝利民．老年社会工作．上海：华东理工大学出版社，2014.
34. 王达尧．城市老人精神慰藉服务项目评估研究：以“乐活老闺蜜团”项目为例．南京：南京农业大学，2020.
35. 王思斌．社会工作概论．北京：高等教育出版社，2006.
36. 魏华欣．社会工作实务过程中移情与反移情的反思与研究．国际公关，2023(16).
37. 邬沧萍，姜向群．老年学概论．北京：中国人民大学出版社，2006.
38. 吴华，张韧韧．老年社会工作．北京：北京大学出版社，2011.
39. 肖国正，李运来．功利主义视角下老年社会工作的伦理困境分析．社会科学前沿，2020(12).
40. 徐森杰．社会服务资源的个案管理模式．爱之关怀季刊，2007(60).

41. 易臻真．危机干预理论在社会工作实务中的发展及反思．社会建设，2018(1).

42. 张伟新，王港，刘颂．老年心理学概论．南京：南京大学出版社，2015.

43. 赵学慧．老年社会工作理论与实务．北京：北京大学出版社，2013.

44. 郅玉玲，莫肖超．浅谈“案主自决”原则、影响因素及其在社会工作教学中的运用．社会工作，2012(1).

45. 祝云昭．社会工作介入半失能老人居家养老服务的研究：以D市M社区为例．大庆：东北石油大学，2021.

46. DEGGES-WHITE S. Understanding gero-transcendence in older adults：a new perspective for counselors. Adutspan journal spring，2005，4（1）：36－48.

47. MCDOWELL M J. The role and application of horticultural therapy with institutionalized older people. Montreal：McGill University Libraries，1997.

48. PARK S H，MATTSON R H. Effects of flowering and foliage plants in hospital rooms on patients recovering from abdominal surgery. Hort technology，2008.

49. PEDERSEN N L. Gerontological behavior genetics//BIRREN J E，SCHAIE K W. Handbook of the psychology of aging. 4th ed. San Diego，CA：Academic Press，1996.

50. PLOMIN R，MCCLEARN G E. Human behavioral genetics of aging//BIRREN J E，SCHAIE K W. Handbook of the psychology of aging. 3rd ed. San Diego，CA：Academic Press，1990.

51. TORIL P，REALES J M，BALLESTEROS S. Video game training enhances cognition of older adults：a meta-analytic study. Psychology and aging，2024，29（3）：706－716.

52. TORNSTAM L. Gerotranscendence：the contemplative dimension of aging. Journal of aging studies，1997，11（2）：143－154.

53. WICHROWSKI M，WHITESON J，HAAS F，et al. Effects of horticultural therapy on mood and heart rate in patients participating in an inpatient cardiopulmonary rehabilitation program. Journal of cardiopulmonary rehabilitation and prevention，2005，25（5）：270－274.